唐朝往事系列

耿元骊 主编

秦王事业

玄武门事变到贞观之治

刘喆 著

辽宁人民出版社

© 刘喆　2025

图书在版编目（CIP）数据

秦王事业：玄武门事变到贞观之治 / 刘喆著. —沈阳：辽宁人民出版社，2025.1. —（唐朝往事系列 / 耿元骊主编）. —ISBN 978-7-205-11203-5

Ⅰ．K242.09

中国国家版本馆 CIP 数据核字第 2024F9H975 号

出版发行：	辽宁人民出版社
地　　址：	沈阳市和平区十一纬路 25 号　邮编：110003
电　　话：	024-23284191（发行部）　024-23284304（办公室）
	http://www.lnpph.com.cn
印　　刷：	天津光之彩印刷有限公司
幅面尺寸：	145mm×210mm
印　　张：	10.5
字　　数：	178 千字
出版时间：	2025 年 1 月第 1 版
印刷时间：	2025 年 1 月第 1 次印刷
责任编辑：	赵维宁　段　琼
封面设计：	乐　翁
版式设计：	一诺设计
责任校对：	冯　莹
书　　号：	ISBN 978-7-205-11203-5
定　　价：	78.00 元

总　序

盛唐：中华文明的辉煌时代

唐朝有自己独特的气质。当我们提起唐朝，经过长达千年集体记忆形塑，大概每一个华人都会立刻呈现一幅宏大画卷萦绕脑海，泱泱大国典范形象勃现眼前，甚至还会莫名有一种自豪感油然而生。三百年波澜壮阔（实289年），四千位杰出人物（两《唐书》有姓名者约数），五千万烝民百姓（开元载簿约数，累计过亿），共同在欧亚大陆东端上演了一出雄浑壮丽、辉煌灿烂的人间大剧。

唐朝在中国历史上有着巍然的地位。它海纳百川，汲取万方长处；自信宏达，几无狭隘自闭之风。日本学者外山军治以域外之眼，推崇隋唐时代是"世界性的帝国"，自有其独到眼光。唐代在数百年乱世基础上，在经历多次民族大融合之后，引入周边各族之精英及其文化，融合再造生机勃勃的新一代文化，从而使以华夏文明为中心的中原文明再次焕发出生机与活力。唐朝，也成为中华文明辉煌的时代。如果在朝代之间进行比赛，唐代在大多数项目上都能取得前几名，"唐"也与"汉"共同成为中华代称。

唐朝有着空前辽阔的疆域。其开疆拓土之勇猛气概与精细作业之高超能力，一时无双。皇帝的"天可汗"称号，使唐成为周边各区域政权名义共主。这是一个大有为的豪迈时代，自张骞通西域以来，再次大规模稳定沟通西域，所谓"是时中国盛强，自安远门西尽唐境凡万二千里，闾阎相望，桑麻翳野"。在南方则形成了稳定通畅的广州通海夷道，大概是同时代世界上最远的航路。杜环、杨良瑶在中亚游历，促进了东西方海路沟通，大批波斯、大食商人来到广州，唐代和中亚、西方直接往来越来越密切，唐帝国是世界舞台上的优胜者。

大唐独有气质、巍然历史地位、空前辽阔疆域，共同形成了"盛唐气象"。"盛唐气象"也从最初描绘诗文格调的形容词，逐渐转变为唐代整个社会风范的代名词。"盛唐"逐步成为描绘唐朝基本面貌最常用词语，一个典范概括。唐朝各个方面，都呈现出进取有为和气质昂扬的面貌，无论是精神、文化还是生活上，都展现了独特时代风貌，其格局气势恢宏，境界深远，深深体现

总　序　盛唐：中华文明的辉煌时代

在盛唐精神、文化、生活等各个方面。

盛唐的精神

大唐精神体现在何处？首先是开放的心态，其次是大规模的制度建设。没有开放心态，就不会建成这些制度。唐朝有传统时代最开放的万丈雄心，不自卑，也不保守，更没有"文化本位主义"的抱残守缺。上层统治群体胡人血统很深，胡汉通婚情况很普遍，社会氛围基本不强调排外。唐高祖母独孤氏，太宗母窦氏、皇后长孙氏，这些都是鲜卑人。"胡客留长安久者，或四十余年"，来华的日本人很多在唐娶妻生子，大食国李彦、朝鲜半岛崔致远等，都考中进士，日本人阿倍仲麻吕进士及第后还当过官员。华夷观念上，没有鲜明对抗。唐朝人不自限天地，也不坐井观天。

在制度建设方面，唐朝延续了隋朝之初创，多方面建立了模板标杆，后代仿而行之，千年而未改，是盛唐精神最佳外在表现。在中央行政体制上，建立了完善的三省六部制，其体制健全，运行相对其他制度较为顺畅。结束了家国一体、门阀政治局面，以皇帝为核心，建立官僚政治制度，以严密官僚体系，分门别类推动行政运作，这个基本框架和运行模式历经改良在后世得到了长期沿用。在法律上，唐代创建了律令格式体系，形成了中华法系。特别是唐律,不仅仅在中国,在东亚历史上都有着重要地位,得到了长期沿用。在科举体制上,进一步完善科举模式,也得到了长期沿用。科举公平考试最受益者无疑是寒素出身者,推动并加快了社会阶层流动速度。在礼制这个社会等级秩序最鲜明标志物的建设上,唐代也有着最大贡献,形成了最早的国家礼典,在东亚文化体系当中影响巨大。

盛唐时期昂扬向上,走在各方面都开创事功的道路上,能出现贞观之治、开元盛世新局面,也就不足为奇。虽然安史之乱打破了原有局势,但是它并没有颠覆已经形成的大格局,所以唐朝仍能继续维系百年以上。

盛唐的文化

唐朝是文化的时代,各种艺术形式都让人有如臻化境之感。大唐是诗之国度,唐诗是诗之顶峰,唐诗至今仍是我们中国人日常最爱古典文化,谁不能脱口而出一两句唐诗呢!唐诗厚重与灵巧并重,对现实、人生总是充满着昂扬奋发的精气神,所体现出的时代精神是那么刚健、自豪!读李白诗,不由得让人有意气风发之感。读杜甫诗,不由得起家国之深思。才气纵横如李白,勤思苦练如杜甫,是唐诗当中最亮的双子星。读边塞诗,似亲行塞上,悲壮深沉。读田园诗,则宁静致远,平和悠适。即使安史之

总　序　盛唐：中华文明的辉煌时代

乱以后，大唐仍然有元稹、白居易、韩愈、柳宗元等诸多诗文大家。韩、柳更是开启古文运动，兴起一代文体新风。无论是诗还是文，大唐诗人都已长领风骚千年之久。即使到了白话文广泛通行的今日，唐诗、古文又有哪个华夏子孙不读之一二呢？

而绘画、书法、舞蹈与音乐、史学等都在中国历史上具有重要意义，是前此千年的总结，又是后此千年的开创。吴道子是唐代最有名的天才画家，"吴带当风"，被称颂为"气韵生动"，自成一派；而山水画也开始兴起，出现了文人画，两派画风都深深影响了宋朝人审美趣味，流风余韵至今日。书法在本质上已经脱离了记录符号，其实也是一种绘画，是绘画和文字本身含义的结合体。唐代书法大盛，书法理论自成一格。前期尊崇王羲之书法，盛唐之后形成了张旭草书新体，书风飘逸；又形成了颜真卿楷书，端庄正大，成为至今通行常用字体，其影响可谓远矣。舞蹈与音乐更是传统时代的顶峰，太宗时形成"十部乐"，广泛引入了域外曲调。盛唐时代，更是从玄宗到乐工，都精于音律，《秦王破阵乐》《霓裳羽衣曲》大名流传至今。唐代史学承前启后，《隋书·经籍志》确定了史部领先子、集的地位，一直沿用到《四库全书》。纪传体成为正史唯一体裁，也是在唐代得以确立，"二十四史"由唐朝修成有8部之多。设史馆，修实录，撰国史，成为持续千年的国家规定动作，影响之大，自不必言。

文化是盛唐精神的最佳展示，是大唐时代风貌的具象化展示，表达了全社会的心理和情绪。

盛唐的生活

盛唐时代经济富庶，生活安定，杜甫有一首脍炙人口之史诗可为证："忆昔开元全盛日，小邑犹藏万家室。稻米流脂粟米白，公私仓廪俱丰实。"这就是唐代经济社会繁盛的形象化表述。盛唐时代，"天下大稔，流散者咸归乡里，……东至于海，南及五岭，皆外户不闭，行旅不赍粮，取给于道路"，几乎是到当时为止农业经济条件下，所能取得的最高峰。南方特别是江南得到了广泛开发，开元、天宝之时，长江三角洲开发已经取得了显著成绩，工商业更加发达，经济水平在全国取得了领先性地位。

盛唐时代，也是宗教繁荣时代。高宗建大慈恩寺，请玄奘译经。武则天更是深度利用佛教，在全国广建大云寺，推动了佛教大发展。玄宗尊崇密宗，行灌顶仪式，成为佛弟子。除唐武宗灭佛之外，唐代其他皇帝基本是扶持利用佛教。在中国历史上，唐代是佛教全盛时代，整个社会笼罩在佛教影子之下。唐朝也崇信道教，高祖自称老子后裔，高度推崇道教，借道教提高李氏地位，建设了一大批道教宫观。太宗规定道士地位在僧人之前，高

总　序　盛唐：中华文明的辉煌时代

宗追封老子，睿宗两个女儿出家入道。玄宗对老子思想高度赞赏，尊《老子》为《道德真经》，并亲自为其注释，颁行全国。

在唐代社会生活中，婚姻、丧葬、教育、养老是最重要的内容。盛唐时代，婚姻仍然非常看重门第，观察对方家族的社会名望和地位，对等才能让子女结合，基本实行一夫一妻多妾制。丧礼是社会关系确认重要标志，唐代有厚葬之风。在丧葬仪式方面，朝廷出台了官方规定，形成了系统化、程序化仪式。教育在盛唐时代也被高度关注，中央设立六学二馆，地方上设置了郡学和县学，开元时期全国各州县普遍设学。唐朝强调以"孝"治国，唐玄宗亲自为《孝经》作注，提高了老人地位，对老人提供各种礼节性待遇。

盛唐时代，虽然围绕最高权力争夺不断，但是百姓生活尚称安乐。然而，"渔阳鼙鼓动地来，惊破霓裳羽衣曲"，大唐转折来得也很猛烈，安史之乱对盛唐造成了重大伤害。另外，在我们对大唐赞叹有加的同时，不得不说，唐代短板也很多，特别是原创思想开拓性不足，微有遗憾。在传统时代唐朝所具有的开放性足以为傲，但是对其相对的封闭性也要有明确认识，值得思考。唐朝社会精英可以对外开放，但是普通百姓必须遵守牢笼规则，遍布长安的高墙和里坊就是佐证。大唐女性，看起来可以袒胸露乳,气质昂扬,独立自主,但只是少部分贵族妇女。大部分普通女性,还是生活在枷锁之中,虽然还没有裹脚这种身体残害,但是被禁锢的附属品命运还是传统时代所常见。

总之,唐朝个性鲜明,"大一统"最终成为定局。在唐朝之前,只有汉朝在一个较长时期内落实了大一统。隋朝虽然恢复了大一统体制,但是流星般的命运让它没有时间稳固大一统。唐朝立国稳定,最终把大一统定局为中华政体的深层底蕴结构,从此,大一统有了稳定轨道和天然正义性,延续千年,成为中华民族社会心理的共同基本。

如此唐朝,谁又不爱,谁又不想了解呢?然而时代变迁,让每个人都从史籍读起,显然不可能。虽然坊间关于唐代的读物已有不少,其中品质高超者也为数甚多,但是在文史百花园当中,自当要百花齐放,因此即使关于唐朝的普及性读物已经汗牛充栋,我们还是要在这著述之海当中,继续增加一些新鲜气息,与读者共赏唐朝之美!我们曾表达过,孟浩然"人事有代谢,往来成古今"最能代表我们的心声。没有人,没有事,也就没有历史。见人,见事,方见历史。所以,我们愿意努力在更多维度上为读者提供思考和探寻唐代历史的基础,与已经完成的"宋朝往事"略有不同,在人和事两方面基础上,增加了典制内容。大唐

总　序　盛唐：中华文明的辉煌时代

三百年历程，人事繁杂，典制丰富。我们采中国传统史学模式当中的纪事本末、列传、典制体裁之意，并略有调整，选十事、五人、五专题进行定向描绘，各书文字流畅，线索清晰，分析准确精当，且可快速读完。希望读者能和我们一起从更多维度观察唐、了解唐、思考唐，回首"唐朝往事"。

公元617年，留守晋阳（今山西太原）的唐国公李渊起兵，拉开了大唐王朝序幕，攻势如破竹，一年不到就改换了天地。虽然正史当中塑造了一个平庸的李渊形象，但是实情是没有李渊的方略和能力，就不会建成大唐。玄武门之变，兄弟刀兵相见，血流成河；父子反目，无奈老皇退位。从玄武门之变到出现贞观之治，二十多年时光，选贤任能、开疆拓土、建章立制，李世民留给世界一段值得长期探讨、反复思考的"贞观"长歌。太宗才人武媚，与高宗李治一场姐弟恋，却开创了大唐一段新故事。武周霸业，建神都洛阳，成就武则天唯一女皇。神龙元年（705），李武势力默认，朝臣积极推动，"五王"主导政变成功，女皇被迫退位，重新成为李家儿媳。此后十年间，四次政变，四次皇位更迭，大唐核心圈就没有停止过刀光剑影，但是尚未伤到帝国根本。玄宗稳定了政局，"贞观之风，一朝复振"，再开新局，开放又自由，包容又豁达，恢宏壮丽的极盛大唐就体现在开元时代。

"开元盛世"四字,至今脍炙人口。

盛极而衰,自然之理。盛世接着就是天宝危机,酿成安史之乱。这场大变乱,改变了中国历史走向,时间长,范围广,破坏大,影响深。战乱过后,元气大伤。河朔藩镇只是名义上屈服,导致朝廷也只能屯兵防备。彼此呼应,武人势力极度膨胀,群雄争霸,朝廷无力。唐宪宗元和时代,重新形成了短暂振兴局面,这也是唯一一位能控制藩镇的皇帝,再次构建了由中央统领的政治秩序。元和中兴也成为继开元盛世后,大唐王朝最后一次短暂辉煌。宪宗身后,朝廷局势一天不如一天,穆宗、敬宗毫无能力,醉生梦死。文宗时代,具体操办政务运行的朝臣,以李德裕、牛僧孺各自为首的政治集团党争不断,势同水火,"去河北贼易,去朝中朋党难"。宦官权重,杀二帝,立七君,势力凌驾皇权之上。导致皇帝也难以忍受,文宗试图利用"甘露之变"诛杀宦官,但是皇帝亲自发动政变向身边人夺权功败垂成,朝臣一扫而光,大唐也就踏上了不归路。

大唐功勋卓著的名人辈出,自不能逐一详细介绍,只好有所选择。狄仁杰,我们心目中的"神探",实是辅周复唐大功臣,两次为相,为君分忧,为民解难。特别是劝说武则天迎回李显,又提拔张柬之等复唐主力人物。生前得到同时代人赞誉,死后获

总　序　盛唐：中华文明的辉煌时代

得了后世敬仰。郭子仪在战乱中显露英雄本色，平安史，击仆固，退回纥，是力挽狂澜的武将代表。长期位极人臣，生活在权力核心地带，谨慎经营，屹立不倒，"完名高节，福禄永终"，可谓文武双全，政治智慧超群。上官婉儿是唐朝著名女性代表，有着出色的文字能力，是可以撰拟诏敕的"巾帼宰相"，还可以参与军国权谋，但命运多舛，未有善终。近年来墓志出土，形成了一波婉儿话题。韩愈，千古文宗第一人。谏迎佛骨，显示了韩愈风骨。一代文化巨人，"匹夫而为百世师，一言而为天下法"，努力振兴儒学，文起八代之衰，推动"古文"运动，千年之后，仍然能够感受到他的影响。陆羽，唐代文人的代表，撰写了世界上第一部茶叶专著——《茶经》，号为"茶圣"，影响千年，成为古今中外吟咏不已、怀念不止的人物。

大唐创业垂统，建章立制。三省六部，成为中国古代官僚行政的典范。三省六部是决策机构，九寺五监是执行机构。虽然三省屡经变迁，但是所确立的中枢体制模式，却是千年如一。六部分科管理行政，其行政原理至今还在运行。九寺五监，今日"参公""事业"单位名目仍可见其遗意。唐代法律完善，律令格式体系齐备，是中华古典法系的杰出代表，对东亚影响可谓广泛。大唐生活，千姿百态。衣食住行，是维系每个大唐人生存的基本、婚丧学老,是每个大唐人成长所必有的经历。八件大事,又都和等级制度挂钩,是观察唐朝日常的最佳窗口。古都长安,是东亚中心,也是当时"世界"之都,是经济中心,是文化交流中心,是思想和学术的高地。巍巍长安,是盛唐气象直接承载体,长安风华引领着世界风潮,展示着盛唐文明所达到的高度。吐鲁番地处丝绸之路要地,是中外文明交汇融通之处。多元人口组成,多元文化集结地,是大唐开拓西域的关键节点,具有重要的军政和战略地位。凡此种种,理当书之。

以上,就是"唐朝往事"的总体设计。我们希望以明晰的框架,建设具有整体感的书系。既有主线,又可分立;有清晰流畅语言,有足够的事实信息,也有核心脉络可以掌握。提供给读者既不烧脑又不低俗的"讲史",以学术为基础,但是又不是满满脚注的学究文。专业学者用相对轻松的笔调来记录和阐释,提供一点不一样的阅读感受。这个目标能否实现还很难说,但是我们正在向此努力。我们21人以一年时光,共同打造的20部小书,请读者诸君阅后评判!

感谢鲍丹琼(陕西师范大学)、侯晓晨(新疆大学)、靳小龙(厦门大学)、李航(洛阳师范学院)、李瑞华(西北大学)、李效杰(鲁东大学)、李永(福建师范大学)、刘喆(北京师范大学)、

总　　序　盛唐：中华文明的辉煌时代

罗亮（中山大学）、雒晓辉（中国社会科学院古代史研究所）、孟献志（首都经济贸易大学）、孙宁（山西师范大学）、王培峰（山东师范大学）、许超雄（上海师范大学）、原康（淮北师范大学）、张春兰（河北大学）、张明（陕西师范大学）、赵龙（上海师范大学）、赵耀文（重庆大学）、朱成实（上海电机学院）等学界友朋（按姓名拼音为序）接受邀请，给予大力支持，参加"唐朝往事"的撰写工作，更要感谢他们能在一年多的时间内不停忍受我的絮叨和催促，谢谢大家！感谢辽宁人民出版社蔡伟先生及其所带领的编辑团队，是他们的耐心细致，才使得本书以这样优美的状态呈现出来。

现在，亲爱的读者，请您展卷领略"唐朝往事"，与我们一起走进大唐，思考大唐！

耿元骊

2024年3月26日于唐之汴州

目录

总　序　盛唐：中华文明的辉煌时代　　001

引　言　　001

第一章　难以摆脱的因果　　008
　　一、开国勋臣　　009
　　二、东征西讨　　020
　　三、体制痼疾　　030

第二章　武德九年的夏天　　044
　　一、储位之争　　045
　　二、剑拔弩张　　055
　　三、兄弟相残　　065

第三章　团结各方的"法宝"	081
一、逆取顺守	082
二、圣君计划	090
三、王者无私	102

第四章　千古难遇的君臣	113
一、选贤任能	114
二、从谏如流	127
三、君臣相得	147

第五章　面对历史的洪流	165
一、以史为鉴	166
二、克制私欲	178
三、因时应势	188

目 录

第六章　震古烁今的功业　　205
　一、灭东突厥　　206
　二、破薛延陀　　227
　三、经略西疆　　242

第七章　一代帝王的落幕　　266
　一、易储风波　　267
　二、辽东之役　　281
　三、帝星陨落　　295

结　语　煮酒话贞观　　306

后　记　　312

引 言

"贞观之治"是中国历史上的著名治世,它的缔造者是一代雄主唐太宗。"贞观"是太宗的年号,这个年号总共使用了23年。当然,太宗本人可能比他的年号更加有名,得益于文学及影视作品中的高出场率,这位帝王在中国近乎家喻户晓。在绝大多数文艺作品中,太宗李世民都被塑造为明君,这自然与其开创了贞观治世有直接关系。明君在位,天下太平,本就是千百年来中国民众最朴素的追求与期待。

正如华美的乐章无法跨越前奏,治世的出现也需要经过漫长的酝酿。一个伟大时代的降临，离不开英雄人物的引领，也离不开社会基础的支撑和时势的造就。因此，在了解唐太宗的功业之前，我们有必要对"贞观"以前的历史进程简要进行回顾。

唐朝接续隋朝而来，隋以前是魏晋南北朝大分裂时期。大多数读者对魏晋并不陌生，即便是对历史不大感兴趣的人，大概也了解"三分归一统""魏晋风度""王与马共天下"等是怎么回事。而对于"南北朝"，有些读者可能就没有那么熟悉了。所谓南北朝，是南朝与北朝的合称，南朝指东晋以后统治中国南方的宋、齐、梁、陈四朝，北朝指大约与南朝同时期统治中国北方的北魏、东魏、北齐、西魏、北周五朝。南北朝是分裂时期，但同时也是社会演进期、制度变革期和民族融合期，这些变化为新时代的到来提供了必要的养分。

所谓社会演进期，主要是指社会结构的变化。魏晋时期世家大族势力兴盛，他们利用经济、政治上的特权逐渐发展成为门阀士族，东晋时甚至一度形成门阀政治，与皇权相抗衡。进入南北朝以后，门阀士族逐渐衰落。在北方，北魏以降进行的一系列改革削弱了门阀士族的经济、政治特权，打击了士族对中央和地方的控制。在南方，宋、齐、梁、陈诸朝大多重视加强皇权，士族在政治上逐渐无所作为。再加上这个时期战乱不断，河阴之变、

引 言

侯景之乱期间的大规模屠戮令士族群体遭受重创,再难复昔日之盛。与门阀士族的衰落相伴随的是一般地主阶层的兴起,他们在经济上站稳脚跟后又积极投身政治,在中央和地方逐渐拥有了一定的话语权。社会结构的变化导致整个社会呈现出崭新的面貌。

所谓制度变革期,主要是指政治制度的革新。魏晋南北朝处于从秦汉三公九卿制到隋唐三省六部制的过渡阶段,这一时期,三省的雏形均已形成。尚书本是侍奉在皇帝身边的小官。西汉武帝时为加强中央集权,重用身边的亲近臣僚组织"中朝"(又称"内朝"),与三公九卿所属的外朝相抗衡,尚书的地位因此得到提升。至东汉,尚书台成为国家最高的行政机构。曹魏时为了限制尚书令的权力,组建中书省,后又设置门下省。南朝刘宋时,改尚书台为尚书省。至此,三省全部形成,这为三省制的确立准备了条件。选官制度方面,魏晋以来实行九品官人法,以家世、品行和才能选拔官员。由于门阀士族的强势,这一制度在推行过程中逐渐为高门大族所把持,与其深度捆绑在一起。随着南北朝以后门阀士族的逐渐衰落,这一制度也变得难以维系。

所谓民族融合期,主要是指汉族和周边少数民族的融合。魏晋南北朝时期,匈奴、鲜卑、羯、氐、羌等北方少数民族大量内迁,和北方地区的汉族人民杂居共处。这些少数民族纷纷建立政权，部分开明的统治者如北魏孝文帝等尝试推行融合胡汉民族与文化的改革，加速了各民族之间的交往、交流、交融。与此同时，由于北方战乱，中原汉族大量迁徙至南方，与当地的"蛮""越"等土著居民相融合，加速了南方地区的开发。历经数百年的民族融合，汉族与少数民族之间的隔膜逐渐消失，"岛夷""索虏"之类的称呼已经成为历史。各族民众之间形成了比较包容的种族与文化观念，这就使民族融合进入了全新的历史阶段。

说到"前奏"，很难不提及关陇贵族集团。公元534年，北魏分裂为东魏和西魏，分别由高欢和宇文泰实际控制。西魏势弱，为了与东魏及南朝相抗衡，宇文泰在关中进行了大刀阔斧的改革。他将追随他的六镇鲜卑人士和关中地区的民众团结起来，实行了一套融合胡汉的新体制，形成了以府兵系统为核心的关陇军事贵族集团，其中以八柱国、十二大将军等为代表。西魏、北周、隋、唐的皇室家族均是该集团成员，隋与唐前期的许多重要历史事件，背后都有关陇集团的影子。如果立足魏晋向下观察，关陇集团可以视为门阀政治"最后的倔强"，关陇贵族是门阀士族在国家层面的代言人，维持着这个衰朽群体仅存的体面。但历史的发展从来没有情面可讲，对于从南北朝走出来的隋唐王朝而

引 言

言，关陇集团所代表的贵族政治实乃重塑"大一统"的绊脚石，是需要被清除的对象，尽管皇帝本人原来也是贵族集团的一分子。

建德六年（577），北周发兵灭北齐，统一北方。大定元年（581），北周外戚杨坚代周称帝，建立隋朝，改年号为开皇。开皇九年（589），隋军渡江灭陈，统一南北。隋朝的统一令中国在历经数百年的分裂之后重新迎来大一统。在新的统治形势下，如何整合南北双方的资源，在新的规模和层次上巩固统一成为摆在隋朝统治者面前的迫切问题。隋文帝、隋炀帝父子皆非庸碌之辈，他们兼采南北制度进行了一系列改革。如在中央确立三省六部制；改地方州、郡、县三级制为州、县两级制；废除九品官人法，改行科举；实行"大索貌阅"和"输籍定样"；改革货币；修订律法等，这些措施从整体上来说顺应了当时的历史趋势，有利于统一国家的建设，隋朝很快变得富强起来。

蛋糕做大了，但是在如何分蛋糕的问题上，统治阶层内部的矛盾渐渐显露。诞生了皇室的关陇集团本质上是一个地方性集团，带有明显的地域局限性。打天下的时候，这个问题尚不明显。如今外敌尽灭，天下一统，新的统治形势要求皇帝必须立足国家全局进行决策，兼顾各方面的利益，这势必会与关陇地域集团产生冲突。同时，强大的关陇贵族势力客观上会对皇权造成威胁，这也不是皇帝乐意见到的情况。出于加强皇权的需要，皇帝也一定要对关陇集团进行分化瓦解。当然，他们也确实这么做了。隋文帝一方面对关陇勋贵进行拉拢、分化，另一方面对关陇集团的基础——府兵制进行了改革。他将乡兵、部曲等私兵纳入府兵系统，又将府兵编入州县户籍，实行"兵民合一"，加强了对府兵的控制，这就破坏了关陇贵族存在的根基。隋炀帝即位之后，大量起用南方士人，同时进行爵位和勋官改革，进一步取消关陇贵族的特权。文、炀二帝都是非常有能力的君主，在他们的整顿下，关陇集团暂时被压制，一个胡汉融汇、南北合流的强盛隋王朝短时间内破土而出，成为东亚地区的核心。然而就在此时，意外却突然出现了。制造状况的不是别人，正是隋炀帝自己。

后世史书在评价隋炀帝时，通常认为他是一位暴君，但他极富才华也是不争的事实。有才华的人一般都特别自信，可自信过了头，往往也会出问题，隋炀帝就是如此。作为一名聪慧过人的君主，他认识到了关陇勋贵的潜在威胁，也意识到了沟通南北的重要性，但他相信自己能够快速解决这些问题。于是，制度改革、人事调整、兴建洛阳城、开凿大运河……各种政策和工程在

引 言

短时间内纷纷上马，这不仅激化了他和关陇勋贵之间的矛盾，也加重了普通百姓的负担。激进的改革，极端的政策，将许多贵族推向皇帝的对立面。连年不断的巡游，旷日持久的征战，沉重的赋役使得众多百姓流离失所，不得不走上反叛的道路。强盛的隋王朝转瞬间变得风雨飘摇。与隋文帝相比，隋炀帝身上缺少成熟政治家的老练。他处事操切，又过于自信，步子迈得太大，最终将稳定的国家折腾得逐渐走向失控。大业末年，民变蜂起，充满挫败感的隋炀帝不得不面对他一手制造的糟糕时局，并在动乱中黯然退场。

从南北朝到隋唐，中古社会发生了深刻的转型。隋朝已经开启了面向新形势的改革，但隋末动乱使这个过程中止了。唐朝建立后，出于多种原因，高祖李渊组建了以关陇勋贵为核心的执政集团，这就使国家某种程度上又回到贵族政治的传统中去了。穿新鞋走老路当然是不可取的，时代呼唤能够拨乱反正的英雄，本书的主角——李世民，就在这样的环境下登场了。

第一章

难以摆脱的因果

隋朝末年，天下大乱，民变布于全国。隋太原留守李渊，也于此时树起了反隋的大旗。李渊是关陇勋贵出身，他的祖父李虎是西魏八柱国之一，外祖父则是另一位八柱国独孤信。独孤信的长女是北周明帝的皇后，四女是李渊之母，七女是隋文帝杨坚的皇后，也是隋炀帝杨广的生母。所以李渊和隋炀帝是表兄弟，是正经的皇亲国戚。按理说这样的人应该是坚决拥护隋朝统治的，但隋炀帝的打压和猜忌，以及因为符谶对李姓重臣的屠戮，使他逐渐萌生了改朝换代的想法。公元617年的晋阳宫醉酒事件，加

第一章 难以摆脱的因果

速了李渊起兵的进程。他的次子李世民，也于此时开始活跃于历史舞台。

一、开国勋臣

李世民生于隋文帝开皇十八年，即公元598年（一说公元599年1月23日）。据说他出生的时候"有二龙戏于馆门之外，三日而去"，这种神秘主义叙事在帝王的本纪中十分常见，类似的还有神光照室、红光绕室、紫气盈庭、感神龙（神人）而孕等，无非是为了凸显帝王的与众不同。至于其真实性，当然是不可信的。

4岁的时候，李世民随父亲李渊在岐州遇到一位书生，此人自称精通相术，他对李渊说："公贵人也，且有贵子。"这是一句稍有常识的人都能讲出来的空话。李渊是八柱国之后，当然是"贵人"，他的儿子，可不就是"贵子"吗？如果只看到这里，我们会对这位书生的身份产生怀疑。他可能是一位对李渊进行了背调的求职者，通过故作神秘的方式来吸引李渊的注意，也可能是一位精心伪装的江湖骗子，用固定的话术进行着一场水平拙劣的欺诈。然而，书生接下来对李世民的评价令我们打消了上述疑虑。他说："龙凤之姿，天日之表，年将二十，必能济世安民矣。"和前边那句贵人贵子相比，后边这句话就非常有内容了。"龙凤""天日"都不是一般人当得起的，这话里话外的意思不就是说李世民有皇帝命吗？看来这位书生如果不是大发妄言，就是有点真本领在身上的。李渊有些惊慌，当时朝廷正在打击关陇勋贵，这话一旦流传出去恐怕就会酿成灭门之祸，因此他想将书生杀掉以灭口。可奇怪的是，书生忽然就不见了。惊慌变成了惊奇，或许李渊觉得这是神人点化，因此取"济世安民"之意为身边的二郎取名"世民"。

李世民自幼聪明睿智，史书记载他"玄鉴深远，临机果断，不拘小节"。这大概也是关陇少年精英的集体肖像。作为一个延续百年的勋贵集团，心机、权谋、武略、政术……很多东西不是通过刻意学习，而是在耳濡目染中自然完成传承的。目睹了无数的辉煌与荣耀，也见证了太多的血腥与残酷，"玄鉴深远"应该是以李世民为代表的关陇少年精英的基本素养。

李世民第一次登上历史舞台，是在大业十一年（615）。这一年隋炀帝巡视塞北，被突厥围困在雁门。当时雁门郡四十一城除雁门、崞县外全部失守，情况十分危急，隋炀帝"诏天下诸郡募兵"，赶赴雁门救援。李世民应募前往，隶属屯卫将军云定兴帐

第一章　难以摆脱的因果

下。部队出发之前,李世民向云定兴建议道:"突厥始毕可汗之所以敢派大军包围天子,一定是以为我国仓促之间无法征调援军。我们多备旗鼓以设疑兵,虚张声势,让突厥认为援军已至,这样他们一定望风而逃。否则的话,敌众我寡,我们肯定不是突厥的对手。"云定兴听从了李世民的建议。等到援军行至崞县,突厥果然解围而去。

雁门解突厥之围,李世民是否厥功至伟?答案当然是否定的。事实上,隋炀帝被困之后,一方面下诏募兵,另一方面又派人向嫁到突厥的隋朝宗室义成公主求救。公主乃遣使对始毕可汗称"北边有急",且此时隋朝各路援军确已相继到达,突厥失去战机,因此才撤走。云定兴的部队只是援军之一,作为军中小将,李世民能起到的作用是极为有限的,事后隋炀帝没有对他额外进行奖赏就是最好的证明。但必须承认的是,在这次事件中,李世民对战局的分析和敌我双方心理的把握都是相当准确的。更为难得的是,他能够针对战局临危不乱地给出相应的对策。这表明这位十几岁的贵族少年胸藏锦绣,已经初步具备了成为优秀军事将领的素质。

大业十三年(617),李世民随其父李渊到太原就职。当时全国民乱愈演愈烈,隋朝的统治已经岌岌可危,有志逐鹿天下者不在少数。到达太原后，李世民结交豪杰，"折节下士，推财养客"，开始为起兵反隋做准备。他所结交的最重要的两个人，一个是刘文静，另一个是裴寂。

刘文静是关中武功人，时任晋阳县令。史书记载此人"伟姿仪，有器干，倜傥多权略"，用今天的话说就是又帅又有才。一个人如果才高而位卑，就会很容易对现实产生不满，甚至生出反抗的情绪，刘文静就是如此。所以，当出身关陇高门的李渊父子到达太原时，刘文静内心的兴奋不难想象，这是他苦苦等待的改变现状的机遇。刘文静曾经私下评价李世民豁达大度，英明神武，是汉高祖刘邦、魏武帝曹操一样的人物，虽然年少，却是天纵英才。对李氏父子而言，刘文静有才能、有野心，而且熟悉太原事务，这样的人自然是理想的合作伙伴。就在双方关系日益亲密的时候，刘文静却突然被人告发是隋朝要犯李密的亲戚，因此遭到羁押。李密也是关陇勋贵，他的祖上是西魏八柱国之一的李弼，但是他的家族到了他这一代已经有些没落了。李密参加过杨玄感起义，后来又加入瓦岗军并成为其领袖，可谓隋朝眼中的"巨恶"之徒，刘文静因此被牵连。

刘文静下狱之后，李世民专程去探望。这个行为本身已经传达了一个明确的信号：如果没有反隋的打算，身份尊贵的李家二

第一章　难以摆脱的因果

郎怎么会亲自探视朝廷的要犯？而如果没有李渊的默许，李世民又怎么能够轻易进入牢狱？事态已经明朗！在太原的监狱中，刘文静等来了李世民，也等来了他想要的答案。这是一次没有任何试探，直接掀开底牌的谈话。刘文静开门见山："天下大乱，非有汤、武、高、光之才，不能定也。"商汤、周武王、汉高祖、汉光武帝都是改朝换代之君，而且推翻的都是无道之主。刘文静的话直接捅破了窗户纸，李世民也坦白了来意。他看着刘文静缓缓地说："卿安知无，但恐常人不能别耳。"你怎么知道没有呢？这不是远在天边近在眼前吗？二人相视一笑，聪明人之间的沟通往往就是这么简单。

接下来，李世民又向刘文静询问关于起兵反隋的具体建议。刘文静说："现在李密的瓦岗军围困洛阳，皇帝身在扬州，天下各路反隋人马成千上万，就差一个真命天子来驾驭。如果能顺应天意民心，高举义旗，则天下不难平定。现在太原周边的百姓为了躲避盗贼都进了城。我当了几年的地方官，对附近的英雄豪杰了如指掌，只要我登高一呼，很快就能组织起十万人的部队。你父亲手下现在也有雄兵数万，倘若此时能够起兵，乘虚攻入关中，号令天下，用不了半年就可以成就帝业。"刘文静这番话既分析了当前的形势，也强调了自己的价值——我是太原的地头蛇，起兵拉队伍少不了我。李世民当然明白他的意思，这本就是事实，也是他特意来狱中的原因之一。合作伙伴易得，但自带资源的合作伙伴着实难求。谈话的最后，李世民笑着说："君言正合人意。"这既是统一思想，也是明确双方的合作关系。有了刘文静的帮助，起兵的物质基础不再是问题。接下来就是要搞定自己的老父亲李渊，终于轮到裴寂出场了。

裴寂是李渊的老朋友，当时担任晋阳宫副监，负责管理晋阳宫。晋阳宫是隋炀帝的行宫，里面不仅有各类物资和奇珍异宝，还有隋炀帝搜罗的大量美人。李渊到太原后，经常到晋阳宫和裴寂一起饮酒作乐。李世民要劝说父亲起兵，第一个想到的就是他。我们现在已经搞不清楚李世民和裴寂结识的具体过程。但裴寂与李家有旧，太原的官僚圈子规模又有限，所以结交裴寂对李世民来说应该并非难事。裴寂喜欢赌钱，李世民就自己拿出数百万钱，然后故意让人输给裴寂。裴寂赢了钱，心情大好，李世民就趁机把起兵的计划告诉他，让他想办法做李渊的工作，裴寂满口答应。这一日，李渊如往常一样来找裴寂喝酒聊天，也许是酒席间氛围太好，不知不觉间李渊便醉倒了。裴寂见状便让李渊在晋阳宫住下，并安排了宫人侍寝。在那个年代，这两样都是杀头的罪过，别说隋炀帝是个杀人不眨眼的主儿，就算换成别的

第一章 难以摆脱的因果

皇帝,肯定也不会轻饶。等李渊酒醒过来,还没等他开口,裴寂就抢先说道:"我这样做都是受二郎世民的委托。当今主上残暴,天下离心,二郎私下招兵买马,意图举事。因为担心您反对,所以才出此下策。现在您已经犯下大错,如果继续效忠隋朝,很快就会被处死。如果举兵反隋,以您的才能和威望,一定能夺取天下。如何选择,请您来决断吧。"李渊顺着裴寂的话答复说:"我儿诚有此计,既已定矣,可从之。"既然世民都安排好了,那就听他的吧。于是,李唐建国的第一步——晋阳起兵,就这样开始了。

晋阳宫醉酒事件,是李世民拉李渊下水的圈套还是李渊预判李世民行为之后的顺水推舟?父子俩谁才是晋阳起兵的主谋?这是一个存在争议的问题。有人认为,李世民少年英武,有勇有谋,是他推动了太原起兵,并将优柔寡断的李渊送上皇位。也有人认为,我们现在看到的以李世民为核心的唐朝开国史,是他即位之后授意臣下刻意修改的。实际上李渊是一位才能卓越的政治家、军事家,他才是太原起兵乃至大唐开国过程中最核心的人物。还有人认为,李世民谋划起兵是他在李渊默许下的独立行动,父子二人在太原起兵中的作用一样巨大。以上解说都有一定的道理,或许这个问题本身也没有所谓的标准答案。无论如何，李世民是太原起兵的核心发起者之一，这应该是没有疑问的。

公元617年五月，李渊正式在太原起兵。太原虽然是北方重镇，但毕竟偏处一隅，人力物力资源都有限，且有突厥之患，不利于争夺天下。因此，李渊制定了进军关中，夺取长安的战略方针。六月，李渊在太原建大将军府，自任大将军，命裴寂为长史，刘文静为司马，长子李建成为陇西公、左领军大都督，次子李世民为敦煌公、右领军大都督。七月，李渊留四子李元吉镇守太原，自己亲率兵马向关中进军。不料，刚刚走到霍邑北边的贾胡堡，就遇上连日阴雨，粮草告急。这时候又传来刘武周将要联合突厥攻打太原的消息，一时间军心浮动，李渊遂下令召开军事会议。帐下很多将士都认为应该回师太原，以固根本。他们劝李渊说："前方镇守霍邑的宋老生乃是勇将，一时之间难以制胜。突厥见利忘义，反复无常，很可能受刘武周的蛊惑。太原是我军的根本之地，我等的家属都在那里，不如暂且班师。"李建成、李世民等人却持相反的意见，他们给出的理由是："刘武周和突厥之间貌合神离，彼此猜忌，肯定不会联合攻打太原。而且此时正值秋收，大军不必担心粮草问题。何况起兵本是为了兴大义，救苍生，安定天下，应该一鼓作气直取长安。如果撤回太原，那

第一章　难以摆脱的因果

就和其他军阀没什么区别了。"谨慎的李渊还是决定撤军。李世民很着急，他不忍见到大好的形势因为小小的挫折而丧失，但他不是统帅，没有决策权，于是在军帐外放声大哭。或许是被李世民的哭声惊醒了，李渊又将他叫到帐中问话，李世民激动地说："我军因大义兴师，进战则攻无不克，退兵则军心必散。到时若敌军来袭，必将全军覆没。"李渊被说服了，赶忙下令停止撤军。不久之后，果然云开雨霁，太原的军粮也送到了，大军得以继续向长安推进。

"军门夜哭"一事，体现了李世民的果断与执着，正是因为他的努力，李渊一方才避免了一次可能出现的重大失误。如果没有他的坚持，创业之初的李渊可能会遭到重创，唐朝的建国之路也不会如此顺畅，历史很可能会改写。

霍邑是通往长安的必经之路，隋将宋老生奉命率军2万在此镇守。八月，李渊大军到达霍邑城下。他对李建成和李世民说："远来之师，最怕固守。我担心宋老生婴城自守，你们怎么看？"兄弟二人答道："宋老生有勇无谋，名不副实，且有轻敌之心，我们只要用轻骑诱之，他一定会来迎战。"李渊又道："之前我们刚到贾胡堡时，立足未稳，宋老生不知来战，我就看出他并非良将。你们的判断应该没问题，就按这个方案执行吧！"大战当

秦王事业：玄武门事变到贞观之治

天，李世民先派了几个人到霍邑城下假意勘察，而且扬起马鞭指指点点，装作要围城的样子。宋老生果然大怒出兵，背靠城池摆开阵势。此时李渊和李建成领着一部分士兵在城东，李世民和柴绍领着另一部分士兵在城南。宋老生自恃勇猛，引军直扑李渊大营，想来一个擒贼先擒王，不料正中李渊父子下怀。李渊和李建成稍战即退，宋老生不知是计，率军追赶。这时李世民从后方杀来，率骑兵冲破隋军阵势，双方混战在一起。激战之间，只听见有人高喊："宋老生已被斩杀！宋老生已被斩杀！"隋军不明真相，大乱败走。等宋老生逃回城下时，城门已被唐军占据。他命城上仍在抵抗的隋军扔下绳索，想攀绳而上，但被追赶而来的唐军斩于城下。

霍邑之战后，唐军又接连攻下临汾、绛郡等地，兵锋直指河东城。河东守将屈突通熟悉兵法，经验丰富，是个劲敌。但李渊父子并未恋战，只留下一部分军队与之缠斗，然后率领大部唐军渡河，继续浩浩荡荡向关中进军。李世民充任开路先锋，一路上吸纳了大量前来投奔的各路人马和英雄豪杰，部队很快扩充到9万人。之后他又击溃了刘鹞子起义军，兼并其众。不久，"贼帅李仲文、何潘仁、向善志等皆来会"，李渊从弟李神通和他的三女儿也分别率军与李世民会合。到攻打长安之前，李世民的部队

第一章　难以摆脱的因果

已经发展到了令人恐惧的13万人，此时距晋阳起兵仅仅过去了不到半年而已。

十月，李渊麾下各部共20万兵马均已到达长安城附近指定位置。隋代王杨侑及留守诸臣虽组织了抵抗，但无奈双方力量太过悬殊，长安最终易主。入城之后，李渊拥立代王杨侑为皇帝，遥尊隋炀帝为太上皇，自己则出任大丞相、唐王。这当然只是一种常规的过渡手段，连掩人耳目的效果都达不到，甚至普通百姓都明白，唐王做天子只是时间问题而已。或许是冥冥中真的有天意眷顾，历史并没有让李渊等太久。

义宁二年（618）三月，隋炀帝被宇文化及等弑杀于扬州，这标志着隋朝亡于乱臣贼子之手，也标志着旧世界彻底被破坏。接下来就需要真命天子剪灭群盗，重整河山。李唐建国的时机终于成熟了！五月，李渊代隋称帝，建立唐朝。他立长子李建成为太子，次子李世民为尚书令、秦王，裴寂、刘文静等功臣各有封赏。李建成是国家的法定继承人，李世民位列开国功臣之首。这是大唐开国时由李渊亲自确立的政治名分，也得到了群臣乃至当事人的认可。然而后来事情的发展却脱离了这一构想，逐渐走向了碰撞与失控。

二、东征西讨

李唐王朝建立时，天下并不太平，隋末群雄仍然盘踞四方。为了早日完成统一大业，战争成为不可避免的选择。在一次又一次的外出征战中，李世民建立了赫赫功勋，留下了"秦王破阵"的佳话。他的"常胜将军"生涯，是从平定薛举、薛仁果父子开始的。

薛举本是兰州的地方官，隋末大乱时趁机夺取了当地的控制权，自称西秦霸王。他深谙乱世百姓的心理，下令开仓放粮赈济饥民，势力很快壮大。薛举本人有着不俗的军事素养，加上陇右地区民风彪悍，故薛氏"兵锋甚锐，所至皆下"。隋大业十三年（617），薛举在兰州称帝，以妻子鞠氏为皇后，子薛仁果为太子，尊母为皇太后。是年，薛仁果攻克秦州（即天水），薛举随即迁都于此。不久，薛氏吞并扶风唐弼部，军势大盛，号称30万，意欲东取长安，争夺天下。李渊父子占据关中后，与薛氏势力直接接触，双方曾在扶风有过一战，唐军方面的统帅正是李世民。此战唐军大获全胜，"斩首数千级"，大大打击了薛氏的嚣张气焰。薛举惊慌之下问属下说："自古以来有投降的天子吗?"黄门侍郎褚亮答道:"南越赵佗、蜀汉刘禅、西梁萧琮,都曾经纳土归降,长保富贵。转祸为福之事,自古有之。"话音未落,卫尉卿郝瑗便忍不住站出来说:"皇帝不该这样问,褚亮的回答更是大逆不道!当年汉高祖刘邦、蜀先主刘备都曾经多次败给对手。胜败乃兵家常事,历朝历代皆有,哪有一战不胜就直接考虑投降的道理?"薛举此时也冷静下来,为了掩饰尴尬连忙道:"我就是随口一问,试试各位的态度罢了。"随后他重赏郝瑗,以其为首席参谋,集结力量继续准备向关中进军。

武德元年(618)七月,大唐建国刚刚两个月,薛举便率军攻打泾州,进逼长安。泾州是通往关中的门户,薛氏大兵压境,严重威胁新生的唐王朝的安全。李世民临危受命,再次领兵迎战薛举。薛、李双方在高墌城一带对峙,李世民判断薛军远道而来,军粮不足,因此制定了坚守不出、消磨敌人的作战方案。但两军相持之际,李世民突然病倒,不得不将军队的指挥权临时交予刘文静和殷开山。他反复告诫二人说:"薛举粮少兵疲,又是孤军深入,意在与我军决战,两军相持于其不利,无论敌军如何挑战,你们都不要理会。待我病愈,敌军军粮也大致耗尽,士气涣散,到时自当率诸君破敌。"然而殷开山劝刘文静道："秦王患病，因为担心我们不能克敌制胜，所以才不愿开战。现在应该伺机破敌，不能把消灭敌军的重担全都压在秦王身上。"刘文静是县令出身，对军事比较陌生，在殷开山的劝说下，当然也不排除有立功心切的因素，最终下令出兵迎战。唐军自恃人多势众，不设防备，被薛举派兵包抄。此战唐军大败，死者十之五六，多名将领被俘。李世民听闻刘、殷二人违令出战，知其必败，但事已至此，无法挽回，只得强撑病体，收拢残军退回长安去了。此役之后，"京师骚动"，薛举意欲乘胜直取长安。谁知他出兵前突发疾病，药石无灵，竟然直接死掉了。上天为大唐除去一名劲敌，同时也给了李世民重新证明自己的机会。

薛举死后，薛仁果继承父位。他为人苛虐，与帐下将帅素有嫌隙，此时郝瑗也一病不起，薛氏上下离心，兵势日衰。这样的变数对李唐方面来说自然是天赐良机，秦王李世民再次被任命为元帅，率军进击薛仁果。此时的唐军一方面是保家卫国，另一方面也是为父兄亲友复仇而来！诸将纷纷请战。然而李世民认为："我军刚刚战败，锐气不足。敌军新胜，有轻我之心，必欲求战。在这种情况下，我军坚守不出消磨其战意，等敌军气势衰败之后再奋力迎击，可一战破之，这才是万全之

第一章 难以摆脱的因果

策。"于是他传令军中："敢言战者斩！"军令如山，任凭敌军如何挑战，唐军就是闭垒不出。对峙很快过去了60多天，敌军果然粮饷不济，军心逐渐不稳，陆续有兵将前来投降。战机终于成熟！李世民先命大将梁实在浅水原扎营为诱饵，敌军得知后迅速发动进攻。他们明白，只要在此击溃秦王率领的唐军主力，长安便唾手可得。即便是懵懂的小卒也知道，唐军营帐里有的是粮食、财物，比起遥远的长安、天下，这或许才是当下最具吸引力的。

敌军的攻击特别凶猛，梁实部承受了巨大的压力，但仍然艰难守住了营地。战况胶着，李世民又将庞玉部投入战场，敌军见状纷纷来攻，颇有些围点打援的意思，庞玉部几乎支撑不住。就在此时，李世民率军掩杀而来，他亲率数十名骁骑冲入敌阵，破坏了敌军的阵形。各部唐军兵合一处，奋勇杀敌，敌军溃败，四散奔逃。李世民率兵紧追不舍，窦轨拉住他的马苦劝道："我军虽然得胜，但薛仁果还占据着坚固的城池，不可轻进，请暂且收兵以观形势。"李世民说："这个问题我考虑过了，现在我军势如破竹，取胜之机就在此时，舅舅不要再劝了！"唐军一直追到敌城之下，薛仁果见大势已去，遂开城投降。诸将不解地问道："我军战胜之后，秦王舍弃步兵率轻骑至城下，连攻城器械都没有，如何料定能够拿下此城呢？"李世民笑着说："敌军大多是陇外之人，骁勇善战；我军虽然得胜，但擒杀不多。如果行军缓慢，让他们退回城内重新为薛氏所用，则此城难破。反之，如果加紧驱赶，令其无暇入城，那么他们就只能逃归陇外。薛仁果空有城池，却无力守御，因此只能归降。"众人叹服。武德元年（618）十一月，薛仁果等被押解到长安斩首示众，西线战事以李唐王朝的完胜宣告落幕。返回长安的李世民还没来得及过几天安定日子，北边的太原又出事了。

太原是唐朝的龙兴之地，但其长期处于突厥和刘武周势力的威胁之下。刘武周祖籍河间景城，也就是现在的河北沧州，此地民俗尚武，是著名的武术之乡。刘武周的父亲名叫刘匡，他带领家人离开沧州老家，搬到马邑（今山西朔州）居住，所以刘武周是在山西成长起来的。少年刘武周继承了河北人尚武任侠的文化基因，"骁勇善射，交通豪侠"。他的兄长刘山伯经常斥责他说："你小子胡乱结交朋友，早晚会殃及全族的。"正值青春叛逆的刘武周一气之下离家出走，加入了隋炀帝征辽东的大军。战场为刘武周提供了展示才能的舞台，他很快因军功被提拔为建节校尉，之后又返回马邑担任地方官，在家人面前终于扬眉吐气。

第一章　难以摆脱的因果

隋末天下大乱之际，刘武周夺取了马邑的控制权，他开仓放粮，招纳豪杰，很快便拉起了一支万余人的队伍。刘武周经历过征辽东之役，见过大世面，明白朝廷力量的强大并非自己这点人马所能抗衡，于是他选择了依附突厥。在突厥的帮助下，他接连攻破雁门、楼烦、定襄等地，占据汾阳宫，势力日益壮大。汾阳宫是隋炀帝的行宫，里边自然少不了财宝、美人，刘武周把这些战利品全部献给突厥，以博取靠山的欢心。不久，突厥立他为"定杨可汗"，并送给他狼头纛，刘武周趁势自立为皇帝，建元天兴。当时另一个军阀宋金刚被窦建德击败，率残兵4000余人前来投奔。宋金刚懂兵法，有谋略，刘武周得之大喜，封其为宋王，委以重任，并分一半家产给他。宋金刚很感动，于是休掉原配夫人，娶刘武周之妹为妻。刘武周与宋金刚二人既是合伙人，又成了亲戚，他们关系融洽，团结一致搞事业。刘武周的地盘原本在山西北部一带，宋金刚提出"入图晋阳，南向以争天下"的策略，得到刘武周的赞同。

武德二年（619）春，刘武周与宋金刚发兵袭太原。当时负责太原防务的不是别人，正是齐王李元吉。李元吉是李渊第四子，晋阳起兵时，他只有16岁，因此并未随父亲和大哥、二哥进军关中，而是负责镇守太原根据地。敌军来势汹汹，打前锋的是尉迟敬德等猛将，负责迎战的唐军接连失利，太原周边纷纷落入敌手，率军从关中赶来救援的裴寂也在介休被宋金刚击溃。唐军全线败退，裴寂化身"裴跑跑"，狂奔一日一夜逃到晋州（今山西临汾），他用实力证明了自己或许只能胜任管理宫殿的工作。面对接二连三的坏消息，李元吉的心态彻底崩了，尽管他出身关陇世家，身上带着将门虎子和皇室贵胄等标签，但说到底他只是一个16岁的孩子而已。敌军步步紧逼，慌乱之中，李元吉弃城而走，带着家眷一路逃回长安。太原易主后，敌军又一鼓作气地攻占晋州、浍州，山西大部陷于敌手，"关中震骇"。甚至连高祖李渊都宣布："贼势如此，难与争锋，宜弃河东之地，谨守关西而已。"打不过，我们认怂了，太原归你们了，晋东南我们也不要了，整个山西都给你们行不行？气氛烘托到这种程度，轮到秦王李世民出场了，他给唐高祖李渊上表道："太原王业所基，国之根本。河东殷实，京邑所资。若举而弃之，臣窃愤恨。愿假精兵三万，必能平殄武周，克复汾、晋。"这番话说得慷慨激昂又充满自信，很难想象出自一位20岁的年轻人之口。20岁，放在现在大学还没毕业，但在古代这个年龄却可以统领数万兵马为君父分忧，这很好地展示了时代的错位感以及人与人之间的差异。

第一章　难以摆脱的因果

李世民出征了，李渊将关中之兵全部动员起来交给他节制，这是绝对的信任，也是巨大的期望。十一月，李世民率领的唐军趁黄河封冻踏冰而过，进屯柏壁，与宋金刚部相持。当时山西的战事已经持续了将近1年，"俘掠之余，未有仓廪"，粮食储备严重不足，敌我双方都面临军粮紧缺的问题。李世民派人到百姓中间做宣传。山西到底是"革命老区"，群众基础深厚，当地百姓听说李家人回来了，领头的还是颇具贤名的二公子，纷纷前来归附。唐军借机征得了一部分粮食，解了燃眉之急。与此同时，另一支唐军在永安王李孝基等人的率领下进攻夏县，被尉迟敬德、寻相等击败，包括李孝基、唐俭等在内的多名将领被俘。李世民见状急忙分兵来战尉迟敬德，他先派殷开山、秦叔宝等将与之战于美良川，又亲自率兵与之战于安邑，大破其众。

唐军两战两胜，士气高涨，诸将都来请战。李世民分析道："宋金刚千里奔袭，深入我方腹地，敌军的精兵猛将尽聚于此。刘武周占据太原，以宋金刚为屏障。他们虽然有不少人马，但补给线太长，利在速战速决。我军只需坚守不出，避其锋芒，他们军粮耗尽必然退走，到那时才是取胜之机。"数月之后，敌军果然粮尽而退。战机已至，唐军全线反攻。李世民一马当先，紧追不舍，终于在吕州附近撵上了敌军寻相部。寻相本就是李世民的手下败将，此时领势衰之兵，更不是李世民的对手。唐军大获全胜，继续北上逐敌，"一昼夜行二百余里，战数十合"。大军行至高壁岭，总管刘弘基向李世民进言道："秦王殿下破敌至此，已经是天大的功劳。继续追击下去，难道您不顾惜自己的身体了吗？何况士卒们已经饥饿难耐、疲惫不堪，不如暂且在此休整一番，等后方补给送到，我们再行军也不迟。"李世民答道："敌军无奈之下退走，现在正是军心涣散之时。功难成而易败，机难得而易失。此时如果不趁机消灭敌人，等他们缓过劲儿来，再想成功就难了。我尽忠报国，死而后已，怎能只知爱惜己身？"说罢策马疾行。将士们见状也不敢再多言，继续随这位年轻的统帅追击敌人。大军行至雀鼠谷，终于追上了宋金刚的主力，"一日八战，皆破之，俘斩数万人"。唐军大胜，终于可以短暂休整，此时李世民已经两天没吃饭，三天没解甲，其余将士也差不多。由于远离后勤部队，缺少食物，全军上下仅靠一只羊充饥。李世民与将士们同甘共苦，患难与共，成为真正的袍泽兄弟。

可战争还没有结束。宋金刚退入介休城，尚拥兵2万余众，这里是他击败裴寂的地方，不久前刚刚被唐军的鲜血浸染。或许

第一章　难以摆脱的因果

是重拾了昔日的勇气和自信，宋金刚并未据城坚守，而是选择了正面迎战。敌军背城列阵，唐将徐世勣（亦名李世勣、李勣）出击，不敌后撤，敌军趁势前压。就在此时，李世民率精锐骑兵冲入敌后，敌军大败，宋金刚落荒而逃。李世民率军追杀数十里，一直追到张难堡，这里有唐军樊伯通、张德政部驻守。他们自山西大战以来始终坚守城池，拒不降敌。此时终于盼来唐军主力，堡中将士不由得流下了惊喜、激动的泪水。李世民身边的人急忙说道，弟兄们先别急着哭，秦王打了几天仗还没怎么吃饭呢！赶快取酒饭来，但凡昨晚多有两只羊，多吃几块肉，今天肯定就把宋金刚拿下了。守军一听，忙献上浊酒、脱粟饭。这当然不是什么美味，但李世民吃得格外香甜，胜利的味道非任何美酒佳肴可比。

宋金刚败走，尉迟敬德等收余众降唐，介休战事告一段落。就当时的大局而言，刘武周与宋金刚一方虽然连吃败仗，但仍然占据着唐朝的不少领土，太原也还在他们手中，如果整军备战，未尝不可卷土重来。退一步讲，就算是最终不敌唐军，对方也势必会付出不小的代价。估计宋金刚也是这种想法。但身在太原的刘武周可能是被唐军吓破了胆，直接弃城逃往突厥。他这一跑，本已动摇的军心彻底涣散，整个战局再也无法逆转。刘武周前脚刚走,后脚宋金刚就进城了,他有心聚拢残兵再战李世民,但手下人却死活不肯配合了。宋金刚见大势已去,无奈之下只得也率亲信投奔突厥去了。太原失而复得,北边平定,李世民帮助唐朝度过了一次严重的危机。接下来,唐朝将按原计划进取中原,那里还存在着强大的竞争者。

三、体制痼疾

洛阳是隋朝的都城之一,具有重要的象征意义。大业十二年(616),隋炀帝南下扬州时,命越王杨侗留守于此。次年,李密领瓦岗军来犯,攻势凶猛,隋炀帝遂派王世充等率军救援。王世充本是扬州的地方官,因善于察言观色、阿谀奉承成为隋炀帝的宠臣,经常奉命镇压民乱,逐渐拥有了一定的军事资本。乱世之中,兵马是最大的倚仗,长期典军令的王世充野心日益膨胀。至洛阳后,王世充部与瓦岗军多次激战,双方互有胜负。

义宁二年(618),隋炀帝死于扬州,王世充等遂拥立越王杨侗称帝,年号皇泰,史称皇泰主。不久,宇文化及率领扬州方面的叛军也来到洛阳附近,虎视眈眈。此时有人建议皇泰主招降李密,让他攻打宇文化及,"令两贼自斗",坐收渔利,皇

第一章　难以摆脱的因果

泰主依计行事。李密也是个人精,他当然明白洛阳方面的意图,但他和宇文化及的目标都是洛阳,是竞争对手,双方之间必有一战,拒绝招降将令己方陷入腹背受敌的境地。而且他"有仓无库",虽然占着粮仓不愁军粮,但没有库存资财可用。接受招降既可以集中力量消灭宇文化及,又可以得到洛阳方面提供的"库物"财货,而一旦吃掉宇文化及部,还可以壮大己方势力,回图洛阳。仔细盘算之后,李密"将计就计"接受了洛阳方面的建议。但他没料到的是,扬州叛军乃是隋炀帝身边的禁军,实力极为强劲,这一战令他蒙受了巨大损失,"劲兵良马多战死"。洛阳方面,王世充与李密鏖战许久,仇深似海,自然强烈反对招降政策。他煽动麾下将士发动变乱,将招降派一网打尽,掌控了朝政。等李密击败宇文化及返回时,洛阳已经易主。王世充趁机出兵大破瓦岗军,李密狼狈败走,西投唐朝,"世充尽收其众,振旅而还"。

击败李密后,王世充成为洛阳事实上的主人,皇泰主沦为他的傀儡。当时天下大乱,称帝自立者不在少数,王世充也想踢开皇泰主,过一把当皇帝的瘾。怎么办?远有王莽,近有李渊,前辈们已经探索出一条成熟的道路——禅让。武德二年(619),王世充令段达等人奏请为自己"加九锡",开始自导自演"禅让"戏码。这套流程自西汉末年以来反复上演，已经成为谋朝篡逆的基本套路。上自王公大臣，下至贩夫走卒，大家都明白这是怎么回事。而且洛阳这个地方，自古以来发生过太多改朝换代的事，老百姓耳濡目染，早就见怪不怪了。舞台已经搭好，观众也已就位，但这场戏的主角之一却并不打算配合进行演出。当段达等人劝说皇泰主退位时，这位少年皇帝义正词严地说："天下者，高祖之天下，若隋德未衰，此言不可而发，必天命有改，亦何论于禅让？公等皆是先朝旧臣，忽有斯言，朕复当何所望！"主角罢演，眼看就要酿成重大演出事故，但这样的问题难不住大导演王世充。他命人将皇泰主软禁在含凉殿，假传禅位诏书举办了禅让大典，建立郑国，年号开明。前所未有的无实物表演将政治的虚伪和人性的诡诈体现得淋漓尽致。

郑国脱胎自皇泰小朝廷，继承了隋朝的部分政治遗产，拥有完备的典章制度和健全的官僚体系。王世充手下兵多将广，又吞并了瓦岗军的部分势力，洛阳也是隋炀帝时期曾经投入大量资源重点建设的都城。无论是从政治还是军事的基本盘看，郑国都是唐朝最有力的竞争者之一。但王世充着实有些不争气，他徒具小聪明，却无大智慧，经常说一套做一套，对于进取天下也没有什

第一章　难以摆脱的因果

么长远打算。时间一长，周围的人都看清楚了他不是个能干大事的人，于是手下将领纷纷出走。瓦岗降将程咬金曾言："王公器度浅狭而多妄语，好为咒誓，此乃老巫妪耳，岂拨乱之主乎！"后来他和秦叔宝等人找机会投降了唐朝。登基之后不久，王世充命人杀掉了皇泰主，此举造成了很坏的影响。当时隋朝虽然已经崩溃，但各地官民心向杨氏者仍不在少数，即便是郑国的文武大臣之中，也有不少是前隋的官员，久受杨氏之恩。王世充谋害旧主，伤了这些人的心，破坏了郑国内部的团结，不断有人出逃，投奔其他势力。

　　面对大规模的逃亡，王世充不思己过，反而采用严刑峻法。他规定一人逃走，全家处死，如果父子、兄弟、夫妻主动举报出逃者，可以免死。又下令五家为一保，有一家出逃，其余四家都要处死。这样的暴政导致逃亡者越来越多。他还把城内的一些宫殿改造成监狱，把他认为可疑的人都抓起来。就算是将帅带兵出征，也要把亲属关进宫中作为人质。据说因各种原因被关押者经常超过万人。与此同时，他还将治下各州县骁勇善战的兵马全都聚集到洛阳附近，以拱卫这座都城。王世充的所作所为，至少能说明两点：其一，他是个特别缺乏安全感的人，总是希望通过某些手段实现对局势的控制，这种性格导致他无法具备帝王该有的心胸与格局；其二，他的数学能力特别差，算不明白每人每天吃几碗饭。大量的人口聚集促使粮食危机迅速爆发，"仓粟日尽，城中人相食"。郑国人心惶惶，原本的一手好牌，被王世充打得稀烂，冷眼旁观的李世民，当然不会放过这种机会。

武德三年（620）七月，山西战事刚结束不久，唐军便挥师东进来讨王世充，统帅正是李世民。唐军一路势如破竹，很快推进到洛阳附近。两军阵前，王世充喊话道："隋室倾覆，唐帝关中，郑帝河南，世充未尝西侵，王忽举兵东来，何也？"杨家倒台之后，咱们两家在各自的地盘上当皇帝，我没打过你们，你们为啥来打我？李世民方回应说："四海皆仰皇风，唯公独阻声教，为此而来。"因为你不听话，所以要打你。王世充又说："相与息兵讲好，不亦善乎！"咱们讲和，别打我行吗？回应称："奉诏取东都，不令讲好也。"对不起，不行。到底是一方雄主，眼看和谈无望，王世充也不再心存幻想了，你要战，那便战吧！王世充很自信，他身后的洛阳城固若金汤，当年的杨玄感和李密都是一时枭雄，最后皆折戟于此。他自问很难克敌制胜，但固守坚城，早晚也能让唐军知难而退。然而事情的发展偏离了他的预判，不过数月时间，河南诸州纷纷降唐，洛阳成为一座孤城。万

第一章　难以摆脱的因果

般无奈之下，王世充想到了求援。他请求的对象，是河北的军阀窦建德。

窦建德是河北贝州人，本为乡里豪杰，隋末大乱时趁势而起，占据了河北的许多州县，自称长乐王。和一般的军阀不同，窦建德崇尚忠义，而且有比较清晰的争夺天下的意识。他曾率众攻打河间，地方官王琮拼死抵抗，双方都有不小的损失。不久，隋炀帝的死讯传来，王琮率城中官民为炀帝发丧，窦建德"遣使吊之"，王琮遂请降。此时窦建德手下有人进言说："王琮阻拦我军这么长时间，害得我们折损了不少人马，如今无计可施之下才来投降，请烹杀了他为死去的将士复仇。"窦建德道："王琮是忠义之士，此时正应该予以提拔重用，怎么能杀呢！过去咱们是盗匪，可以快意恩仇，随便杀人，如今要安抚百姓，平定天下，怎么能够杀害忠良呢？"当天他就任命王琮为瀛洲刺史。消息传开，窦建德贤名远播，从此势力越来越大。不久，窦建德消灭了宇文化及，俘获了其从扬州带来的大批朝臣和隋朝宗室。当时皇泰主尚在，窦建德遣使称臣，被封为夏王。他积极联络突厥，命人将萧皇后送往突厥义成公主处，又献上宇文化及的首级，因与突厥相连，"兵锋益盛"。

见到王世充的求救信，窦建德左右为难。自从王世充僭位之后，自己与洛阳方面的关系就已经破裂，曾经的交情远远达不到为对方拼命的程度。可如果坐视王世充被消灭，那下一个被灭的可能就会是自己。这时候，他手下的中书舍人刘斌进言道："如今唐占关中，郑有河南，夏居河北，此乃三足鼎立之势。听闻唐大举攻郑，唐强郑弱，王世充一定不是唐朝的对手。若郑国被攻破，则夏国亦难以保全。为今之计，您应该率军援救郑国，郑、夏联手，一定能大破唐军。到时如果唐朝退兵，我们就能保全郑国，维持鼎足之势。万一郑国势衰，我们还可乘虚灭之，再合郑、夏二国之兵西取长安，平定天下。"窦建德听后大喜，直呼"此良策也"，遂发兵援郑。

窦建德领兵前来，李世民召开紧急军事会议。郭孝恪说："王世充已经山穷水尽，眼看就要坚持不住了，窦建德远来相助，这是上天要让他们一起灭亡。我军应据武牢（指虎牢关，因避李渊祖父李虎名讳，改为武牢关）之险，等待战机，然后一举破之。"薛收道："王世充占据洛阳，府库充实，麾下将士大多是江淮精锐，他们最大的问题就是缺少粮食。如今窦建德亲自率军来援，如果放任郑、夏联合，转运河北的粮草支援洛阳，那么战争将会演变成持久战，统一也遥遥无期。现在应该分兵拖住洛阳守军，然后由秦王率精锐部队占据成皋，以逸待

第一章 难以摆脱的因果

劳,与窦建德部决战。等击溃河北援军,洛阳方面自然也就支撑不住了。"但更多的将领主张暂避敌军锋芒,萧瑀、屈突通、封德彝都说:"我军长期作战,已经疲惫,王世充据守坚城,难以轻易攻克,窦建德新破孟海公,兵锋甚锐。我军腹背受敌,胜机渺茫,不如暂且退保新安,再做打算。"李世民权衡之后决定正面迎战,他说:"王世充兵败粮尽,上下离心,灭亡只是时间问题。窦建德刚刚取胜,将士骄惰,我军进据武牢,控制咽喉要道,倘若他们冒险来战,我军可以轻松取胜。假如他们犹豫不战,那就耗着,最多一个月,王世充那儿就坚持不住了。到时候我军再集中力量,一定可以消灭窦建德。现在应该马上行动起来,否则等河北敌军占了武牢关,局势便对我军不利了!"打定了主意之后,李世民留下一部分人马继续围困洛阳,自己则率兵进驻武牢关迎战窦建德。

河北援军被挡在了武牢关外,进退两难。窦建德手下的国子祭酒凌敬建议不如直接率兵渡过黄河,攻取怀州、河阳,然后再过太行,入上党,取汾、晋,据蒲津渡口。这样的好处有三:一是这一路上守备空虚,可以保证取胜;二是占据更多的土地、人口,壮大己方势力;三是攻敌所必救,唐军必然回撤,洛阳之围自解。这条计策很是巧妙,窦建德也有心采纳,但洛阳方面的使者却不干了,他们坚决请求援军立即决战,否则洛阳就守不住了。说话不好使,那就用钱砸,洛阳别的没有,金银财宝有的是!窦建德手下诸将几乎都收了洛阳方面的贿赂,他们跑到窦建德跟前说:"凌敬一介书生,根本不懂行军打仗之事,怎么能听他的话呢!"窦建德见众将意见一致,误以为军心可用,遂不用凌敬之计。

窦建德的妻子曹氏颇有见识,她劝丈夫采纳凌敬的建议,如此既可以乘虚占据唐朝大片领土,又可以联合突厥威胁关中,解洛阳之围。谁知窦建德给出了一个特别大男子主义的答复:"此非女子所知!"窦建德糊涂了吗?其实倒也未必。他来援郑的动机本来就不单纯,一方面是迫使唐朝退兵,另一方面则是想伺机吞并王世充,然后直取长安。北上渡河攻打河东虽然有种种好处,但是事实上最有可能的情况是自己这边刚走,洛阳就被唐军集中力量攻克,到时别说占据河东,自己能否安然退回河北都是未知之数。就算洛阳方面侥幸顶住了进攻,那局势无非是回归到了唐、郑、夏三足鼎立,顶多是夏的势力范围稍微扩大了一些而已。唐强而郑、夏弱,二国早晚还是会被唐朝消灭。但是如果能在武牢关的正面战场上击败唐军,那么顺势取郑、西进灭唐将不再是梦。问题的关键是,能不能打?能不

第一章　难以摆脱的因果

能胜？众将的表态让窦建德觉得可以，这个误判令他付出了沉重的代价。

武德四年（621）五月，决战终于打响了！窦建德部倾巢而出，大军绵延20余里，"鼓行而进"，声势夺人，唐军将士无不心生恐惧。李世民率数骑登高远望，然后从容谓诸将道："敌军度险而嚣，是无纪律，紧挨着城池布阵，是有轻我之心。我们坚守不出，敌军战意自然衰竭，等他们后退之时，我们再趁机追杀，定能一举克敌。我和诸位打个赌，等过了中午，敌军必败。"到了中午，敌军果然出了状况，将士们又饿又累，三五成群地坐下休息，有的还抢水喝，就等着将领鸣金收兵了。战机已至，李世民下令唐军全面展开攻势。敌军措手不及，被杀得大败。慌乱之中，窦建德居然坠马被擒，敌军顿时崩溃。唐军大胜，窦建德被带到李世民面前，李世民责问他："我攻打王世充，和你有什么关系，为什么越境前来？"人在屋檐下，不得不低头。窦建德只能请罪道："今不自来，恐烦远取。"我要不送上门来，你们大老远的再去一趟河北，多麻烦呀。消息传到洛阳，王世充果然也绷不住了，很快，洛阳降。李世民一举荡平双敌，成就了不世之功。

胜仗打得多了，李世民的野心也逐渐膨胀起来。消灭王世充之后,李世民在房玄龄的陪同下拜访了著名道士王远知。说起这位王道士,那真是大名鼎鼎。他出身琅琊王氏,师从陶弘景,是陈、隋两代君主的座上宾。骄傲如隋炀帝,在他面前也"亲执弟子之礼"。李渊没当皇帝之前,"远知尝密传符命"。拜会这样的人物,当然是醉翁之意不在酒。李世民与房玄龄二人是微服出行的,刚到道观门口,王远知便出来迎接,说:"今天有圣人驾到,难不成是秦王来了吗?"李世民很惊讶,不晓得对方怎么会认出自己,但王道士神秘莫测,掌握一些自己不明白的手段倒也不足为奇,于是大方承认。王远知接着说:"方作太平天子,愿自惜也。"你以后是要当皇帝的,得多注意人身安全啊!这话要是换别人来说,估计马上就会被拉出去砍了。但王道士不一样,他本就是神秘的"先知"一类的角色,李世民来找他,或许本就是要在他这里确认自己是否身具"天命"。因此,当王道士给出肯定的答案后,李世民心中的激动不难想象。多年以后,已经登上皇位的李世民在追忆这件事时曾言:"朕昔在藩朝,早获问道,眷言风范,无忘寤寐。"哪些话能深刻到让秦王寤寐不忘的程度?当然不会是道家养生小诀窍之类的无聊言语,答案显而易见。不过这相当于公开承认,他在洛阳的时候就已经对皇位有了想法。毕竟是皇位,代表着权力的巅峰，有想法也很正常。但此时他还只是秦王，这就属于僭越了。

不少人认为太子和秦王的矛盾由来已久，但其实这种判断并没有太多依据。在大唐建国以后相当长的一段时间内，李世民都是很安分的。他率军东征西讨，父皇李渊和兄长李建成则在后方处理国政，为他提供必要的后勤支持。他们是家人，同时也是大唐创业的合作伙伴，而且合作得相当不错。为什么事情到了洛阳会发生变化？主要原因大概有三个。其一，洛阳很特殊，它是隋朝的都城，配套建设有一系列天子才能享用的基础设施。王世充投降之后，李世民短暂地成为这座城市的主人，这让他有机会体验极致权力带来的快乐，这是他以前不曾经历过的。权力的美妙，让人食髓知味，难以割舍。其二，在洛阳消灭的郑、夏两股势力都很特殊，它们和唐朝一样，都继承了隋朝的一部分政治遗产。隋炀帝被杀之后，国内同时存在三位杨姓天子，一是长安城内的代王杨侑，二是洛阳城内的皇泰主杨侗，三是扬州方面拥立的秦王杨浩，他们都是隋朝名义上的继承人。随着局势的发展，长安、洛阳二帝分别被李渊、王世充取代，秦王杨浩则被宇文化及杀死，后者建立许国，不久被窦建德吞灭。扬州方面的政治遗产最终花落夏国。从政权延续性上看，唐、郑、夏与隋朝的关系极为密切，它们最有实力和名义完成一统天下的大业。李世民一举荡平郑、夏，令三分的王统重新合一，他很自信自己才是天命所归之人。其三，就当时的局势看，虽然全国范围内还存在零星的敌人，但皆已不足为惧，唐朝一统天下之势已经不可逆转。在这种情况下，确实也该考虑谁更适合做继承人的问题了。储位之争就此开启！

如果我们把视线稍稍前移，就会发现隋唐两朝的历史惊人的相似。隋炀帝杨广与李世民都是以次子的身份领军出征，立下大功之后又转向朝堂争夺太子之位。为什么会这样？我想这不是巧合，而是体制原因导致的。府兵制设立以后，府兵的指挥权很长时间内都在统军大将手中，君主权威受到很大威胁。北周武帝时对府兵制进行了一系列改革，加强了皇帝对军队的领导，皇帝本人成为最高军事统帅。谁来领兵？当然要优先选择宗室子弟和皇亲国戚。道理很简单，任人唯亲总比大权旁落要强得多。人之至亲莫过于父子，所以没有什么比皇子领兵更靠谱的选择了。李渊宁愿把太原交到十几岁的李元吉手中，就是这个道理。皇子领兵虽然能保证皇室对军队的控制，但也会导致诸皇子的势力逐渐膨胀，进而威胁太子的地位，动摇国本。后来唐朝的统治者吸取了这个教训，遇到大的战事时常以太子兼任天下兵马元帅，此处就不展开谈了。仅论当下，李渊难道没有注意到皇子领兵的弊端吗？他当然注意到了，而且他正在尝试用自己的方式解决这个问题。

第二章

武德九年的夏天

　　武德四年（621）七月，李世民得胜还朝，前所未有的大胜令整个长安城为之沸腾。进城之时，李世民身穿黄金甲走在最前面，威风凛凛，他是那样高调，又是那样耀眼。在他身后，数万名将士整齐行进，"戈矛成山林，玄甲耀日光"，巨大的压迫感毫无保留地释放，无声地表达着这位年轻统帅的意志。有人欢喜有人忧。东宫已经感知到了秦王对太子之位的觊觎。昔日并肩入长安的两兄弟，终究没有摆脱权力的魔咒。

第二章　武德九年的夏天

一、储位之争

李建成到底在忙什么？建成，建成，难道真的是等着捡现成的？当然不是。事实上，太子也一直在为国家奔波。如武德二年（619），凉州人安兴贵、安修仁兄弟擒李轨，以河西诸郡降唐，李建成奉命前往原州接应。又如武德四年（621）洛阳大战时，李建成也率军大破稽胡，擒杀甚众。此外，他还多次奉命率军防备突厥。所以说他坐享其成肯定是不对的，只是他取得的战绩没有李世民那样耀眼罢了。种种资料显示，李建成为人忠厚且颇具才干，李渊一直都对他比较满意。反倒是李世民，由于功高震主等原因，和李渊之间始终存在若有若无的隔阂。李渊曾经跟裴寂抱怨说："此儿久典兵在外，为书生所教，非复昔日子也。"意思是这孩子一直在外领兵打仗，被书生教坏了，已经变质了，和过去不一样了。

秦王惦记太子之位，最大的倚仗是他的军功。功劳大到无法赏赐，就得用珍贵的东西，比如太子之位来交换。但李渊不愧是李渊，他说李世民的功劳震古烁今，没办法用过去已有的官职奖赏，于是创造出了一个"天策上将"封赏他，就这样巧妙地把账抹平了。从这件事上我们可以看出李渊政治手段的老辣，他一出手就拿掉了李世民的筹码，让他没有理由提易储的要求。而且整个过程云淡风轻，不带丝毫烟火气，由不得李世民不从。李渊的意思很明确，你李世民有大功，我可以变着花样地赏你，但你想要太子之位是不可能的。

长安城内的博弈告一段落，河北地区意外地成了储位之争的舞台。窦建德败亡之后，其手下部将大多逃回河北。由于唐朝处置失当，这些人整日惊惧不安，遂共谋作乱。他们起事前卜了一卦，卦象显示"刘氏主吉"，于是诸将共推刘黑闼为主，起兵反唐。刘黑闼是贝州漳南人，"与窦建德少相友"，早年曾投过李密的瓦岗军，后来被王世充俘虏，再之后辗转到窦建德手下为将，被封为汉东郡公。刘黑闼骁勇善战又足智多谋，在军中号称神勇。叛军在他的带领下接连击败唐军，很快发展到数万人。他们北联突厥，召集旧部，不到半年，居然尽复夏国故地。唐朝听闻河北叛乱，不断派兵前往镇压，谁知叛军竟接连击败李神通、徐世勣等大将，势力更加壮大，河北、山东的许多地方都燃起战火。眼看事态愈演愈烈，朝廷也顾不得压制李世民了，李渊亲自下令命李世民领兵出征。

武德五年（622）正月，刘黑闼攻陷相州，自号汉东王，建

第二章 武德九年的夏天

元天造,都于洺州,窦建德时期的文武官员全部官复原职。这时李世民率领的大军也开到了河北前线。二月,唐军攻取洺水,李世民命大将罗士信驻守于此。不久,叛军复夺洺水,罗士信身死。唐军分兵袭扰叛军粮道,刘黑闼多次挑战,李世民就是不应战。这是李世民的惯用战术,无往而不利。三月,叛军粮尽,李世民料其必来决战,于是提前命人堵住洺水上游,并吩咐手下说:"一旦叛军渡河,马上就决堤放水。"决战时刻很快到来,刘黑闼率主力渡河袭击唐军,反被唐军击溃,此时河水大至,叛军无路可退,被杀死、淹死者不计其数。刘黑闼等率残兵败将逃往突厥。李世民不愧是常胜将军,一出手就击败了强敌。但他班师回到长安后不久就接到了一个令他难以置信的消息——刘黑闼卷土重来,尽复河北故地,仍都于洺州。这无疑宣告了他的失败。兴师动众,劳民伤财,损兵折将,但平叛却没有效果。为什么会这样?李世民不理解,秦王府的人也不理解。他们不理解,但有人理解,轮到太子一方登场了。

河北叛乱闹得满城风雨,秦王无功而返,东宫的人全都看在眼里。魏徵等东宫属官趁机劝太子说:"秦王功劳最大,老百姓都倾向于他。现在太子您只是因为年龄大而成为太子,但是并没有大功劳。而刘黑闼这个人现在部下兵不多,还缺粮,如果我们用大军征讨，势如拉朽，太子您应该带领队伍征讨刘黑闼建立功名。同时把山东各路豪杰拉拢过来。""山东"指的是崤山以东地区，和现在的山东省不是一个概念。这番话说得诚恳、真挚，而且很有层次，太子被说服了，于是去找唐高祖主动请缨。李渊顺水推舟，命太子李建成领兵讨伐刘黑闼。

很快，唐军与叛军再次对垒。叛军屡战屡败，但异常顽强，总能组织起反攻。如何破局？魏徵进言道："前破黑闼，其将帅皆悬名处死，妻子系房；故齐王之来，虽有诏书赦其党与之罪，皆莫之信。今宜悉解其囚俘，慰谕遣之，则可坐视离散矣！"魏徵在窦建德手下工作过，对河北的情况比较了解，他指出河北军民之所以不断反叛，根本原因在于李唐一方的政策太过血腥残暴。只要采取宽仁之术，叛军的军心很快就会瓦解。果然不出魏徵所料，李建成依计行事之后，敌军迅速崩溃。武德六年（623）初，刘黑闼被手下擒住送往唐军中斩首。临死之前，他叹息道："我本在家务农，被高雅贤之辈误导，才落得如此下场啊！"乱局终于平定。河北之役，李建成无疑是最终的胜利者。他不仅打了一场利落的军事仗，也打了一场漂亮的政治仗。他向所有人证明，自己才是最合适的太子人选。相比之下，李世民还差一些火候。河北之乱戏剧性地巩固了太子的地位，李世民距离储君之位

第二章　武德九年的夏天

更加遥远。不过秦王不会轻易服输，他将采取其他手段继续向太子之位发起冲击。

武德七年（624）夏天，长安酷热难耐，李渊离京前往仁智宫避暑，命太子李建成监国。这时候发生了一件特别奇怪的事情，有人向李渊告发太子李建成和庆州都督杨文干密谋造反。到底是怎么回事呢？这要从太子与秦王的矛盾说起。武德六年以后，东宫与秦王府的争斗逐渐进入白热化，双方争相网罗人才，培植势力。齐王李元吉加入了太子一方，他经常劝李建成除掉李世民，甚至公开说："当为兄手刃之！"有一次李世民陪皇帝到李元吉家，李元吉设好埋伏准备刺杀李世民，但李建成最终还是制止了这一行为。李元吉生气地说："这是为兄长打算，对我有什么好处呢！"李世民蓄养勇士800余人，他们当中有不少都接受过战火的洗礼。为了和他们对抗，李建成也从长安及全国各地招揽了许多骁勇善战之人，号称长林兵，共有2000多人。此外，李建成还秘密派人到幽州罗艺那里要来数百骑兵，以拱卫东宫。他的这些行为后来被人告发，李渊把他叫去狠狠责备了一通。

杨文干本来也是东宫的宿卫，他和李建成关系不错，经常私自招募壮士送往东宫。这一次，李建成派尔朱焕、桥公山等押送一批铠甲给杨文干。二人走到半路，不知出于什么原因，居然跑到仁智宫告发太子和杨文干谋反。与此同时，有个叫杜凤举的宁州人也到御前揭发此事。李渊大怒，随便找了个理由让李建成立刻赶到仁智宫来。李建成起初不敢前往，手下有人劝他干脆起兵算了。但也有人说应该主动去面圣，私运铠甲虽然有罪，却并非没有转圜的余地，一旦举兵，整个局面就不可控了。李建成左思右想，最终还是决定去仁智宫见父亲。他只带了10余名亲随，以示自己绝无反心。见到李渊之后，他"叩头谢罪，奋身自掷，几至于绝"。不得不说，他很善于表演，如果他和王世充搭档，说不定能创作出不错的作品。可李渊不是那么好糊弄的，他怒气不减，当晚只是将李建成"置之幕下，饲以麦饭"。事情还没有搞清楚，李渊命人将李建成看管起来，又派司农卿宇文颖前往庆州传旨，让杨文干来当面对质。宇文颖到庆州后据实相告，杨文干于是举兵谋反。

李渊派左武卫将军钱九陇和灵州都督杨师道攻打叛军，不久又叫李世民前来议事。李世民说："杨文干不过是个竖子，居然敢行如此狂逆之事，估计地方官应该已经把他收拾了。如果不行，父皇您就派一员大将前往，定能马到成功。"李渊道："事情没那么简单。杨文干谋反一事牵涉太子，响应他的人恐怕不在少数。最好还是你亲自去一趟，等你得胜还朝之时，为父便立你做

第二章 武德九年的夏天

太子。我不能像隋文帝那样杀掉自己的儿子,到时候我会封建成为蜀王。以后如果他能听你的命令,你就看在兄弟的分上保全他,如果他不听号令,蜀地士卒战斗力很差,你消灭他也不难。"李世民领军出征了,确实如他所言,杨文干没什么本事,叛军一触即溃,杨文干被部下所杀。

秦王得胜归来,等待他的却不是太子之位。原来他前脚刚走,李元吉和后宫嫔妃们就开始轮番来为太子求情,朝廷重臣封德彝也做了不少努力。他们居然令李渊回心转意,不仅赦免了太子,还重新让他回长安主持工作。事情的最终结果是,"惟责以兄弟不睦,归罪于太子中允王珪、左卫率韦挺、天策兵曹参军杜淹",三人被流放。

杨文干谋反事件,里里外外透着诡异。如果说他受太子指使,那么在太子被控制的情况下他怎么还敢起兵作乱?事情发展到最后,为什么东宫和秦王府同时受到了惩处?这是一个颇费思量的问题。

在复盘整件事情之前,我们必须明确一个前提,那就是太子从来没有谋反的打算,他没有相关的动机。他一直深受李渊信任,位置非常稳固,根本没有谋反的必要。他想要做的,自始至终都只是除掉秦王而已。李渊动身前往仁智宫时,命太子监国,秦王、齐王陪同。当时李建成就让李元吉找机会"图世民",并称"安危之计,决在今岁"。或许有人会问,李建成不是不愿意杀李世民吗?他不是还亲自阻止过李元吉吗?怎么这时候又让他动手了?其实这个问题很简单,他不是不愿意,而是不能。因为他是太子,是大唐未来的接班人,这个身份一方面带给他各种好处,另一方面也让他受到束缚。有些事,别人能做,他不能做。有些规矩,别人不在意,他却必须遵守。秦王有大功于社稷,就算明知其对太子之位虎视眈眈,他也不能随意挥起屠刀,这是他的身份所不允许的。所以只要他在场,就不会允许李元吉行凶。真出了事,所有账都会算到他这个太子头上。可是出了长安,秦王有个三长两短,就不用他负任何责任了。

回到整件事的起点,李建成命人给杨文干送铠甲。这个铠甲是干吗用的?自然不是用来谋反的。身在长安却找庆州都督里应外合来谋反,于情于理都说不通。更有可能的情况是,李建成给杨文干下达了秘密任务,让他组织杀手趁秦王离京伺机刺杀,铠甲就是李建成提供给他们的装备。再看第二个环节,尔朱焕、桥公山等来举报。他们执行任务之前知道任务内容吗?如果知道为什么还要去举报?如果不知道,又是谁让他们知道并最终下定决心去举报的?最大的可能性当然是秦王府,具体而言就是事后被

第二章　武德九年的夏天

处置的杜淹,他的身份是天策府兵曹参军。第三个环节,李建成被控制之后,杨文干为什么还是发动了叛乱?其实这恰恰说明太子没有密谋造反,也没有相关的应急预案。杨文干的叛乱,完全是惧罪之下的选择。因为他明白,太子不会有事,所有的罪名最终都会由他这个替罪羊来承担,与其抵罪而死,不如叛乱求生。第四个环节,李渊承诺立李世民为太子,是否可信?其实这种宫闱密语,只能由当事人即李世民本人透露,可信度是不高的。李渊尚未查清整件事情的来龙去脉,又怎会轻言改立太子?李建成之所以能够涉险过关,根本原因恐怕还是因为李渊查明了真相——他没有行谋反之事。否则单凭李元吉等人求情,又怎能逾越基本法理?从事情最终的处理结果看,整件事东宫和秦王府都有责任,应该是东宫私运铠甲有错在先,秦王府将计就计,主导了告密一事,用意就是拉太子下马,扶秦王上位。李渊查清真相之后选择保全太子,尽量调解双方矛盾。所有人都明白,这不是长久之计,但作为一名父亲,除此之外,他还能如何呢?

唐初,突厥经常袭扰关中。有人劝李渊说:"突厥之所以频频来犯,是因为长安城中满是财宝和美女。如果焚毁长安,迁都他处,则胡寇自息矣。"李渊听了觉得很有道理,于是派遣中书侍郎宇文士及翻山越岭跑到樊、邓一带去为新都选址。太子李建成、齐王李元吉、裴寂等都表示赞同,萧瑀等人虽然明白不该迁都,但不敢进谏。此时李世民站出来说:"戎狄为患,自古以来一直如此。陛下您靠武功起家,一路征战登上帝位,如今手下有雄兵百万,所向披靡,如果因为突厥侵扰边境就迁都躲避,这不是要令四海臣民蒙羞,让后世子孙耻笑吗?当年冠军侯霍去病只是汉朝的一名普通将领,都能立志消灭匈奴。现在儿臣忝居藩王之位,希望您能给我几年时间,我一定把突厥的颉利可汗生擒到您面前。如果我不能成功,到时候再迁都也不晚。"

李渊听得频频点头,李建成却不高兴了,他说:"昔日汉将樊哙曾经夸下海口,说只需10万人马便能纵横匈奴,秦王这话和樊哙好像啊!"李世民反驳道:"形势不同,用兵之道也不同,区区樊哙,何足道哉!当着父皇的面,我不敢说假话,10年之内,我一定扫平漠北。"一番争论下来,李渊打消了迁都的念头。但李建成伙同后宫嫔妃们对李渊说:"突厥虽然屡为边患,但他们贪婪短视,得赂即退。秦王打着御敌的名义,实际上是想控制兵权,以达到夺取皇位的目的!"这话虽然有挑拨离间的嫌疑,却说到了李渊的心坎儿里。没有什么比皇位和自己的安危更重要。李世民坚持想打仗,打完国内打国外,打完群雄打突厥。如果他只是单纯地想通过积攒军功取代李建成倒也罢了,万一哪天他把自己这个当老子的也顺手收拾了怎么办？这是关系到皇权安危的大问题，容不得丝毫马虎，所以李渊不得不有所戒备。太子的手段，一如既往的高明。

二、剑拔弩张

杨文干事件之后，东宫与秦王府都没有得到想要的结果，于是继续争斗不休。有一次李渊出城游猎，太子和秦、齐二王陪同，玩到兴头上，李渊让三个儿子"驰射角胜"。当时李建成有一匹胡马，膘肥体壮，颇为神骏，但性格暴躁，喜欢尥蹶子。他故意指着这匹马对李世民说："此马雄壮，但不好驾驭。二弟你素善骑射，不如试乘之。"李世民当然知道太子没安好心，但他艺高人胆大，纵身就上了马背。这马撒了欢儿，几次将李世民掀翻下来，但李世民骑术精湛，居然毫发无损。他转过头对身边的宇文士及说："太子想用此马害我，但死生自有命数，怎么可能伤到我呢！"

李建成听闻之后，随即让后宫嫔妃找李渊去告状，说："秦王自言，我有天命，方为天下主，岂有浪死！"老皇帝一听勃然大怒，先找太子和齐王了解情况，这可真是问对人了，本就是这哥儿俩设的局,他们自然添油加醋地描述一番。李渊更生气了,他把李世民叫过来责备道:"天子自有天命,非智力可求,汝求之一何急邪!"意思是你也太心急了,我这儿还没死呢,你就有天命,你是想篡位吗?李世民说并无此事,请求有关部门立案审查,然而李渊怒气不减。恰于此时,有奏报说突厥来犯,老皇帝这才变了脸色,安抚了李世民几句,让他率兵抵御突厥。不过,心思深沉的皇帝命齐王李元吉给秦王当副手,以监督秦王。史书记载:"上每有寇盗,辄命世民讨之,事平之后,猜嫌益甚。"李世民势力已成,手下文臣武将云集,李渊既不得不倚仗,又不得不防范,态度十分矛盾。这当然是太子乐意见到的情况。

眼看夺取太子之位的希望越来越渺茫,李世民开始给自己安排后路。他想到洛阳山川形胜,万一将来朝廷有变,自己可以到那里立足。于是他奏请让亲信温大雅出镇洛阳,同时又派遣秦王府的干将张亮到洛阳去,给了他一大笔活动经费,命他结交山东豪杰,建设洛阳根据地,等待进一步指示。张亮是郑州荥阳人,出身寒微,此人外表敦厚但内怀诡诈,是个厉害角色。隋朝末年,他先是投身李密麾下,后随徐世勣降唐,被任命为秦王府车骑将军,成为李世民的心腹。秦王府这么大的动作,自然引起了东宫和齐王府的注意。齐王李元吉亲自出面告发张亮图谋不轨,

第二章　武德九年的夏天

朝廷启动了调查程序，但张亮咬紧牙关，硬是一个字也没透露，最终被无罪释放，继续回洛阳任职。

太子一方见诬告无果，又生计谋。一天夜里，李建成亲自出面，叫李世民到东宫饮酒。席间，李世民的酒中被下了毒药，他喝完之后心内剧痛，吐血数升，在淮安王李神通的搀扶之下才得以返回家中。李渊听说之后，亲自到秦王府探视，儿子的惨状激发了他的父爱。他传令东宫道："秦王素不能饮，自今无得复夜饮。"李世民酒量不行，以后别大晚上的灌他喝酒了，你看都喝得胃出血了。李渊心里清楚，兄弟二人的矛盾几乎已经不可调和了，再放任下去，迟早会出大事。他对李世民说："晋阳起兵，平定海内群雄，大部分都是你的功劳。我想立你当太子，但一方面你一直推辞，另一方面李建成年长，而且已经当了多年太子，我也不忍心废掉他。现在看你们兄弟似乎水火不容，都在长安，一定还会起纠纷。我准备让你到洛阳去，自陕州以东都归你管。另外再给你建天子旌旗，就像汉代梁孝王那样。"梁孝王刘武是汉景帝的亲弟弟，曾经仗着母亲窦太后的宠爱和梁国的强盛横行无忌，甚至和皇帝同乘车辇，堪称富贵之极。李世民闻听之后，内心当然十分欢喜，但还是假模假式地悲泣推辞一番，说不愿意离开父亲。李渊安慰道："现在天下都是咱们李家的，长安、洛阳离得不远,我想你了就到洛阳去看你,倒也不必伤悲。"李世民随即准备启程。太子和齐王听说之后,在一起谋划道:"秦王如果到了洛阳,有了土地、士卒,再想控制他就不可能了。不如想办法把他留在长安,在这儿他就是个光杆儿司令,收拾起来容易得多。"于是他们秘密安排了不少人向李渊进言,说秦王府的人听说要前往洛阳之后,无不欢欣雀跃,"观其志趣,恐不复来"。太子又委托李渊身边的近幸之臣对这位老皇帝晓以利害,"上意遂移,事复中止"。去洛阳的事就这样搁浅了。

不少人对"毒酒案"的真实性表示质疑。质疑的原因之一是玄武门之变后,李世民问魏徵为何劝太子除掉自己,魏徵说,如果太子听了我的话,你还能站在这里吗?这表明太子没有亲手干掉秦王的打算,所以"毒酒案"就显得非常突兀。原因之二是既然太子一方已经选择动手,那为何不直接用烈性毒药把秦王毒死,而只是让他"吐血数升",然后安然离去?这显然不是东宫一方该有的水准。原因之三是面对毒害弟弟的李建成,李渊和群臣为何格外宽容?要知道,如果"毒酒案"属实,那么作为幕后主使的李建成几乎必然会因品行问题被褫夺太子之位。然而实际上,事后根本没有人上书弹劾太子,这就非常奇怪了。很多时候,历史得不到合理的解释。我们可以怀疑"毒酒案"是李世

第二章 武德九年的夏天

民自导自演的苦肉计,其目的就是为了向李渊卖惨,最终促使父亲放自己东归洛阳,这与其营建洛阳根据地的一系列行为是相吻合的。我们也可以怀疑"毒酒案"其实是在李渊的默许下进行的,李世民功高震主,李建成只是奉命行鸩杀之事。可能是秦王身体太好,也可能是毒酒的质量太差,鸩杀行为没有成功。其实这也不是孤例,王世充鸩杀皇泰主时,皇泰主也没有立即毒发身亡,最终还是王世充的手下将其勒死的。秦王喝下毒酒,但侥幸未死,李渊于心不忍,遂决定让他去洛阳,这也不是没有可能。我们甚至可以怀疑压根儿就没有所谓"毒酒案",相关史料皆为伪造。因为李渊所言曾欲立李世民为太子之类的话,都是宫闱密语,除了当事人之外,其他人是没有机会听到的。而所谓分陕而治,行为何其昏聩,这不是让刚刚统一的国家又走到分裂的道路上去了吗?李渊应该不至于有如此愚蠢的想法。真假之间,我们无法给出明确的判断,这或许就是历史的魅力所在吧。

太子、齐王和后宫嫔妃一天到晚地到李渊那里说秦王的坏话,李渊信以为真,准备降罪于李世民。陈叔达进谏道:"秦王有大功于天下,不可黜也。且性刚烈,若加挫抑,恐不胜忧愤,或有不测之疾,陛下悔之何及!"秦王性格刚强,如果逼迫过甚,万一一气之下得了病后果不堪设想。李渊听后觉得有理,决定暂不追究李世民的罪责。但李元吉不依不饶，秘密请求诛杀秦王。李渊道："秦王有平定天下之功，现在罪状也没有显露，找不到杀他的理由啊！"李元吉回答说："找个理由还不容易吗！当初攻克洛阳之时，秦王顾望不还，散钱帛以树私恩，又公然违背您的命令，这不是谋反是什么？现在就应该尽快杀掉他，何必担心没有说辞！"李渊沉默不语。

李元吉所说的，其实是困扰李渊许久的一件心事。征讨王世充之时，李渊曾命宇文士及带话给李世民说："今取洛阳，止欲息兵。克城之日，乘舆法物，图籍器械，非私家所须者，委汝收之。其余子女玉帛，并以分赐将士。"这就赋予了李世民相当大的处置之权。当时唐军正与王世充和窦建德缠斗，局势尚不明朗，李渊给出这么一道旨意，当然是激励的成分居多。至于他自己的真实想法，是不是确实有意分赏洛阳的财物，其他人并不清楚。等到洛阳真打下来了，李渊令贵妃等数人到洛阳"选阅隋宫人及收府库珍物"。选宝贝就算了，为什么还要选宫人？原来李渊晚年喜好女色，把当年晋阳宫的习惯带进了长安城。据说他晚年新生的皇子有将近20人，这些孩子的母亲知道皇帝年纪大了，难以长久庇佑自己，于是争相结交几位年长的皇子，未来的皇帝肯定就在他们之中。太子和齐王也注重和众嫔妃搞好关系，让她

第二章 武德九年的夏天

们帮忙在皇帝面前美言。相比之下，秦王和后妃们的关系就差得多了。秦王每次入宫，看到这些花枝招展的年轻嫔妃，再想到自己的母亲窦皇后早早离世，就忍不住唏嘘涕泣。李渊见了，当然非常不高兴。众嫔妃也纷纷对李渊说："海内幸无事，陛下春秋高，唯宜相娱乐，而秦王每独涕泣，正是憎恨我们这些女人，陛下万岁后，妾母子必不为秦王所容，就会死无葬身之地了！"她们还说："皇太子仁孝，陛下以妾母子属之，必能保全。"此类话听得多了，李渊就逐渐疏远李世民，亲近李建成、李元吉。

众嫔妃到了洛阳之后，私下找李世民索要珍宝并为自己的亲属谋求官职，没想到李世民直接拒绝了这些要求，说宝物都已登记在册，官位应该授予贤能有功之人。嫔妃们辛苦出了趟差，什么油水也没捞到，难免对李世民怀恨在心。淮安王李神通立有战功，李世民做主赏给他数十顷良田。张婕妤的父亲也看中了这块地，于是通过女儿的关系请求皇帝把地赏给自己，李渊觉得不是什么大事，就恩准了。不料因为秦王赏赐在前，李神通坚决不肯让出这块地。可能有人会问，怎么李神通连皇帝的话也不放在眼里？这不是谋反吗？这么说其实有点冤枉他。唐朝建国之初，制度并不健全，加之国家经常处于战争之中，管理难免混乱。当时太子、秦王、齐王的命令与皇帝的诏敕并行于朝廷，各级部门

"莫知所从,唯据得之先后为定"。一般就是谁的指示先来就听谁的。

官司打到皇帝面前,张婕妤哭诉道:"敕赐妾父田,秦王夺之以与神通。"这是典型的搬弄是非,但这种烂招数往往很好用。李渊大怒,斥责李世民说:"我手敕不如汝教邪!"我说话难道还不如你好使吗!尹德妃的父亲尹阿鼠为人骄横,有一次秦王府的杜如晦骑马路过尹家门口,尹家的家奴突然冲出来把老杜拽下马来打了一顿,一边打一边还骂道:"你是个什么东西,过我家门竟敢不下马!"杜如晦被打折了一根手指头。这还不算完,尹阿鼠怕秦王到皇帝面前申诉,居然恶人先告状,让尹德妃对老皇帝说:"秦王左右陵暴妾家。"可不是吗?秦王府人流的血把你家门口的路都弄脏了,这得是多大的委屈。就是这样的胡言乱语,李渊也偏听偏信,居然责备李世民道:"我妃嫔家犹为汝左右所陵,况小民乎!"李世民百般辩解,"上终不信"。

可能有人会问,李渊是不是沉湎女色,老糊涂了?当然不是。他之所以不分青红皂白地敲打李世民,根本原因还是在于皇权的威严受到了挑衅。李元吉提起洛阳之事,让皇帝想起秦王的种种僭越之举,就是想刺激他,逼他下决断。但是李渊的态度值得玩味,他选择了沉默,不说行,也不说不行。为什么会这样?

第二章　武德九年的夏天

因为李渊还有顾虑。李世民战功卓著，突然杀掉他一定会引起天下震动，搞不好突厥和各地的反唐势力就会趁机发难。秦王府的势力已经难以遏制，如果强行削弱其势力，必然会引起李世民的激烈反应，危及自己的地位。留着秦王，对太子一方也能起到制衡的作用。至于秦王府势力过大，徐徐图之就好。不到万不得已，李渊是不愿意轻易打破现状的。

形势对秦王府越来越不利，秦王府僚属全都忧虑、恐惧，不知如何是好。房玄龄私下对长孙无忌说："今嫌隙已成，一旦祸机窃发，岂惟府朝涂地，乃实社稷之忧，莫若劝王行周公之事以安家国。存亡之机，间不容发，正在今日！"周公之事，指的是周公平定三监之乱。武王灭商后，将商王畿之地分为三部分，置三监管理，以防止商遗民造反。三监分别是管叔、蔡叔、霍叔，他们都是周武王的兄弟。不久，武王去世，即位的成王年幼，周公受命辅政，引起三监的疑忌，他们遂伙同商纣王的儿子武庚发动叛乱，此举令新生的周王朝陷入动荡之中。最后，周公率军东征，诛杀管叔，流放蔡叔，废霍叔为庶民，平定了叛乱，国家重回安定局面。房玄龄的意思很明白，秦王与太子、齐王之争，不仅是私人恩怨，也是关涉国家稳定的大事，既然矛盾无法缓解，不如直接效仿周公，将惹是生非的兄弟除掉。长孙无忌是李世民的妻兄，自然选择站在秦王府的阵营里。他听完房玄龄的话连连点头，道："吾怀此久矣，不敢发口，今吾子所言，正合吾心，谨当白之。"我早就有这个想法，只是一直不敢公开说，既然咱们看法一致，我现在就向秦王汇报。李世民得到消息后，立刻叫房玄龄来谋划，房玄龄说："大王功盖天地，当承大业，今日忧危，乃天赞也，愿大王勿疑！"孟子说过，"天将降大任于是人也，必先苦其心志，劳其筋骨，饿其体肤，空乏其身，行拂乱其所为，所以动心忍性，曾益其所不能"。秦王您现在遭受的危难，都是上天对您的磨炼，这恰恰说明您才是天选之子。他和另一个属官——不久前刚被打的杜如晦你一言、我一语，劝李世民赶快动手诛杀太子和齐王。

  房玄龄的话，表面上头头是道，其实根本经不起推敲。首先，李世民不是周公，李渊活得很硬朗，根本不需要他辅政。其次，李建成和李元吉也不是管叔、蔡叔，他们既没有谋反，也没有危害国家，他们只是在规则允许的范围之内打击秦王府的势力而已。就算他们有什么问题，也该由皇帝出面处置，轮不到秦王越俎代庖。李世民不是太子，名不正言不顺，"当承大业"这种话本身就属于谋逆。所以仔细想想，李渊的说法是有道理的，读书人真的是一肚子坏水儿，明明是为了自保选择铤而走险，却说得好像为国为民一样，虚伪至极。

三、兄弟相残

秦王手下猛将如云，太子和齐王打算重金收买他们，以为己用。二人选中了尉迟敬德，秘密派人给他送去许多金银财宝，并写信称"愿迂长者之眷，以敦布衣之交"。我不知道当时这二人是基于何种心态去招揽尉迟敬德的，他是秦王的铁杆儿支持者，可以说是最不可能上套的人之一。尉迟敬德起初在刘武周和宋金刚手下效力，曾经给唐军制造过不少麻烦。刘、宋兵败之后，尉迟敬德和寻相一起率众归降。李世民大喜，命他仍然统率本部人马。大将屈突通担心他叛乱，多次劝说，但李世民坚决维护他，尉迟敬德听说后特别感动。也是他倒霉，不久之后，寻相等人叛逃，唐军诸将心生怀疑，就把他囚禁起来。

屈突通、殷开山等人对李世民说："尉迟敬德骁勇善战，勇武绝伦，现在我们把他囚禁了，他一定心生怨恨，留着他是个祸害，不如一刀杀了算了。"李世民道："我不这样看，尉迟敬德是个英雄，非寻相之流可比。"他命人将尉迟敬德放出来，把他叫到跟前，赐给他金银，然后说："丈夫意气相期，勿以小嫌介意，吾终不信谗言以害忠良，公宜体之。必欲去者，以此金相资，表一时共事之情也。"您是个英雄，小小嫌隙，不必介怀。如果您坚持离去，我便以此金相赠，也不枉同事一场。尉迟敬德当然选择留下，李世民高超的驭人之术令这场尴尬完美化解。不久之后，李世民率数百骑外出，被王世充的大军包围，敌将单雄信挥舞马槊直取李世民。危急关头，尉迟敬德策马冲出，击败单雄信，保护李世民杀出重围。事后李世民和尉迟敬德开玩笑说："公何相报之速也！"您这回报得也太快了。这种同生共死的袍泽之情，不是轻易能够撼动的。

果然，尉迟敬德回绝太子、齐王道："我本是一介草民，隋末动乱时曾长期与大唐为敌，可谓罪不容诛。秦王对我有再造之恩，我只有舍命相报。我没有为太子殿下立过功劳，不敢接受您的赏赐。如果我私下结交殿下，那就证明我是一个为了利益抛弃忠诚的小人，这样的人对殿下有什么用处呢？"李建成讨了个没趣，于是不再和尉迟敬德往来。尉迟敬德主动将此事向李世民汇报，李世民说："敬德，你的为人我是知道的，就算给你再多的钱，你也不会变节。既然他们送给你金银财宝，你就收下呗，反正不要白不要，没啥不好意思的！你卧底过去，我们还能及时了解对方的动态，这样不是挺好吗？现在直接拒绝对方，恐怕你要

第二章　武德九年的夏天

大祸临头了。"李世民是了解他的两个兄弟的。不久之后，齐王李元吉便派人刺杀尉迟敬德，尉迟敬德提前得知了消息，故意打开大门，等刺客前来。刺客多次到他家，但忌惮他的威名，愣是不敢进屋。李元吉见刺杀不成，便在皇帝面前说尉迟敬德的坏话。这种大将，而且曾经身在敌营，罗织罪名十分简单。随便一条妄议朝政或私自杀害俘虏的罪名就会要了他的命。尉迟敬德被下狱，择期问斩，李世民想尽办法才把他救了出来。

太子一方又诋毁秦王府大将程咬金，他被外放为康州刺史。程咬金是个直性子，他找到李世民说："大王股肱羽翼尽矣，身何能久！知节以死不去，愿早决计。"我这条命豁出去了，您早点下决断吧！李建成、李元吉又用重金收买段志玄，也被拒绝。段志玄从太原起兵的时候就追随李世民，打过不少硬仗。唐军进击关中，他奉命与刘文静一起阻截屈突通。有一次屈突通手下的猛将桑显和来劫营，唐军猝不及防之下被击溃，段志玄率20余骑拼死抵抗，连杀数十人，他自己受了箭伤，因担心军心动摇，硬是咬着牙不说，还带伤闯入敌阵冲杀，唐军因此反败为胜。等到屈突通逃跑的时候，段志玄与诸将"追而擒之"，令唐朝俘获了这员大将。后来在洛阳攻打王世充时，段志玄因马失前蹄被擒，两员敌将抓着他的发髻将他押走。渡洛水时，段志玄找准机会纵身跳起,将二敌击落马下,夺了一匹战马驰归本阵。一个从死人堆里爬出来的悍将,当然不会轻易背弃自己的主公。李建成见利诱不成,又和李元吉谋划道:秦王府能谋善断之人,最厉害的就是房玄龄和杜如晦,只要打掉房玄龄与杜如晦,没人为李世民出谋划策,剩下的一众武夫不足为虑。于是二人又给李渊吹风,让皇帝将房、杜二人逐出了秦王府。或许有人会问,为什么李渊一直偏帮太子一方?其实道理很简单,就因为他是太子,与皇帝一体。一直和东宫争斗的秦王府,事实上是在挑战皇权,他们才是谋逆的一方,是需要被压制的对象。李渊顾及父子之情,不愿杀死李世民,但作为皇帝,他也不会放任秦王府一直挑衅天威。

长孙无忌、高士廉、侯君集、尉迟敬德等人不断劝说李世民诛杀李建成、李元吉,但李世民始终下不了决心。之所以如此,根本原因在于双方之间实力对比过于悬殊。东宫和齐王府的势力本就强于秦王府,太子的背后还有皇帝撑腰,正常情况下,秦王并没有什么胜算。无奈之下,李世民问计于李靖和徐世勣,此二人都是当世名将,但他们同时保持了沉默。为什么沉默?其实这正是二人的高明之处。李靖也好,徐世勣也罢,他们都是唐朝的臣子,保的是李家的江山。为人臣者,最重要的莫过于"本分"

第二章　武德九年的夏天

二字。秦王与太子之争，本质上是皇权之争，没有任何皇帝会希望自己的臣子参与到这种争斗中来。所以，二人的不站队绝对是明智的，这表明他们在政治上的段位要高于其他将帅。史载，"世民由是重二人"。

就在太子和秦王争得不可开交的时候，边关传来消息，突厥又来侵袭，"围乌城"。此前突厥入侵，朝廷通常都是派秦王领兵抵御。但是这一次，太子举荐齐王李元吉代替秦王"督诸军北征"，李渊当即应允。李元吉提出带秦府猛将尉迟敬德、程知节、段志玄、秦叔宝等人一同出征，并挑选秦王帐下精锐的士卒充实自己的部队。这对秦王府来说简直是晴天霹雳，没了武装力量，他们将任人鱼肉。坏消息接踵而至，东宫属官王晊又带来密报，说太子叮嘱齐王让他在饯行时趁机杀掉秦王，并将尉迟敬德等秦王府大将悉数坑杀。如果情况属实，那么秦王府的崩溃就在眼前。

李世民把这则消息告诉了长孙无忌等人，长孙无忌等人均劝秦王先发制人。李世民假意叹息道："骨肉相残，从古至今都是罪大恶极之事。我知道现在情况十分危急，但我们等对方先动手，然后再基于道义进行反击，这样难道不可以吗？"尉迟敬德回应说："怕死是人的天性，但我们准备陪您玩儿命赌一把，这或许就是天意。如今大祸马上就要临头，您却一点都不上心，就算您不拿自己当回事儿，又将宗庙社稷置于何地？我现在表个态，如果您今天不听我的建议，我马上就走，哪怕跑到山里当强盗，我也不会继续留在您身边等着敌人来杀。"长孙无忌也接话道："如果不听敬德的话，咱们这个事儿肯定就完了。倘若敬德选择离开秦王府，我也会随他一起走，到时候就不能再继续辅佐秦王了。"李世民又说："吾所言亦未可全弃，公更图之。"要不大家再想想？尉迟敬德沉声道："王今处事有疑，非智也，临难不决，非勇也。且大王素所蓄养勇士八百余人，在外者今已入宫，擐甲执兵，事势已成，大王安得已乎！"不用想，行动都已经开始了，开弓哪有回头箭！李世民当真处事有疑，临难不决吗？当然不是。上边这一幕大概率是他和尉迟敬德演的一出双簧，其用意自然是为了团结属下，统一思想。

接下来，李世民继续询问秦王府僚属们的意见。有了前面的铺垫，大伙儿都明白"特别行动"已然展开了，全副武装的卫士们就在府中。此时如果不能正确表态，很可能会被当场扑杀。于是大家纷纷说，齐王凶残暴戾，最后肯定不会甘心辅佐太子。听闻齐王的手下薛实曾经对他说，元吉二字，合起来就是"唐"，大王您才是应该继承皇位的人。齐王喜出望外地说，只要除掉秦

第二章 武德九年的夏天

王,收拾东宫易如反掌。他和太子密谋作乱未成,便已有取代太子之心。这样的人,有什么是他做不出来的呢!此番争夺如果是太子和齐王这样无才无德的人胜了,恐怕这天下就不是唐朝的天下了。凭大王您的能力,对付他们手到擒来,怎可"徇匹夫之节,忘社稷之计乎"!

李世民还是假装犹豫不决。其实现在兵力都集结好了,他只是装模作样罢了,和李渊假装推辞禅让是一个道理。底下人又劝说道:"大王您觉得舜帝是什么样的人?"李世民答道:"圣人也。"大家接着说:"所谓小杖受,大杖走。倘若舜愚忠愚孝,那他早被他的糊涂爹和后妈害死了,哪里还有机会造福百姓,成为后世景仰的圣君呢?大王应该向舜帝学习,明白轻重缓急。"话说到这个程度,确实也没什么好推辞的了。李世民下令让人算一卦,卜卜吉凶。这时候幕僚张公谨从外边进屋,看见占卜用的龟甲直接一把抢过来扔到地上,然后说:"占卜是为了决定疑难之事,现在大事已定,还占卜什么?如果占卜的结果不吉利,难道行动还能中止不成?"既然是孤注一掷,就不要装神弄鬼了,拼死一搏就是!至此,战前动员大会圆满成功。

李世民派长孙无忌密召房玄龄、杜如晦等来议事,不料他们回应称:"陛下已经下旨不许我们再辅佐秦王,现在如果私下谒见，就是杀头的罪过，我们不敢听从秦王的命令。"李世民蒙了，难道房玄龄、杜如晦背叛我了吗？他叫来尉迟敬德，将自己的佩刀解下来交到他手里，然后说："敬德，你去看看什么情况，如果房玄龄与杜如晦二人不愿意回归咱们的阵营，就砍下他们的头带回来。"李世民为什么会如此处置？主要原因是当时形势危急，他情绪高度紧张，头脑有些混乱。另外就是像房玄龄与杜如晦这样的人才，确实也有退路，就算他们离开秦王府，也很有可能凭自身的才华谋得一份不错的工作。包括秦王府的骁将们在内，只要愿意投降，都有机会保全富贵，毕竟他们对朝廷而言只是"工具"而已。真正没有任何退路的，只有李世民及其核心追随者。房玄龄与杜如晦自然没有背弃秦王，他们反将一军，真正的用意是在逼秦王表态。只是他们没有参加动员大会，信息不对称，不知道秦王已经决定动手，这才导致了一场误会。尉迟敬德找到房玄龄与杜如晦，先是分享了最新消息，"王已决计"。房玄龄与杜如晦听完，再看到尉迟敬德手里的刀，瞬间什么都明白了，因此也不再说什么"见秦王有罪"之类的鬼话，再说就真成刀下之鬼了。尉迟敬德接着安排："公宜速入共谋之。吾属四人，不可群行道中。"四个人一起走太扎眼。于是他让房玄龄与杜如晦扮作道士，和长孙无忌同行，自己则从另一条路回了秦王府。文武毕

第二章　武德九年的夏天

集，万事俱备，这时候却突然发生了意外，这个意外险些令李世民功败垂成。

武德九年（626）六月初三，天象异变，"太白复经天"。太史令傅奕给李渊上了一份密奏，结论是："太白见秦分，秦王当有天下。"由于知识结构的差异，我们现在大多数人可能会认为这是无稽之谈。但在古代，占星术和天人感应说是高端的知识，人们对此十分推崇。占星的结果显示李世民会威胁李渊的地位，李渊非常重视。他把李世民叫到跟前，将傅奕的奏报拿给他看。李世民害怕了，他知道自己今天很难过关。情急之下，他向皇帝陈奏李建成、李元吉淫乱后宫。绝大多数男人面对这样的问题都无法做到无动于衷，也很难保持冷静，皇帝也不例外，李渊的注意力就这样被转移了。李世民接着说："儿臣自问这些年既对得起君父，也对得起兄弟。如果因为莫名其妙的原因被杀，那即便死了也不服气。"李世民大打感情牌，但李渊并不打算就这样放过他，便说："明天当面对质，你早点过来。"说罢又派人通知李建成、李元吉，准备明天由满朝文武公断。这里面有一个问题，就是傅奕奏报的内容到底是什么，以至于让李世民说出"臣今枉死"这样的话。玄武门之变之后，李世民特意找到傅奕，对他说："你之前的奏报，差点要了我的命。但这是你的职责所在，我不怪你。以后如果天象再有异变，你仍然要如实向我陈奏，不要把之前的事情放在心上。"可见这份密奏的内容对李世民极为不利，很可能让李渊动了杀心。不过，秦王最终还是涉险过关，唐朝的历史由此改写。

第二天一早，李世民率秦王府众人到玄武门设伏，准备孤注一掷。其实在当时的情况下，不冒险也不行了。张婕妤提前听到了风声，派人给太子送去消息。太子找齐王商量怎么办，齐王认为应该集合东宫和齐王府的兵马，称病不出，看看情况再说。太子道："不必如此谨慎，今天玄武门当值的是常何，他是我们的人，应该不会有什么大问题。机会难得，我们应该速速进宫面圣，一举扳倒秦王。"李建成不了解的是，其实常何很早之前便已被秦王收买，是秦王安插在他身边的内应。如果不是常何值守，他可能就会采纳齐王的建议。如果那样的话，秦王根本无法解释为何在玄武门伏兵，这桩谋逆大罪会直接将秦王府送上绝路。可偏偏是这个常何，成了整场斗争的胜负手。

太子和齐王终于出发，他们取道玄武门进宫面圣。当时李渊已经传召了裴寂、萧瑀、陈叔达等重臣，准备对诸子之争进行最终裁决。他可能还在考虑，该用怎样的开场白，该如何处置各方关系，又该如何作总结讲话。但他万万没有料到，自己将永远等

第二章　武德九年的夏天

不到那个时刻。太子和齐王走到临湖殿，感觉到气氛有些不对，随即拨马回撤。这时候李世民现身，高声喊住两兄弟。事到如今你们还想跑？那我不是白准备了吗？李元吉见状取下弓箭准备射杀李世民，但双方距离太远，几次也没有成功。此时李世民也已弯弓搭箭，只听弓弦一响，李建成当即毙命。为什么会这样？原来李世民的弓箭别有奥妙。史书记载他的弓箭"制倍于常"，这种特制的弓箭，射程和杀伤力都比普通弓箭强得多，是李世民纵横战场的大杀器。李世民外出征战常遇危难，全凭精湛的骑射之术化险为夷。此番在玄武门外，他还是靠自己过硬的本领一举击杀太子，可见掌握专业技能是多么重要。

太子虽死，齐王尚在，战斗远未结束！齐王本就有夺位之心，此时虽然情势危急，但对他并不完全是坏事。秦王谋逆，又杀了太子，已经绝无辩驳的余地。只要他成功逃脱，等老爹那边反应过来，拿下秦王，那天下就是他李元吉的了。秦王府的人自然也明白这一点，李元吉正是他们此行必须击杀的目标之一。尉迟敬德率领一队人马，将齐王李元吉射落马下。这二人是一对老冤家了，当年刘武周席卷山西时，尉迟敬德打得李元吉抱头鼠窜。之后尉迟敬德降唐，二人仍是面和心不和。

尉迟敬德有个很神奇的能力，就是他特别擅长躲避马槊，每次他单人独骑冲入敌阵时,敌军用马槊刺他,他都能从容避开,有时还能从敌人手中夺槊还击。这大概是他长期练习形成的肌肉记忆,也可以看作被动技能。齐王李元吉弓马娴熟,是个用马槊的高手,听闻尉迟敬德有此特殊本领后,就想和他一决高下。李元吉提出将马槊"去刃",以免误伤。这本是好意,不料尉迟敬德说:"敬德谨当去之,王勿去也。"我卸下来就行了,你就不用了,反正你也刺不到我。随后二人开始切磋,"元吉刺之,终不能中"。秦王有意让尉迟敬德一展所长,便问道:"夺槊与避槊,哪个更难?"尉迟敬德说:"自然是夺槊更难。"秦王就让尉迟敬德表演夺槊。"元吉操槊跃马,志在刺之,敬德须臾三夺其槊。"须臾二字,值得反复品味。李元吉虽然"面相叹异",但心中深以为耻。我堂堂齐王,不要面子的吗?后来太子一方收买尉迟敬德不成,李元吉使坏险些将尉迟敬德害死,未尝没有泄私愤的原因。此时趁着乱局,尉迟敬德只想立刻干掉李元吉,报仇雪恨。

这边尉迟敬德追杀齐王,那边秦王却出了状况。混战之中,秦王的马受了惊吓,跑到丛林中,一时间人马受困。好巧不巧,他被困的地点就在李元吉附近,后者冲过来,夺下弯弓想将李世民勒死。危急关头,尉迟敬德赶到,他大呼一声,吓得李元吉掉头就跑。李元吉一心想逃回武德殿,现在没有什么比保命更重

第二章　武德九年的夏天

要,只要他活着,就铁定能翻盘。至于是不是杀死秦王,反而没那么重要,最后皇上肯定不会放过他。想法是美好的,但现实是残酷的,他的克星尉迟敬德不会放过他。李元吉拼命奔跑,耳边传来呼呼的风声,恍惚之间,他似乎听到了弓弦震动的声音,再之后,他就什么也不知道了。

很快,东宫和齐王府的卫兵都赶到了。车骑将军冯立听说太子已死,叹息道:"岂有生受其恩,而死逃其难乎!"他率领骁将薛万彻等来为太子复仇。薛万彻本是幽州罗艺的手下,后来被调入长安,加入太子阵营。宫府兵开始攻打玄武门,秦王府云麾将军敬君弘准备迎战。有人劝他说:"现在情况还不明朗,是不是先观望一下再说?"敬君弘不听,坚决出战,被当场格杀。他算是真真正正死在了胜利的前夜,哪怕再坚持一个时辰,甚至半个时辰,他就会成为辅佐秦王夺取帝位的大功臣,有望绘像凌烟阁。可人的生命只有一次,他再也没有选择的机会了。薛万彻等领兵与玄武门守军激战良久,始终无法破门而入。他急中生智,高喊着要去攻打秦王府,守军大惧。正在这时,尉迟敬德带着太子、齐王的首级赶到。宫府兵一看,顿时丧失了继续作战的动力。薛万彻领着一拨人跑进了终南山。冯立也对手下说:"咱们血战一场,奋勇杀敌,也算是给太子尽忠了。"说罢解散队伍,让大家各自逃命。

外边喊打喊杀，但宫内的皇帝并不知情。此时他正与几位大臣"泛舟海池"，商量接下来朝会的事。突然全副武装的尉迟敬德闯入，声称奉命保护皇帝的安全。尉迟敬德是秦王的人，李渊心念电转，瞬间就明白这是秦王动手了。到底是皇帝，他迅速镇定下来，问尉迟敬德道："今日乱者谁邪？卿来此何为？"尉迟敬德说："太子、齐王作乱，秦王已将他们击杀，因担心陛下受到惊扰，故派臣前来。"与其说是保护，不如说是看管。宫变之后，李渊君臣事实上都成了李世民的阶下之囚。李渊转身对裴寂等人说："万没想到事情会发展到如此地步，各位觉得现在该怎么办？"还能怎么办？当然是按秦王的意思办，要不然不是找死吗？萧瑀、陈叔达答道："建成、元吉原本也没有立过什么大功，而秦王功盖宇宙，率土归心。现在建成、元吉已死，不如立秦王为太子，让他全面接管朝政，如此则内外皆安。"李渊说："善！此吾之夙心也。"其实我一直都是这么想的！当时秦王府人马还在与东宫和齐王府的卫兵激战，尉迟敬德请求皇帝下旨让秦王节制诸军，李渊哪敢不从？有了皇帝的旨意，乱事很快平息。不久，李世民来见李渊，只有经过这个程序，他才能完成权力的最终交接。没有歇斯底里，也没有相顾无言，

第二章 武德九年的夏天

类似的场景可能注定与政治家无缘。李渊只是平静地对李世民说："近日以来，几有投杼之惑。"我老了，差点被谣言误导，错怪了你。"世民跪而吮上乳，号恸久之。"李世民略显滑稽的举动，实际上是古代的"乳翁"习俗，一方面表示对父亲养育之恩的感激，另一方面也表示父子关系的亲密无间。二人很默契地都没有提李建成、李元吉。

武德九年（626）六月，秦王李世民杀太子李建成、齐王李元吉及其诸子。同月，李世民被立为太子，接管一切军国大事。八月，太子即位，李渊被尊为太上皇。唐朝在玄武门之变后快速进入李世民的时代。多年以后，司马光在《资治通鉴》中感慨道："立嫡长子为太子，原本并无不妥。但大唐建国，李世民居首功，李建成才能平庸，却因年长被立为太子，这就为玄武门之变埋下了祸根。假如高祖有文王之明，建成有泰伯之贤，世民有子臧之节，那么这场流血冲突很可能就不会发生。"这当然是儒生的迂腐之言。太宗的功劳，已经得到过赏赐，李建成是否庸劣，本身也值得怀疑。事实胜于雄辩，玄武门之变本身已经能够说明许多问题。比如，李世民根本不敢到皇上面前和兄弟对质，这个基本事实表明他理亏、心虚，这是无论如何也无法洗白的。我们当然也没有必要对古人有什么苛求，在生命和权欲面前，一切都只不过是人性的自然选择罢了。李世民采取极端手段成功夺得了皇位,但杀兄、屠弟、逼父带来的负面影响将笼罩他的余生。贞观一朝,李世民的许多举措都是为了洗刷这一道德污点。从这个角度看,玄武门之变决定了贞观朝的政治底色。

第三章

团结各方的"法宝"

武德九年的夏天,李世民如愿夺取了最高权力,但"斩首行动"的成功不等于对整个国家完成接管。当时朝廷内外大致可以分为三股势力:一是秦王府新贵,如长孙无忌、房玄龄等;二是东宫和齐王府的余党,如魏徵等;三是原本效忠李渊的那些元老重臣,如裴寂等。如何处理各方关系,稳定局势,成为摆在李世民面前的一个重要问题。

秦王事业：玄武门事变到贞观之治

一、逆取顺守

夺权之前，李世民只是秦王，因此可以毫无顾忌地搞阴谋诡计和血腥屠戮。夺权之后，他成了太子、皇帝，身份的转变要求他必须抛弃之前的习惯。身为天下之主，万民表率，很多东西再也不能随心所欲，这正是逆取顺守的道理。

秦王府被东宫和齐王府长期打压，双方积怨已久。如今形势逆转，秦王府诸将便打算对太子、齐王集团搞一次大清洗。他们列了一份长长的名单，希望将名单上的100多人全部抄家问斩。这无疑会大大激化矛盾，也不利于政局的稳定。李世民当然不会放任这样的事情发生，但提出要求的都是刚为他拼过命流过血的将士，不好直接拒绝。于是他再次派出自己的亲信尉迟敬德，尉迟敬德对众将说："罪在二凶，既伏其诛，若及支党，非所以求安也。"李建成、李元吉已经死了，再揪着他们的手下不放，逼他们鱼死网破，并非明智之举。众人冷静下来，放弃了这个要求。很快，李世民以唐高祖的名义下诏大赦天下，称"凶逆之罪，止于建成、元吉"，其余党羽，一概不予追究。不久，冯立、谢叔方等东宫将领都主动出来投诚。薛万彻躲在终南山中，李世

第三章　团结各方的"法宝"

民多次派人向他传达朝廷既往不咎的政策，于是他也回到长安。李世民亲自指示说，这些人忠于职守，都是义士，不许为难他们。消息传开，原本四散奔逃的东宫、齐王府卫士纷纷现身，这就稳定了长安附近的社会治安。

除了这些将士之外，太子集团还有许多谋臣，他们大多是才华出众之辈，否则也不会被太子选中。对于这些"国士"，李世民当然希望能够尽力争取。为了表明自己的态度，他选了一个典型，这个人就是魏徵。魏徵是河北人，早年曾经追随过瓦岗李密。在小说《隋唐演义》中，魏徵是"瓦岗一炉香"的老大哥，排名还在秦琼（叔宝）和徐茂公（世勣）之上。李密降唐后，魏徵也加入唐朝阵营。当时瓦岗大将徐世勣还占据着"东至于海，南至于江，西至汝州，北至魏郡"的广大地区，魏徵自告奋勇前往招降。后来，他果然成功劝降了这位老同事，为唐朝立下大功。然而过了不久，夏王窦建德来攻，魏徵和徐世勣、李神通等都被俘虏，他被窦建德任命为起居舍人。窦建德败亡之后，魏徵回归唐朝，但李渊似乎对他的投降行为心存芥蒂，并未对他委以重任。好在此时李建成出面，邀请他加入东宫担任太子洗马，给了他一份体面的工作。此后他投桃报李，建议李建成征讨刘黑闼，结交山东豪杰，立下很大的功劳。

为什么选择魏徵？我想大概有三方面的原因：第一，魏徵出谋划策助太子压制秦王，而且经常劝太子尽早动手除掉秦王，属于仇怨颇深的那类人，收服并重用他起到的安抚效果最好。第二，昔日瓦岗群雄徐世勣、秦叔宝、程知节等此时都在李世民的阵营中，他们与魏徵私交甚笃，方便做工作。第三，魏徵曾经多次改换门庭，可见是个头脑灵活的人，接受争取的可能性比较大。李世民命人把魏徵找来，对他说："听闻你一直劝太子杀我，为什么要离间我们兄弟的感情？"这句话暗藏杀机，目的是给魏徵一个下马威，震慑住他，方便接下来的谈话。可老魏见多识广，这种水准的话术对他根本不起作用。适逢大乱，千头万绪，李世民忙得不可开交。如果他真想杀自己，直接派人动手就可以了，何必大费周章叫自己前来？既然来了，那定然是无性命之虞。于是魏徵无视周围人投来的担心的目光，镇定自若地答道："如果太子早点听了我的话，就不会有今日的杀身之祸。"李世民被镇住了，他虽然早就听说过魏徵是个人才，却没想到这个书生的胆色也如此过人。于是他"改容礼之"，换上笑脸，以礼相待，并当即命魏徵为詹事主簿。曾经和李世民有宿怨的魏徵非但未获罪，反而受到重用，这个事实比任何政策宣讲都令人心安。不久之后，流放在外的原东宫属官王珪、韦挺也被召回，被任命为谏

第三章 团结各方的"法宝"

议大夫。

然而,并不是每个人都愿意和解。太子党中,有人始终对李世民集团缺乏信任。秦王党,或者说新太子党中,也有人不放弃寻仇。还有一些人浑水摸鱼,趁乱打起小算盘。益州行台仆射窦轨和行台尚书韦云起、郭行方有矛盾。窦轨是皇亲国戚,和李世民关系密切,征讨薛仁果时,窦轨曾经拽过李世民的马。韦氏也是个大族,当时人称:"城南韦、杜,去天尺五。"韦云起的弟弟韦庆俭和韦氏一族大多追随太子李建成。李建成死后,窦轨诬陷韦云起参与谋反,直接将他杀害。郭行方机灵,一路狂奔逃回长安,这才保住了性命。

幽州大都督庐江王李瑗,也是太子李建成的支持者。玄武门之变之后,有旨意命他进京。李瑗担心遭到打击报复,于是和手下王君廓商量。王君廓出身群盗,作战勇猛,性格狡诈。他曾经随秦王讨伐王世充,设计大败优势敌军,朝廷下诏褒奖他说:"卿以十三人破贼一万,自古以少制众,未之有也。"李瑗奉命镇守幽州,但性格怯懦,非将帅之才,故朝廷特派王君廓辅佐。李瑗对其非常倚重,甚至和他约好了要做儿女亲家。王君廓了解完情况之后,觉得这是取代李瑗的机会,于是骗他说:"此番若去,必死无疑。您现在手握数万雄兵,为何要自投罗网?不如干脆反了算了！"说罢"相与泣"。李瑗说："我今以命托公，举事决矣。"反就反吧，但我不懂军事，身家性命就全靠你了。随后，李瑗下令囚禁朝廷来使，又命人去找燕州刺史王诜。兵曹参军王利涉进言道："王君廓反复无常，不可信任，应该早日除掉他，将大权授予王诜。"李瑗犹豫不决。

王君廓得到消息，先行去见王诜，趁其不备将其斩杀，然后提着他的头对将士们说："李瑗和王诜共谋作乱，囚禁朝廷使者，擅自征兵。现在王诜已死，李瑗孤掌难鸣。各位是愿意和李瑗一道赴死，还是愿意随我共谋富贵？"众人都说："我等愿追随王将军。"于是王君廓率人将使者救出。李瑗得知后领兵赶来，正好碰上王君廓。王君廓对着李瑗身边的士卒高声喊道："李瑗谋逆，你们再追随他就是死路一条。"军心涣散，李瑗成了光杆司令，他大骂王君廓说："你这无耻小人，居然出卖我，我真是所托非人！"王君廓命人将李瑗勒死，事后他因功被封为幽州都督。

李建成的另一亲信罗艺，也不愿效忠李世民。罗艺本是隋末群雄之一，盘踞幽州，降唐后参与过抗击窦建德、刘黑闼，立下不少功劳，后来成为太子的坚定支持者。他曾经给东宫输送过不少壮士，其中就包括猛将薛万彻。史书记载罗艺居功自傲，对李

第三章 团结各方的"法宝"

世民不太客气,"秦王左右至其营,艺无故殴之",特别不给李世民面子。玄武门之变时,罗艺正率军镇守泾州。此地离长安不远,李世民为了稳住他,命他为开府仪同三司,可罗艺仍然忐忑不安。为了安抚自己的情绪,他找了一个叫李五戒的"心理医生"进行咨询。这个李五戒可不得了,心理医生只是他的兼职,他的正经职业是一名"妖巫",相当于江湖术士。他对罗艺说:"王贵色已发。"劝其谋反。罗艺居然信以为真。他谎称奉密旨率军入朝,领兵占据了泾州旁边的豳州。长安方面时刻在关注着罗艺的动向,见他谋反,立即出兵镇压。大军尚未到达,罗艺便被豳州的地方官击溃。他本想投奔突厥,但中途被手下杀死,传首长安。

李瑗、罗艺等的遭遇只是当时残酷政治斗争的缩影。玄武门之变之后,太子李建成、齐王李元吉的余党散亡在民间,虽然朝廷宣布不再追究,但抱有侥幸心理的人还是争先恐后地告发、抓捕他们以求赏赐。曾在东宫就职,时任谏议大夫的王珪把这个情况反映给了李世民,建议采取强有力的措施解决这个问题。于是李世民发布了一条新规定:"六月四日以前事连东宫及齐王,十七日前连李瑗者,并不得相告言,违者反坐。"不久,朝廷又派魏徵"宣慰山东",并准许他便宜从事,遇事可以不经请示酌情处理。为什么是"山东"？因为李建成曾结纳山东豪杰，所以这个区域的太子余党相对多一些。魏徵一行到达磁州，正好遇到当地要将原太子千牛李志安、齐王护军李思行押往京师。魏徵说："我们受命离京的时候，朝廷已经明确表示前东宫、齐王府的余党一律赦免。现在如果大摇大摆地押送李思行等赴京，谁还相信朝廷的政令？这样做会大大损害朝廷的公信力。我本是前太子的手下，和李志安等是老相识，本不该多言。但我不能只顾自己避嫌而不为国家考虑。既然朝廷以国士之礼待我，我也应该相应进行回报。"于是当场下令将李志安、李思行释放。李世民听说之后非常高兴，这正是他希望看到的结果。

几经努力之后，李建成、李元吉余党的问题大体得到了解决。但这只是外围问题，不足以影响大局。围绕太子集团的另一个核心而敏感的问题是，该如何给李建成和李元吉定性呢？起初，李世民授意"绝建成、元吉属籍"，下令将二人从族谱中抹去，这是一种掩耳盗铃的草率做法。掌握最高权力之后，在逆取顺守思想的指导下，李世民意识到不能对兄弟如此苛刻，于是在当年十月追封李建成为息王、李元吉为刺王，下令以亲王之礼改葬。葬礼当天，李世民"哭之于宜秋门，甚哀"。魏徵、王珪等请求送葬至陵墓所在地，送旧主最后一程，李世民当即应允，并命原东宫和齐王府的臣僚都去送葬。李建成的谥号，起初被拟定为"戾"。历史上汉武帝的太子曾经被谥为"戾"，他又被称为"戾太子"，"不悔前过曰戾"，也有人提出"以违戾擅发兵，故谥曰戾"。不少人认为戾太子案是冤案，以此为谥号，难免引人遐想。李世民不满意，下令重新商议。杜淹上奏改"戾"为"灵"。何为"灵"？"乱而不损曰灵，极知鬼事曰灵，不勤成名曰灵，死见鬼能曰灵，好祭鬼神曰灵。""不勤成名"之意，确实与李世民一方宣扬的李建成能力平庸，仅凭年长被立为太子的说法相呼应。但李世民仍然不满意，最终选定了"隐"作为谥号。隐，"隐拂不成曰隐，明不治国曰隐，怀情不尽曰隐"。2013年，李建成墓志在西安被发现，此志共6行55字，文曰：

大唐故息隐王墓志

王讳建成，武德九年六月四日薨于京师。粤以贞观二年岁次戊子正月己酉朔十三日辛酉，葬于雍州长安县之高阳原。

据文物工作者透露，该志的"隐"字有明显的剜磨改刻痕迹，修改前的字很可能就是"灵"。可见唐太宗曾一度认同"灵"这个谥号，后经反复权衡，才最终确定以"隐"为谥。由"灵"改"隐"，我们大致可以感受到李世民对兄长的愧疚和惋惜，也能感受到他希望与兄长达成和解的真诚态度。

二、圣君计划

一番安抚工作下来，李世民展示了既往不咎的诚意，朝野粗安。但对于刚刚经历了政治地震的李唐统治集团而言，这种表面功夫显然不足以彻底消除各方势力之间的嫌隙与猜疑。如何快速团结各方？李世民心里早已有了主意。在贞观初年与群臣的讨论中，他反复强调自己要践行圣王之道，成为尧、舜那样的"圣君"。这当然不是一句空话，而是最新执政理念的总结与宣示，我们不妨称之为"圣君计划"。由于"圣君"各方面的标准都很高，故皇帝必须努力做到大公无私，很难再任意施为。这相当于李世民以国家信用为背书再次给出承诺，新朝廷希望大家能够团结一致向前看，聚精会神谋发展，努力成就治世，绝不搞清算。李世民是这么说的，也是这么做的。

第三章 团结各方的"法宝"

贞观之初,李世民与群臣一起讨论如何治国理政。当时天下刚刚平定,许多事情还没有理顺,朝廷面临的问题不在少数。这样的局势让李世民感到挠头,他叹息道:"如今甫经大乱,仓促之间恐怕难以施行教化。"魏徵说:"并非如此。按照常理,人们长期处于安乐的环境中便会逐渐产生骄逸之心,骄逸则思乱,思乱则难化。反之,如果人们长期生活在危险、困苦的环境中便会担忧死亡,忧死亡则思化,思化则易教。也就是说,大乱之后反而更加容易施行教化,就像饥饿的人对食物更容易满足一样。"唐太宗还是有些难以置信,问:"善治国者经营百年,才有希望成就太平治世。如今承大乱之后,欲求速治,这怎么可能呢?"魏徵笑道:"陛下说的是常人,而不是圣人。圣人治国,上下同心,百姓主动响应,事情即使不求快也会迅速推行开来。一年见成效,应该问题不大,三年成其功,都算晚的了。"魏徵的这番话让李世民很受用,自己刚说要做当代尧、舜,魏徵马上就将他比作"圣人"。于是,"太宗深纳其言"。

这边"投诚者"魏徵大受赏识,那边有人急得坐不住了。时任尚书右仆射封德彝反驳道:"三代以后,人渐浇讹。故秦任法律,汉杂霸道,皆欲化而不能,岂能化而不欲?魏徵书生,不识时务,若信其虚论,必败乱国家。"他的意思是说,夏、商、周以后，人心不古，所以秦汉以来才重视以法治国。这并不是不想教化百姓，只是做不到而已。按魏徵说的实行帝道、王道，只会让国家陷入混乱。封德彝主张仍然施行霸道，这一看法得到了不少人的支持。

封德彝等人为什么要反对魏徵呢？我想至少有三方面的原因：其一，封德彝出身山东高门士族，而魏徵出身寒门，他们经历不同，对当时社会的认识可能确实存在差别，封德彝说魏徵不识时务，也许的确是他的真实想法。封德彝主张以霸道治国，这是北朝以来统治集团的主流看法，因此支持者众多。其二，封德彝是李渊时代的元老重臣，以他为代表的武德旧人之所以受到重用，正是因为他们熟悉北朝、隋以来的治国套路。而一旦李世民改弦易辙，确立新的统治方针，那么此前的政治精英群体很可能就此失势，这是他们不愿看到也不愿接受的局面，因此他们不能坐视朝廷行帝道、王道。其三，玄武门之变之前，封德彝与李渊、李建成的关系都很亲密，他还一度对李建成施以援手。李世民掌权之后，封德彝自然希望主动贡献智谋，重获圣眷。只是他所认定的治国良策，显然与李世民的"圣君计划"相冲突，这在某种程度上也是时代的局限性。

面对封德彝等人的质疑，魏徵从容不迫地说："五帝三王，

第三章 团结各方的"法宝"

不更换百姓也能实现天下大治。明君在上,行帝道则帝,行王道则王,关键就在于当时能够推行教化。史书记载,黄帝战蚩尤、颛顼克九黎、商汤灭夏桀,都是在大乱之后速致太平。武王伐纣不久,西周也出现了成康之治。如果说人心不古,难返淳朴,那么现在华夏之人应该悉为鬼魅,哪里还能行教化之事呢?"魏徵引经据典,口若悬河。反观封德彝,居然当场蒙住了。魏晋以来,士族靠文化维持家族之久盛不衰。按理说通晓经学、熟读史书应该是士族的基本技能。可或许是久居高位、不常与人辩论的缘故,封德彝一时之间竟不知如何反驳,只是不断地说"不行不行,就是不行",李世民被逗乐了,他抬手制止了双方的争论,并最终接受了魏徵的建议。

刚刚加入李世民阵营的魏徵,居然能够以一己之力,一举改变北朝、隋以来的治国传统,这着实令人感觉不可思议。不过如果联系到李世民的"圣君计划",一切疑问也就迎刃而解了。王道本就是与"圣君"相配套的施政方针,意欲成就"圣君"功业的李世民,除此之外其实别无选择。弃霸道而择王道,表面看上去是魏徵以一人之力扭转乾坤,其实乃"天子自为之谋",魏徵只是顺水推舟而已。为什么李世民不顾大臣反对执意推行王道呢?我想他大概有两层考虑:"圣君计划"如果能够顺利推进，大唐将迎来太平治世，自己也将成为当代尧、舜，那自然是皆大欢喜。退一步讲，即便"圣君计划"推进不下去，大不了就是回到原来的政治传统中。这一进一退，朝廷行政班子都将不可避免地进行大换血，从而彻底地走出武德，真正开启贞观时代。这样稳赚不赔的买卖，李世民当然要做，而且要竭尽全力地做。

将成为"圣君"定为小目标后，李世民经常谈到尧、舜。贞观二年（628），他感慨道："古人云：'君犹器也，人犹水也，方圆在于器，不在于水。'这话讲得透彻。尧、舜仁德，桀、纣暴虐，底下人有样学样，可见下之所行，皆上之所好。梁武帝父子崇尚释、老之教，百官投其所好，整日谈空论虚，而不理军国政事，甚至以干戈为儿戏，终至国破家亡，这些都是惨痛的教训。我现在所喜好的，只有尧、舜之道，周、孔之教，我离不开它们就像飞鸟离不开羽翼，游鱼离不开池水。"贞观六年（632），他又对侍臣说："最近我发现朝野上下颇为重视祥瑞，频频有人上表庆贺。我的看法是，如果天下太平，家给人足，就算没有祥瑞，也足以与尧、舜比肩。反之，如果百姓生活困苦，夷狄不断内侵，纵使芝草遍布于街衢，凤凰筑巢于苑囿，又和桀、纣时有何分别呢？听闻后赵石勒时，祥瑞频现，甚至有郡吏燃连理木，

第三章 团结各方的"法宝"

煮白雉肉吃,能因此就认为石勒是明主吗?隋文帝深爱祥瑞,命秘书监王劭着衣冠,在朝堂对考使焚香,读《皇隋感瑞经》。我以前听说此事,觉得十分可笑。为人君者,当怀至公之心治理天下,以得万姓之欢心。假若尧、舜之君治国,百姓敬之如天地,爱之如父母,朝廷有事,人人乐意效劳,发号施令,人人乐意听从,这才是一个国家最大的祥瑞。"

李世民积极执行"圣君计划",除旧布新的第一步,就是组建新的行政班子。武德时期,李渊任命的宰相如裴寂、窦威、萧瑀、陈叔达、封德彝等大多出身士族高门,带有浓重的旧时代色彩。玄武门之变之后,李世民下令命宇文士及为太子詹事,长孙无忌、杜如晦为左庶子,高士廉、房玄龄为右庶子,尉迟敬德为左卫率,程知节为右卫率,虞世南为中舍人,褚亮为舍人,姚思廉为洗马,又引原东宫人士魏徵为詹事主簿,王珪、韦挺为谏议大夫,初步组建了新的领导集体。不久,他又任命高士廉为侍中,房玄龄为中书令,萧瑀为尚书左仆射,长孙无忌为吏部尚书,杜如晦为兵部尚书。很快,又令宇文士及为中书令,封德彝为尚书右仆射,裴寂加司空,仍为尚书左仆射,陈叔达仍为侍中。同时,原天策府兵曹参军杜淹被任命为御史大夫,中书舍人颜师古、刘林甫被任命为中书侍郎。经过几轮调整,大批年富力强的中青年政治家进入三省、御史台等机构，他们是李世民的心腹，能够坚决执行贞观政令，这就保证了贞观朝的治国方略可以切实得到推行。

武德政治总体而言趋于保守，李世民对此并不满意。他曾明里暗里地提醒老臣裴寂，希望以他为代表的武德旧人能够跟上自己励精图治的节奏，勤勉为政，锐意进取。然而这种敲打似乎并没有起到什么效果。贞观三年（629），裴寂卷入沙门法雅妖言惑众一案，被免官夺职。愤怒的李世民在指责裴寂时说出了"武德之时，政刑纰缪，官方弛紊，职公之由"的话。这不仅仅是对裴寂个人的否定，也是对武德时代的否定。武德朝是否真的如此不堪？其实倒也未必。只不过随着执政观念的改易，评价标准也相应发生变化，旧时代的种种，自然便显得错漏百出了。在以后的人事任命中，李世民更加注重提携新人，贞观朝政治逐渐清明，形成了昂扬进取、积极向上的新风气。

有了靠谱的官僚队伍，还要有接地气的惠民政策。隋末唐初战乱频仍，经济凋敝，百姓负担沉重。武德九年（626）八月，李世民刚刚登上皇位，便下令免去关内及蒲、芮、虞、泰、陕、鼎六州两年的租调，同时免去全国其他地区一年的赋税徭役。贞观元年（627）二月，朝廷又下令民男年满20岁、女年满15岁

第三章 团结各方的"法宝"

而尚未成家者,由州县负责"以礼聘娶"。因家贫而无力成婚的,由乡里富人及亲戚出钱资助。这年夏天,山东暴发旱灾,李世民大笔一挥,免去该地当年的租税。贞观二年(628)三月,关内因旱灾引发饥荒,很多百姓不得不"卖子以接衣食"。李世民得知以后,下令出御府金帛将那些被卖掉的孩子赎回。不久,因自然灾害严重,李世民下令大赦天下,他在诏书中表示如果能够风调雨顺,国泰民安,那他情愿上天将灾祸都转移到自己身上。恰逢天降大雨,百姓大悦。四月,李世民又下诏令有关部门将隋末以来因战争、饥馑等原因曝尸荒野的骨骸收殓埋葬。多年以后,著名诗人白居易在其名作《七德舞》中写下"亡卒遗骸散帛收,饥人卖子分金赎"的诗句,以歌咏这些善政。

贞观二年(628)六月,长安附近暴发了严重的蝗灾。李世民行至苑囿中察看庄稼的损失情况,碰巧看到蝗虫正在吃禾苗,他抓起几只蝗虫祷告说:"庄稼是百姓的命,你们吃了它,就是害了百姓的性命。我是天子,百姓如有过错,都是我教化无方所致,若你们真有灵性,就来吃我的心肝肺肠,不要再伤害百姓了。"说罢便要将蝗虫吞入腹中。周围的臣僚赶忙劝道:"蝗虫是恶物,生吞下去可能会染上疾病,万万不可!"李世民说:"我替民受灾,怎么会担心生病呢?"于是当着群臣的面将蝗虫吞了下去。史书记载,"是岁,蝗不为灾"。这个结果乍一看有点神秘主义色彩,似乎真命天子李世民的虔诚祷告真的起到了消灾解难的效果,但其实根本就不是那么回事。我们并不怀疑"蝗不为灾"的真实性,毕竟这样的事情是很难造假的。所谓"蝗不为灾",或许在政治层面能得到较为合理的解释。皇帝生吞蝗虫,展现了消除蝗灾的愿望和决心。在当时的社会环境下,灭蝗自然成为重要的政治任务。有了皇帝的率先垂范,各级官员势必会投入巨大精力治理蝗虫,故"蝗不为灾"并非不可能。退一步讲,即便个别地区没能成功防住蝗灾,但亦可报以其他灾祸。反正庄稼没了,报蝗灾也是报,报水灾、旱灾、风灾、地震也是报,为什么要报蝗灾惹皇帝心里不痛快呢?总之,"蝗不为灾"只是统计意义上的结果,对于宦海沉浮多年的政治精英们来说,算不上难事。

隋末唐初,因帝王"寡人之疾",宫人蓄积甚多。李世民即位之后,见宫人数量过于庞大,于是下令"出宫人",令其"各从聘娶"。贞观初年,自然灾害频发,中书舍人李百药进言说:"自陛下即位以来,轻徭薄赋,恤刑慎狱,躬行节俭,减损服御,纵使尧、舜在位,也不过如此。当前天下大旱,可能是阴气郁积所致。虽然以前也曾释放过宫人,但或许力度不够。听闻大

第三章 团结各方的"法宝"

安宫及掖庭内无用的宫人还有许多,她们不仅耗费大量钱粮,而且长期困守深宫也有伤天和,违背阴阳之道。"所谓阴气郁积导致亢阳为害,自然属于旧社会的落后认识,现在看来可能是无稽之谈。不过大量妙龄女子困于宫中,确实也是有问题的,李世民自己很清楚这一点。不久之后,李世民再次决定"出宫人",当时前后共放出宫女3000余人。放宫女出宫,任其自行婚嫁,一来有利于节约钱粮,二来有利于增殖人口,三来也是顺应天理人情,这确实也是善政。

贞观初年的惠民政策起到了良好的效果。虽然大多数百姓不识字,也不懂政治,但是免租、免役等一系列涉及温饱问题的政令还是让他们直观地感受到了差异。捧着手里的碗,吃着热乎的饭,想到贞观天子的种种爱民之举,他们开始对未来满怀希望与憧憬。据史书记载,贞观初年自然灾害频发,粮食价格昂贵,一匹绢才能换一斗米。京师长安以及河东、河南、陇右等地都暴发了严重的饥荒。皇帝李世民心系百姓,积极救灾,实行了一系列惠民政策。因此百姓虽然遭了灾,却对朝廷没有什么怨言。这世上最能打动人的是真诚,而这个时期的李世民,就让天下百姓感受到了朝廷的真诚。因此百姓能主动体谅朝廷的难处,这是非常不容易的。到了贞观三年(629),风调雨顺,关中地区获得了大丰收，百姓纷纷返回故土，竟无一人逃散。百姓对朝廷的认同表明"圣君计划"正在顺利推进。

面对大好形势，李世民有些骄傲自满，他想迅速营造出"仓廪实而囹圄空"的治世图景，彰显自己当代尧、舜的身份，因此一手主导了贞观六年的"纵囚归狱"事件。据学者研究，所谓"纵囚归狱"，通常指地方官私自放囚犯与家人团聚，并约好返回时间，囚犯心怀感恩，如期而返。这种情况在汉唐时常被认为是地方官治民有术、化民有方的表现。贞观六年（632），李世民亲录囚徒，将死罪者390人"纵之还家，期以明年秋即刑"。到了约定的时间，众囚徒纷纷归来，李世民"嘉其诚信"，全部将其赦免。这一事件粗看起来还蛮正能量的，但实际上纵囚以前朝廷曾颁发明旨，"敕天下死囚，皆放令入京"。也就是说，纵囚之前，朝廷便已传达出清晰的"来归即赦"之意。因此，整件事情演变成了一场形式主义的政治表演，从官员到囚犯，只是按部就班地配合皇帝履行程序而已。"纵囚归狱"的过程中，李世民自己也发觉不妥，并及时做出了改正，但他的急功近利，虚饰诡诈，仍为后世学者所诟病。

"纵囚归狱"固然是一场并不成功的德政制造，不过这段小插曲并没有干扰到"圣君计划"的大方向。作为大唐王朝的掌舵

第三章 团结各方的"法宝"

者,李世民的头脑还是比较清醒的。他知道此番是自己处事过于操切,而不是执政路线出了问题。既然强行推进可能适得其反,那不如干脆把一切交给时间吧!数年之后,社会经济果然得到了明显的恢复与发展,粮食丰足,百姓安乐,中国出现了"古昔未有"的太平景象。

天下稳,百姓安,贞观君臣终于可以暂时松一口气。在一次总结会议上,李世民高兴地说:"贞观之初,群臣都说当今天下不应行帝道、王道,只有魏徵劝我以尧、舜之道治国。听了他的建议之后,不过数年光景,华夏安宁,远戎宾服。突厥长期以来都是中原王朝的劲敌,如今酋长带刀宿卫,部落皆袭衣冠。能有今日的大好局面,都是魏徵的功劳。"说罢他又冲着魏徵道:"玉虽有美质,但藏于石间,如果没有技艺高超的工匠雕琢打磨,那就和瓦砾没什么区别。美玉碰上能工巧匠,就能成为流传万代的珍宝。我虽然算不上美玉,但经过你长期用仁义道德雕琢,也取得了今天这样的功业。如此看来,你也算得上是能工巧匠了。"魏徵作为一名政治家,深知居功自傲是大忌,有了功劳是皇上的,出了问题才是自己的。因此他赶忙接话道:"突厥破灭,海内康宁,那是陛下您的威武、仁德所致,并非群臣之力;臣能够辅佐明王圣主,已是喜不自胜,又岂敢贪天之功呢！"李世民心情大好，说："朕能任公，公称所委，其功独在朕乎？何故饰让也！"我能慧眼识人，你也不负所托，这功劳咱们都有份，你就别推辞了。这正是，君臣各安其位，上下各守其分，百姓各致其业，"圣君计划"获得了巨大的成功。

三、王者无私

李世民能够坚决推行帝道、王道，原因是比较复杂的。其中很重要的一点，就是以魏徵为代表的"书生"大臣在一定程度上塑造了他的知识体系，进而影响了他的价值观。掌握最高权力以前，李世民是典型的关陇勋贵，战功赫赫但读书不多，对于治道、政术几乎是一张白纸，而这恰恰令他能够更容易接受新的治国思路，成为他的"后发优势"。

贞观之初，李世民下令编修《群书治要》，"务乎政术，存乎劝戒"，为治国理政提供经验教训。承担此项工作的是魏徵、褚遂良和虞世南，此三人无一例外都是"书生"，其中魏徵乃山东寒士，褚遂良与虞世南则出身江南士族。他们来自魏、齐、梁、陈文化系统，自然偏爱先王礼乐。《群书治要》删繁就简，去粗

第三章 团结各方的"法宝"

取精，最终自14000多部89000多卷古籍中，撷取典籍65种，共50余万言，其中儒家经典不在少数。魏徵在序文中称此书"用之当今，足以鉴览前古；传之来叶，可以贻厥孙谋"。李世民觉得此书广博而切要，十分爱读，几乎手不释卷。他曾经感慨说："使我稽古临事不惑者，卿等力也。"由此可见，魏徵等人实际上通过筛选知识和信息等方法影响了李世民的判断和决策。在礼乐文化的不断熏陶下，李世民本人经历了"偃武修文"的转变，其对帝道、王道的态度也从被动接受逐渐发展为主动应用。要言之，李世民能够从赳赳武夫一步步成长为当代"圣君"，书生与知识的作用是不容忽视的。在学习经典文化的过程中，李世民逐渐明白了"王者无私"的道理，他所确立的"贞观"年号的含义就是以至公之心，示天下以正。

新朝初定，照例当封赏一众佐命元勋。武德九年（626），李世民当着长孙无忌等功臣的面定下他们的爵位和食邑，"命陈叔达于殿下唱名示之"，并说："我给诸位定下的勋赏或有不当之处，若有意见尽可畅所欲言。"这些人的政治水平比魏徵差了许多，不明白皇帝说的只是场面上的客气话，居然真的当场争执起来。史载，"于是诸将争功，纷纭不已"。其实皇帝需要的只是领旨谢恩，这么在大殿上吵吵嚷嚷难免令人尴尬。这时，疑似李世民安排的演员淮安王李神通站了出来，他大声喊道："我不服！当年我在关西起兵，首应义旗，这份资历谁比得上？现在房玄龄、杜如晦这些舞文弄墨之徒的功劳居然在我之上，这合理吗？"

李神通是李虎的孙子，李渊的堂弟，李世民的叔父，身份尊贵。他一发话，其他人瞬间安静下来，等着看李世民怎么答复。李世民环顾了一下群臣，最后把目光锁定在李神通身上，从容言道："晋阳起兵以后，叔父确实第一个站出来响应，但那不全是为了大局，也有谋求自保的私心。后来窦建德攻略山东时，叔父全军覆没，刘黑闼卷土重来，叔父又望风而逃。房玄龄等人运筹于帷幄之中，决胜于千里之外，足不出户便能安定社稷，论功行赏，当然应该排在叔父前面。叔父乃国之至亲，我对于爵位之类的封赏真的没什么好吝惜的，只是不能在表彰功臣时滥树私恩罢了！"众将心服口服，道："陛下大公无私，连淮安王都不曾偏袒，我们这些人还有什么好说的呢！"于是谢恩散去。李神通挨骂，很可能是君臣二人提前安排好的一场戏。正是由于李神通资望隆高，身份贵重，所以李世民才用他来震慑群臣。这样既能顺利完成封赏工作，又向朝野上下传达了王者无私，以至公治天下的精神。

第三章 团结各方的"法宝"

李世民即位不久,房玄龄便上奏说:"原来秦王府部下中没有加官晋爵的,不明白朝廷为什么先安置前东宫、齐王府旧人,甚至有人口出怨言。"李世民道:"王者至公无私,所以才能令天下人心悦诚服。丹朱、商均乃尧、舜之子,而尧、舜废之。管叔、蔡叔乃周公兄弟,而周公诛之。可见圣贤应以天下为公,不能私于一物。诸葛亮只是蜀汉小国之丞相,尚且能够说出'吾心如称,不能为人作轻重'这样的话,我是大唐天子,更应该大公无私,不偏不倚。我和你们日常所用之衣食,皆为百姓所供应。设官分职,本就是为了安定百姓,因此要选任贤才,怎么能因新旧之分而差别对待呢?倘若新人贤德,故旧不成器,又怎可固执地舍新而取旧呢!如今不论贤能与否而只谈其嗟怨,殊非至公之道。"贞观元年(627),又有人进言"请秦王府旧兵并授以武职,追入宿卫"。李世民再次表达了大公无私,唯才是举的原则。他说:"朕以天下为家,不能私于一物,唯有才行是任,岂以新旧为差?"

贞观之初,监察御史陈师合上了一篇《拔士论》,说人的智力、精力有限,不该一人身兼数职。此言乍一看很有道理,但实则是在暗讽当时身兼要职的杜如晦等,某种程度上也是在质疑李世民任用私人。李世民得知以后,对戴胄说:"我以至公治天下,之所以重用房玄龄、杜如晦等,并不是因为他们是我的勋臣故旧,而是因为他们的品行、才能的确出众。陈师合居心叵测,妄加毁谤,企图离间我们君臣之间的关系。"于是下令将陈师合逐出朝廷。

李世民曾经对房玄龄等人说:"治国理政,最好的办法莫过于至公无私。昔日诸葛亮将廖立、李严贬逐到南方蛮夷之地,诸葛亮死后,廖立、李严悲泣不已,李严甚至伤痛而死。陈寿称诸葛亮处理政事,'开诚心,布公道,尽忠益时者,虽仇必赏;犯法怠慢者,虽亲必罚'。如果不是这样至公无私,又怎会如此受人爱戴呢?前隋宰相高颎,公平正直又通晓治国的道理,隋朝的安危与其生死息息相关。隋炀帝无道,竟下令诛杀此人,我每次读史至此,未尝不废书而叹!我仰慕前代的明君,你们也要效法前代的贤相,'若如是,则荣名高位,可以长守。'"房玄龄说:"臣听闻治国理政的关键,在于公平正直,所以《尚书》称:'无偏无党,王道荡荡。无党无偏,王道平平。'孔子也说:'举直错诸枉,则民服。'现在陛下推崇的治国之道,确实触及了政教的根本,极尽了至公的要义,可以用之教化天下。"李世民道:"此乃我心中所想,怎会只说不做呢?"

李唐王朝刚刚建立的时候,因为群雄割据,天下未定,李

第三章　团结各方的"法宝"

渊曾"广封宗室以威天下"。当时竟将皇帝的堂兄弟和侄子都封为郡王，其中包括不少孩童。按照唐代的制度规定，王为正一品，食邑1万户。郡王为从一品，食邑5000户。封了王爵就要享受相应的福利待遇，这自然会增加百姓的负担。除此之外，论功行赏变成论"亲"行赏，也严重破坏了公平原则，不利于统治集团内部的团结。李世民即位以后，询问身边的大臣说："遍封宗室子弟，对天下而言是好事还是坏事？"封德彝答道："历观古今，当以我朝封王者数量最多。两汉以来，依例只有皇帝的儿子和亲兄弟可以封王，宗室远亲，除了那些立有大功的以外，都不得滥封。武德朝考虑到敦睦九族、安定天下等因素，大封宗室，固然有一定的道理。但王爵暴增，百姓的力役也会增加，这其实是视天下为私产，殊非至公驭物之道。"这一次封德彝智商在线，跟上了李世民的节奏，展现了名臣应有的水准。李世民听得频频点头，说："我治理天下，本是为了百姓能够安居乐业，并不想让百姓辛苦供养我的亲属。"于是下令将李氏宗亲降爵为郡公，只有淮安王李神通、河间王李孝恭等少数人因功保留了郡王爵位。降封宗室，正是为了彰显以至公治天下的决心。

长乐公主是李世民与长孙皇后的嫡长女，李世民将其视为掌上明珠。贞观六年（632），这位公主即将出嫁，李世民下令让相关部门准备嫁妆，他对房玄龄等人说："长乐公主乃是皇后所生，我和皇后都很喜欢她。现在她要出嫁了，我和皇后想多给她准备点嫁妆。"长乐公主要嫁的人，是长孙无忌的儿子长孙冲，这其实属于近亲结婚，放到现在肯定是不被允许的，不过在当时，却是"亲上加亲"的美事。房玄龄等人不愿扫皇帝的兴，都说："既然陛下想多给，那就按永嘉长公主的标准再加一倍如何？"李世民表示同意。永嘉长公主是李渊之女，李世民的妹妹，长乐公主的姑姑，理应尊于长乐公主。可现在长乐公主的嫁妆竟然多于永嘉长公主，这还得了？魏徵站出来说："陛下，此事万万不可。昔日汉明帝分封其子时说：'我的儿子怎么能和先帝的儿子同等标准？可以参照楚王、淮阳王的标准减去一半。'前史以之为美谈。天子的姊妹是长公主，女儿是公主，既然加了个'长'字，那身份自然比公主更尊崇。感情可以有深浅之别，但礼法不能随意逾越。若令公主的待遇超过长公主，恐怕于理不合，请陛下好好考虑。"李世民觉得有道理，就和长孙皇后商议说："我本打算多给女儿置办些嫁妆，但魏徵不答应。"说罢便将魏徵的话复述了一遍。长孙皇后感慨道："以前听说陛下敬重魏徵，不知其故，今日闻得其谏言，方知此人能

第三章 团结各方的"法宝"

以大义制约帝王私情,真是社稷之臣!"说完派人给魏徵送去帛500匹,以表示感谢。天子嫁女一事,李世民最终收回成命,守住了王者无私的原则。

以至公理天下,不可能每件事都让皇帝决断,主要还得依靠法治。在这方面,贞观名臣戴胄起到了很好的作用。贞观元年(627),时任吏部尚书长孙无忌被召入宫,在进入东上阁门时没有解下佩刀,直至出了阁门后,监门校尉才发觉。带刀入宫是大罪,依律当斩。但长孙无忌于公是朝廷重臣,于私是李世民的亲戚,李世民觉得不好处理,于是根据"八议"原则召集群臣商量该怎么办。所谓"八议",指议亲、议故、议贤、议能、议功、议贵、议勤、议宾。按照当时的规定,皇亲国戚、能者贤达、功勋重臣等八类人犯罪之后,依法享有从轻处罚的特权,不走正常的司法程序。皇帝叫大家来的意思很明白,就是想要保下长孙无忌。尚书右仆射封德彝提议说:"监门校尉失职,其罪当死,无忌带刀入宫属于误犯,可判处徒刑2年,罚铜20斤。"这是李世民想要的答案,他当即表示同意。但大理少卿戴胄却提出了不同意见,他说:"无忌带刀入宫,校尉未能发觉,这都是失误。然而臣子之于皇帝,不得称误。我朝律法明确规定:'供御汤药、饮食、舟船,误不如法者,皆死。'陛下如果根据'八议'精神减免无忌的罪责,那就不需要走司法程序,也不需要法司进行裁决,但如果严格按照法律的话,仅仅罚铜恐怕并不合理。"李世民说:"律法并非我一人之法,而是天下人共遵之法,怎么能因为无忌是皇亲国戚而搞特殊呢?"于是下令重新议罪。

封德彝还是坚持原来的看法,这倒不是他有意阿谀圣上,而是长孙无忌的确符合"八议"的条件。"八议"之中,长孙无忌至少占了亲、故、贤、能、功、贵六条,如果再加上主观性颇强的"勤",那他就能符合七条。这样的人如果不从轻处罚,"八议"也就没有存在的必要了。李世民准备维持原判,戴胄又说:"监门校尉乃是因无忌而获罪,依律当从轻发落。严格说来,这二人的过失是一样的,如若判处一人生,一人死,恐怕有失公允,恳请陛下改判。"最终,李世民下令赦免了校尉的死罪。

为了拔擢人才,当时朝廷下令大开选举,有的人想钻空子,就伪造了仕宦履历。李世民曾下令让这些人自首,如不自首,一经发现便判处死刑。不久,有官员被查出履历造假,戴胄依律判处其流刑,然后上奏。李世民生气地说:"好你个戴胄,这事儿怎么搞的?当初我曾经下令,不自首者处以死刑,你却判

第三章 团结各方的"法宝"

以流刑,这不是让我失信于天下吗?"戴胄说:"陛下当时如果下令将其立即处死,我没有任何意见,但既然移交我们司法部门处理,我便不能不依法裁决。"李世民道:"你只顾自己守法,而让我成为失信之君吗?"戴胄解释说:"法律是国家向天下百姓宣布的最大信用,而言语不过是情绪喜怒的瞬间表达而已。陛下因一时愤怒而下令杀人,知其不可后而断之以法,此乃忍小愤而存大信,算算总账,朝廷不亏。"李世民转怒为喜,道:"我的处置方式不合理,你能够及时纠正,我还有什么可担忧的呢?"

在与群臣的讨论中,李世民逐渐体会到依法治国的重要性,他强调要坚守法令,恪守规矩。经历了不成功的"纵囚归狱"以后,李世民越发认识到法律与规则的重要性。即便是帝王,肆意打破规则也要遭到反噬。贞观七年(633),他在与臣下讨论大赦问题时指出:"天下愚者多,智者少,智者很少为恶,而愚者却经常触犯法律。如此看来,朝廷大赦的恩德,大多数时候只是惠及不轨之徒罢了。一再地宽恕罪犯,赦免囚徒,只会让他们出来继续伤害良善的百姓。昔日周文王制定刑罚,并无赦宥一说。诸葛亮治蜀,十年不赦,而蜀国大化。梁武帝每年数赦,终至国破身死。大仁不仁,大善不惠。小仁小惠是对公正平等原则的破坏，只有坚持规则，遵守法令，才能使整个社会形成良性的运行机制。"在李世民的倡导下，朝野上下更加注重公正法治，唐王朝逐渐进入律令制时代。

第四章

千古难遇的君臣

　　李世民下定决心要做明君，将大唐治理成比肩三代的太平之世，这个宏伟的目标不是他一个人的力量就能完成的。自古以来，明君都离不开贤臣辅佐。国家发展战略的制定与实施，每一个环节都需要依托健全、精干的官僚队伍。君臣相遇，自古为难。良好的君臣关系需要君臣双方互相成就。在李世民的主导下，贞观君臣秉持天下为公的政治理念，同心同德，充分发挥集体智慧，成为君臣关系的典范。

秦王事业：玄武门事变到贞观之治

一、选贤任能

作为经历过血与火洗礼的帝王，李世民十分了解人才的重要性。无论是打仗还是治国，用对了人都能事半功倍，反之，如果所用非人，则可能令大好局面毁于一旦。贞观之初，李世民感慨道："我最近读史书，发现以前的帝王如果以仁义治国，则国祚绵长，如果使用严刑峻法，虽然能够短时间内收到一些效果，但往往也会导致快速败亡。前人的经验值得借鉴，我打算专门用仁义诚信治国，希望能够革除近些年的浮薄风气。"黄门侍郎王珪回答说："天下凋残丧乱已久，陛下若能改革前代弊政，弘扬治道，移风易俗，自然是百姓之福。不过眼下的国家治理工作，只有贤能之士才能胜任，所以关键还是在于要寻得合适的人才。"李世民说："不瞒你们讲，我做梦都想赶快遇到贤才。"给事中杜正伦答道："世间那么多才华横溢之人，随时等待陛下发现、任用，哪里用等着梦傅说、逢吕尚，然后才开始治理国家呢？"

傅说是商王武丁时期的大臣，传说其本为筑墙之奴隶，空有一身才华却无法施展。有一次武丁在梦中见到一位贤臣，梦醒之后，他命人四处搜寻，终于在傅岩找到了和梦中所见者一模一样

第四章 千古难遇的君臣

的傅说，当即命其为相。在傅说的辅佐下，商朝国泰民安，形成了历史上有名的"武丁中兴"局面。吕尚就是姜子牙，传说他身怀经国之才而不受商纣王重用，无奈跑到渭水之滨垂钓。周文王外出狩猎之时，见姜子牙用直钩钓鱼，而且不用鱼饵，大感新奇，于是主动和他交谈。不聊不知道，一聊才发现这个钓鱼的老翁原来满腹韬略，于是下令重用之，以后姜子牙在兴周灭商的过程中发挥了巨大的作用。傅说和姜尚都是足智多谋的佐命之才，但他们的出仕都有一定的偶然性。杜正伦指出此种情况实际上不值得学习。他提醒李世民，在寻访贤能这件事情上要主动出击，不要被动等待，否则就是蹉跎岁月。李世民深以为然。

李世民是一个执行力超强的人，他认识到求访贤良的重要性，便立即开始行动。贞观之初，他对尚书右仆射封德彝说："成就太平治世的关键，就在于觅得合适的人才。近来我命你推举贤能，却未见你推举一人。天下事务繁重，你身为右仆射，理应主动替我分忧，现如今你一言不发，我又能依靠谁呢？"封德彝忙道："臣虽愚钝，但陛下交付的事，又怎敢不尽力去做呢？之所以尚未有所举荐，实在是因为臣至今还没有发现什么身负奇才、出类拔萃的人物。"封德彝大概也没说谎话，他出身山东士族，历仕数朝，武德年间曾任检校吏部尚书，对人事工作并不陌生。

不过他所熟悉的旧时代的简拔标准或许与新时代的要求发生了错位，因此他一时之间可能不太适应。这样的回答显然不能令李世民满意，他注视着封德彝，平静地说："前代明王对待人才就像使用器物，取其长处而用之。圣明之主皆取士于当时，从不借才于易代。哪个时代没有贤能之人？恐怕只是尚未被发现罢了！"没错，封德彝，说的就是你，你自己能力不足发现不了人才，但你别乱讲说当今没有人才。听完这番话，封德彝面红耳赤，惭愧地退下了。

过了不久，李世民又对时任尚书左仆射房玄龄、右仆射杜如晦说："你们身为仆射，总领百官，理应替我排忧解难，平时应多设耳目，求访贤良之士。近来听说你们亲自处理尚书省的琐碎事务，每日听讼甚至多达数百件。这样下去你们每天连公文都读不完，哪里还有时间帮我求访贤良呢？"尚书省是唐代三省之一，为最高行政机关，掌管政令的颁布和实施，事务最为繁多。其长官为尚书令，品级为正二品，一般不授。尚书令之下为尚书左、右仆射，皆为从二品，是尚书省实际上的长官。其下又置有尚书左、右丞，左、右司郎中，左、右司员外郎等。有一种观点认为，由于唐初李世民本人担任过尚书令，所以后来通常便不再将此官授予臣僚，其实这是一种误解。之所以不授尚书令，更可

第四章 千古难遇的君臣

能的原因是由于其品阶高于中书、门下两省的长官，不利于三省制度的正常运转。尽管不置尚书令，左、右仆射的品阶仍然高于中书令和门下侍中，故其在宰相中地位尊贵，也受到皇帝重视。不久，李世民专门给尚书省下了一道命令：即日起省内的琐碎事务全都交给尚书左、右丞处理，只有遇到应该上奏的大事，才需禀告仆射。这样就把担任左、右仆射的房玄龄、杜如晦从具体事务中解放出来，让他们能够集中精力帮自己选拔人才。

李世民求贤若渴，除了令大臣日常推举之外，自己也留心搜寻。有一次他下令让百官上书言朝政得失，中郎将常何的奏疏中提出了20多条建议，每条都很有道理。说起这位常何，他在玄武门之变时曾立下大功，战场上厮杀的本领是有的，但要说治国理政，那绝对是外行。李世民很奇怪，就把常何叫来问话，你最近有什么奇遇？是不是出门撞见神仙开窍了，怎么一下子变得这么厉害？常何不敢隐瞒，说道："陛下，您是了解我的，我常何打仗还行，治国理政是一窍不通，这奏疏是我府上的门客马周写的。"马周精通《诗经》《左传》，原本担任博州助教，后辞官辗转来到长安，被常何收留。门客嘛，白吃白喝不合适，总得干点什么，于是就有了代写奏疏一事。

李世民觉得马周是个人才，当即命人召他觐见，来去之间颇

秦王事业：玄武门事变到贞观之治

费工夫，李世民急得派人催了好几次。马周到了之后，李世民迫不及待地和他聊起治国之策，二人相谈甚欢。李世民随即令马周到门下省就职，不久又任命他为监察御史、中书舍人。马周机智善言辞，长于陈奏，他对事情的来龙去脉了解得很清楚，所以每次奏事都能抓住要害。李世民曾言："我于马周，暂时不见，则便思之。"贞观十八年（644），马周被任命为中书令，这是中书省的长官，同时他还兼任太子左庶子，辅佐东宫。马周职兼两宫，但处理事情公平允正，受到当时人们的赞誉。后来他又兼任吏部尚书，同样能够很好地完成相关工作。李世民曾评价说："马周看问题敏锐迅速，做事情谨慎周到，评论人物能够直言不讳，我按照他的意见选任官吏，大都能合我的心意。他能够对我竭尽忠诚，我也要倚重他来一起处理好政务。"

李世民任官，注重"量才授职"。他曾对房玄龄说："致治之本，惟在于审。量才授职，务省官员。"官员在精不在多，只要任命的这些官员都能够胜任自己的本职工作，那么天下就可以无为而治。房玄龄等议定好官员人数之后，李世民还特意叮嘱说："对于官员的人选要慎之又慎。以后若有乐工等杂伎确有一技之长、超出同辈的，只可额外赏赐给他们钱帛，不可破格授予他们官职、爵位，让他们与朝中大臣比肩而立，同坐而食，免得令衣

第四章 千古难遇的君臣

冠士人感到耻辱。"

对待贤才，李世民不拘一格，唯才是举。贞观一朝的官员，既有高门士族，又有科举出身者，还有不少没有取得功名的寒微之士。对于这些大臣，李世民兼收并用，让他们充分发挥自己的才干，在治国理政中一展所长。即便是原本敌对阵营中的人，只要才堪大用，李世民亦能对其委以重任。如魏徵、王珪等，本是李建成的心腹谋臣，玄武门之变后，李世民将他们吸纳进权力中枢，并经常采纳他们的意见。有一次李世民在九成宫宴请群臣，长孙无忌道："王珪、魏徵以前追随隐太子，我看到他们就像看到了仇人，不承想今日居然能一同参加宴饮。"李世民说："魏徵以前确实是我的仇敌，但他为旧主尽心竭力，这也是值得嘉奖的。我能够出于公心提拔重用他，就算是前古圣王也不过如此。为了不让我做错事，魏徵经常犯颜直谏，因此我非常看重他。"魏徵再拜道："陛下愿意听我说话，我才敢说话。如果陛下不接受我的建议，我又怎么敢触犯陛下的逆鳞呢？"李世民听后很是高兴，下令二人各赐钱15万。

除了才能外，李世民任官还特别注意德行，主张选拔德才兼备的官员。贞观二年（628），李世民对身边的大臣说："为政之要，惟在得人，用非其才，必难致治。今所任用，必须以德行、学识为本。"这就把德行提高到了与学识同等重要的地位。时任谏议大夫王珪附和道："人臣若无学业，不能识前言往行，岂堪大任。"不久，李世民对主管人事工作的吏部尚书杜如晦说："我发现最近吏部选拔人才，只重视文翰之能，而不深入了解其道德品行，这就难免让一些道德败坏之徒混进了官僚队伍。几年之后，这些人的劣迹逐渐暴露出来，到时候即便能够对他们加以处罚乃至诛杀，但百姓已然深受其害，这个损失是无法挽回的。到底要怎样才能选拔出优秀的官员呢？"杜如晦答道："两汉时实行察举制，那时候选拔的人才，都是地方上推举出来的道德楷模，经过乡里、州郡的层层考察，最后才被任用，所以当时号称多士。如今吏部每年选人多达数千，他们外表忠厚，言辞伪饰，一时之间恐怕很难看穿其本来面目，吏部只能按规定授予他们品阶和职位。铨选制度的相关规定尚不完善，因此很难选出德才兼备的人才。"李世民听完之后觉得要不然就直接改回汉代的选官制度，恰好此时发生了其他情况，这件事就被暂时搁置了。

虽然没能成功改革选官制度，但李世民还是对官员品德问题产生了警惕之心。贞观六年（632），他对魏徵说："王者为官择人，不可造次即用。"重用一个人之前，必须得好好考察一段时间，看他的才能和品行到底怎么样。皇帝办的任何事，都会被天下人看到；说的任何话，都会被天下人听到。如果任用了正直的人，当然会有积极的导向作用；反之，如果误用恶徒，则会产生消极影响。论功行赏，没有功劳的人自然就会退避；按罪处罚，作恶的人就会心生畏惧，引以为戒。由此可知赏罚不可以轻易施行，用人更要慎之又慎。魏徵答道："知人善任这种事，自古以来就是很难的，所以在考核政绩，思量升迁还是贬黜的时候，要考察官员的善恶。现在要选拔人才，必须详细了解其品行。任用品行高尚的人，即便做不成事，那也只是才能不足，不会造成大的危害。可如果误用能力超群的恶徒，那造成的损失不堪设想。总之，乱世时选拔人才首重才能，品行问题可以暂且放在一边。太平之世，必须德才兼备，方能任用。"

李世民用人，还注意扬长避短，各取所长。魏徵曾上疏说，如今满朝文武各有其优点和长处，也有其缺点和短处，皇帝只要"因其材以取之，审其能以任之，用其所长，掩其所短，进之以六正，戒之以六邪，则不严而自励，不劝而自勉矣"。所谓"六正"，一是有先见之明，在危险处于萌芽期时便能及时发现，从而使君主远离祸患，此为圣臣；二是虚心劝谏，能够经常提出好的建议，成就君主的美德，挽救君主的过错，此为良臣；三是夙兴夜寐，不断为朝廷推举贤才，同时用古圣先贤的事迹来勉励君主,此为忠臣;四是明察成败,早做准备,从而杜绝灾难的根源,转祸为福,令君主高枕无忧,此为智臣;五是奉公守法,不受贿赂,厉行节俭,此为贞臣;六是不阿谀奉承,敢于犯颜直谏,当面指出君主的过失,此为直臣。所谓"六邪",一是安于自己的仕途,贪求利禄,对公事不上心,随波逐流,此为具臣;二是君主说的都说好,君主做的都赞成,私下寻找君主喜欢的东西进献以博取君主欢心,阿谀奉承,一味讨好而不计后果,此为谀臣;三是巧言令色,嫉贤妒能,遇到自己想举荐的人就拼命说好话,隐瞒其缺点,遇到自己不想举荐的人则大肆宣扬其过失,隐瞒其优点,从而令君主赏罚失当,号令不行,此为奸臣;四是智慧、机辩等方面都有过人之处,但对内离间骨肉至亲,对外令朝廷陷入混乱,此为谗臣;五是专权擅势,结党营私,颠倒轻重,假传君主的诏命,此为贼臣;六是蒙蔽君主,让君主丧失辨别是非的能力,恶名远播,此为亡国之臣。皇帝只要善加引导,用"六正",去"六邪",那么国家就会安定,天下就会太平。对于这封奏疏,李世民"甚嘉纳之"。所谓用人如器,各取所长,大致就是取"六正",去"六邪"。

　　魏徵曾向李世民推荐了一位名叫凌敬的官员,过了不久,有关部门反映凌敬私下放高利贷,李世民很懊恼,埋怨魏徵胡乱举

第四章 千古难遇的君臣

荐人。魏徵说："陛下，这怨不得我啊！您每次问我的时候，我都详细说明了凌敬的长处和短处。有学识，能进谏，敢于据理力争，这是他的长处；热爱生活，喜欢赚钱，这是他的短处。现在他为人作碑文，教人读《汉书》，并趁机经商谋利，种种行为和我所说的没有什么不同。陛下不用他的长处，而只看到他的短处，还觉得是我等欺君罔上，我着实不服。"李世民觉得魏徵言之有理，也就不再追究了。

和百姓直接打交道的是地方官，能不能执行好朝廷的政令，让百姓拥护朝廷，关键就在地方官身上，因此这一群体的任命十分重要。贞观名臣马周曾上疏说："圣君治理天下要以人为本，要想让百姓安居乐业，关键就在于刺史、县令等地方官员的选任。县令人数众多，不可能做到人人皆贤，但州的总数并不算很多，如果每个州都能安排一个贤良的刺史，那么这个州就可以安定繁荣了。如果全天下的刺史都能够达到陛下的要求，不打折扣地贯彻朝廷的政令，那么陛下就可以无为而治，百姓也可以不再为生活担忧。自古以来，郡守、县令等地方官都要尽可能选拔德才兼备的人来担任，朝廷打算将某个官员提拔为将相重臣，一般定要让他们先做一段时间地方官以考察其才能，个别优秀的地方官有时也被直接晋升为丞相、司徒、太尉。因此朝廷不能只看重中央官员的任命，而轻视刺史、县令等地方官员的选拔。现在之所以还有百姓没有获得安稳的生活，恐怕就是地方官的选任出了问题。"李世民表示赞同，下令以后刺史人选由他亲自把关，还命在京五品以上官员各举荐一个合适人选。

据李世民自己说，他白天忙着处理各种政务，还要时不时地被魏徵等人劝谏，晚上回到寝宫仍然忧虑民间的事情，有时候到半夜还无法入睡。他唯恐都督、刺史等地方官不称职，无法令百姓安居乐业，所以在屏风上写下他们的姓名，随时查看。如果有官员在任上做了好事，他就详细记录在其名下。皇帝居于深宫之中，所见所闻极其有限，对于地方上的事务不够了解，所能依靠的就是都督、刺史等地方官员。说这些人关系着国家的治乱安危并不为过，因此必须选任德才兼备之人。

广任贤良带来的积极影响之一，就是国家各方面的工作都快速步入正轨，李世民因此踌躇满志。有一次，他问萧瑀说："你觉得隋文帝是个什么样的君主？"萧瑀的身份很特殊，他出身萧梁宗室，是隋炀帝萧皇后的弟弟，和李唐皇室一样都是杨隋的姻亲。萧瑀在隋朝就是高官，入唐以后长期担任宰相，地位相当高。对萧瑀来说，隋文帝既是前朝君主，又是亲戚、长辈，不能妄议，因此他回答说："克己复礼，勤劳思政，每一坐朝，或至

第四章 千古难遇的君臣

日昃,五品已上,引坐论事,宿卫之士,传飧而食,虽性非仁明,亦是励精之主。"这位皇帝很勤政,忙起来连晚饭都是让人端到朝堂之上吃,虽然他不够宽仁,但怎么着也算得上是励精图治之君了。

萧瑀的回答在李世民的意料之中,他微微一笑,道:"你是只知其一,不知其二。隋文帝生性谨慎细致但不能明辨是非。心里糊涂,看事情就不够透彻,过分明察,处事时就会多疑。而且他从孤儿寡母手中夺得天下,始终担心群臣心有不服,不肯信任百官,每件事都要亲自决断,虽然劳神费力,但所作所为也并非全都合理。大臣们了解他的心意,但也不敢直说,自宰相以下,只是顺从他的旨意罢了。我的想法与他不同,天下如此广阔,百姓如此繁多,事情千头万绪,理应具体问题具体分析。天下事交由百官商议,令宰相居中筹划,讨论得差不多了,才能上奏皇帝,下令执行。怎么能将所有的事情都交给皇帝定夺呢?况且皇帝一天处理十件事,有五件合理,五件不合理,合理的当然没问题,那不合理的要怎么办呢?这样的错误日积月累,越来越多,国家能不灭亡吗?所以说君主独断,哪如广任贤良呢?皇帝统筹全局,留心政事,严肃法纪,又有谁敢胡作非为呢?"说到兴头上,李世民当即下令,如果朝廷的政令有不合适的地方,百官应该据实陈奏，不能只知机械地执行圣旨，务必要尽到臣子的职责。

在选贤任能方面，李世民不仅批评过隋文帝，还批评过隋炀帝。贞观之初，李勣奉命镇守边境，"令行禁止，号为称职，突厥甚加畏惮"。李世民得知后感慨说："隋炀帝不懂得精选贤良，镇抚边境，只是一味依靠修筑长城，驻屯将士来防备突厥，这是他在认识上存在的严重误区。我现在重用李勣，使得突厥畏威远遁，边境安宁，此等成效岂不胜过千里长城？"李世民的看法是有道理的，隋炀帝虽然才华横溢，但嫉贤妒能，确实不太善于任用贤才。《隋唐嘉话》记载，隋炀帝善诗能文，然"不欲人出其右"，否则就借故杀之。大才子薛道衡因此获罪，后被逼自尽。薛道衡死后，隋炀帝竟说："更能作'空梁落燕泥'否？"还有一次，隋炀帝作《燕歌行》，"文士皆和，著作郎王胄独不下帝"，惹得隋炀帝心生不快，以后王胄竟因此被害。王胄死后，隋炀帝诵读着他写的诗，说："'庭草无人随意绿'，复能作此语耶？"可见隋炀帝的确不太能容人。李世民的格局远远超过隋炀帝，他的大度与包容，是贞观朝人才济济、群星璀璨的重要原因。

第四章　千古难遇的君臣

二、从谏如流

每个人都有自己的局限性，即便是帝王，也难免因为各种原因做出错误的判断。优秀的君主往往善于接受臣下的谏言，改正自己的过失。在这方面，李世民堪称表率。贞观初年，李世民和魏徵闲聊时问道："你们总说明王圣主，什么是明君、暗君？"魏徵回答说："兼听则明，偏信则暗。尧、舜兼听，天下大治。秦二世偏信赵高、梁武帝偏信朱异、隋炀帝偏信虞世基，终至身死国灭。君主如果能够做到兼听纳谏，那么即便是勋贵近臣也无法堵塞言路，蒙蔽圣聪，下面的真实情况一定可以顺利上达天听。"李世民深表赞同。

明白了兼听纳谏的重要性，李世民就想多听听大臣们的意见，但他长得很严肃，百官见到他，大多紧张得举止失措，不能有效地进行表达。了解这一情况后，以后每逢臣僚奏事，李世民都尽量和颜悦色，做"假笑皇帝"，希望大臣们能够放松心情，直言进谏，畅谈朝政之得失。贞观之初，他曾对群臣说："人要照见自己，一定要使用明镜；君主要了解自己的过失，一定要依靠忠臣。如果君主整日觉得自己贤明，大臣也不去纠正，这样的国家怎能不陷入危亡呢？君王失其国，大臣也不能独自保全自己的家。隋炀帝荒淫无道，百官却不直言进谏，不让他明白自己的过失，最终隋朝土崩瓦解，虞世基等人也被诛杀。前事不远，我们一定要引以为鉴。今后你们如果看到不利于百姓的事情，一定要直言劝谏。"

李世民鼓励臣下进谏。他曾对身边的大臣说："君主难免有过失。明君能够反思并不断加以改进，昏君却总是试图文过饰非。隋炀帝骄傲自大，拒绝纳谏，当时朝廷整体氛围确实不好，大臣虞世基等人不敢直言，或许也算不上什么大错。昔日商朝的箕子在朝政混乱时也没有站出来劝谏，而是靠装疯躲过一劫，孔子还说他仁义。后来隋炀帝被杀，虞世基难道就该陪着皇帝一起死吗？"杜如晦答道："君主身边如果有敢于直言劝谏的大臣，即便昏庸无道，也不至于就此失去天下。虞世基等人怎么能够因为主上没有纳谏之心就干脆选择一言不发呢？听不听是皇帝的事，说不说却是大臣的事。身居高位却明哲保身，尸位素餐，不肯辞官隐退，这种行为和箕子装疯是不同的。古人云：'危而不持，颠而不扶，则将焉用彼相？'国家到了生死存亡关头却不敢站出来承担责任，这样的大臣有何用处！虞世基身为宰相，在该进谏的时候却沉默不语，此等误国误民之辈，的确该死！"

第四章 千古难遇的君臣

李世民道："你说得对。君主必须有忠良辅佐，才能自身平安，国家安宁。隋炀帝不就是因为身边没有忠臣，看不到自己的过失，最终才恶贯满盈走向灭亡的吗？如果君主的行为不恰当，大臣们又不劝谏，只知道阿谀奉承，整天不是'好好好'，就是'对对对'，长此下去君主就会变成昏庸之主，大臣就会变成阿谀之臣，那距离国家灭亡就真的不远了。我现在希望朝野上下统一认识，君臣秉持至公之心，互相切磋，共同开创太平治世。你们一定要尽忠职守，纠正我的错误。我们君臣之间不要因为直言不讳伤了面子而互相怨恨。"李世民和杜如晦的这次对话，很像是提前排练好的。一开始摆出给虞世基翻案的架势，其实是为了深入剖析他所犯的错误，让群臣感同身受。接下来杜如晦的高调表态，李世民的顺水推舟，都是围绕臣子应积极进谏这个话题展开的，导向性十分明显。

过了不久，李世民又对房玄龄等人说："自古以来，君主大都由着自己的情绪高兴或发怒，高兴的时候就胡乱赏赐，没有功劳的人也能受赏，愤怒的时候就随意屠戮，没有罪过的人也可能被诛杀。天下丧乱，往往都是由此导致的。我现在无时无刻不以此为戒，希望你们能'尽情极谏'。当然，你们也得端正态度，随时准备接受别人的谏言，不能因为别人与自己的意见不一致便拒绝采纳。如果自己都做不到虚心纳谏，又怎能劝谏别人呢？"可见李世民有意想让进谏和纳谏成为贞观政治生活的一种重要方式。

贞观八年（634），李世民又对身边的人说："每当我闲居静坐时，就会自我反省，常常担心自己不能让上天和百姓满意。我一直希望能有刚正不阿的人向我进谏，从而使我能够更好地了解外界的情况，令民间没有积怨。最近有些官员在奏事的时候战战兢兢，甚至连讲话都语无伦次。平常奏事尚且如此紧张，那犯颜直谏时必然更加担心触怒国君。所以每当有人进谏时，纵然不合我的心意，我也不会怪罪。如果一言不合就立刻予以斥责，那么恐怕群臣都会心生恐惧，谁还敢站出来讲话呢！"

过了一段时间，李世民又对房玄龄等人说："人们常说自知者明，但做到这一点其实是很困难的。善诗能文的士人，有一技之长的杂伎，都说自己才能出众，旁人远远不及。但如果让相关领域的专家来评判，芜杂的文章、拙劣的技艺就会暴露出来。由此可见，君主一定要依靠诤谏之臣来指出错误。国事每日成千上万，头绪繁多，君主一人决断，怎么能做到尽善尽美呢？我时常想起魏徵，他遇事能及时进谏，多次指出我的过失，就像照镜子一样，美丑便一览无余了。"李世民越说越动容，举起酒杯和房

第四章　千古难遇的君臣

玄龄等人一饮而尽，勉励他们也要时时进谏。

在李世民的倡导和鼓励下，朝野上下很快形成了直言进谏的风气。敢于直谏的大臣中，以魏徵最为知名。魏徵是河北巨鹿人，在隋末唐初的乱世中几经辗转加入太子李建成麾下，史载其"有经国之才，性又抗直，无所屈挠"。玄武门之变以后，魏徵作为前东宫、齐王府势力的代表进入李世民阵营，被任命为谏议大夫。后来他又长期担任门下省的长官侍中，掌封驳之事。所谓封驳，"封"是封还皇帝的诏书，"驳"是驳回百司的奏章。由于个人性格和职务要求，魏徵经常向皇帝提出反对意见，大多数时候，李世民都能虚心接纳。史载李世民和魏徵交谈，"未尝不悦"，而魏徵喜逢知己之主，工作热情也是相当高涨，君臣二人配合十分默契。

关于魏徵进谏，有几则故事广为流传，至今仍为人津津乐道。

唐初规定男子21岁成丁。有一次封德彝等人建议把年满18岁但尚未成丁的中男也简点入军，李世民表示同意。敕书下发之后，魏徵坚决反对，封德彝只好再次上奏说："据负责简点军兵的官员称，中男之中有很多身体强壮的人。"李世民大怒，觉得百姓中可能有人谎报年龄，于是下令："中男以上，即使未满18

岁，只要身体高大强壮的，也可以简点入军。"魏徵仍然反对，不肯签署敕文。

李世民把魏徵、王珪等人都叫来，板着脸对他们说："中男如果确实瘦小，自然不取，但如果身体确实强壮，为何不能简点入军？这么做碍着你们什么事了？你们这样固执己见，我不理解你们的想法！你们是不是故意和我过不去！"魏徵严肃地回答说："臣听闻竭泽而渔，不是抓不到鱼，而是第二年就没有鱼可抓了；焚林捕兽，不是捉不到野兽，而是第二年就无兽可捕了。如果将中男以上的男丁全都简点入军，那么租赋杂役靠谁来供给？而且近年来国家军队战斗力下降，无法完成作战任务，难道是因为人数少吗？还不是由于没有得到相应的待遇，致使他们丧失了斗志。如果只是一味地简点军兵，勉强充当杂役，军队数量虽然增加了，但终究不会有什么大用。如果精心选拔强壮健硕之人，对他们以礼相待，那么人人都能以一当百，又何必追求数量多呢？"解释完这件事，魏徵话锋一转，说道："陛下常说自己做皇帝，待人接物都会以诚信为本，要让官员、百姓都没有矫饰虚伪之心。但您即位以来，已经在几件大事上不守信用，这又如何取信于人呢？"

突如其来的转折让李世民有点蒙了，他愕然道："你所说的

第四章 千古难遇的君臣

不守信用的事，具体是什么？"魏徵说："陛下刚即位时，曾下令免去百姓拖欠官府的财物，并让相关部门列为条例，颁行天下。但是原来秦王府征调的财物，却不算在官府财物之中。陛下从秦王做到天子，如果秦王府征调的财物都不算官府财物，那还有什么东西才算官府财物呢？另外，朝廷曾下令免去关中地区两年的租调，免去关外地区一年的徭役。百姓沐浴皇恩，无不欢欣喜悦。但随后朝廷又下旨，称今年百姓大多已经服完徭役，如果从现在开始放免，便是虚受国恩，一切免除都从明年开始计算。免除政策下达以后又重新征收，百姓的心里一定会感到奇怪。刚刚收完赋税便简点中男入军，那明年免赋役的说法，如何让百姓相信？还有，治理国家，推行政令，靠的是刺史、县令这些地方官，每年核对户籍、征收赋税等工作，都要委派他们去办。到了简点士卒时，却怀疑他们弄虚作假。这不是公开搞'双标'吗？朝廷如此行事，还希望官民诚实守信，这不是很困难吗？"李世民像犯了错误的小学生，满怀歉意地说："之前我见你固执己见，还怀疑你不太懂这些事情。现在听完你说的国家失信之事，才明白你是对的。我不通民情，思虑不周，犯下了严重的错误。如果处理事情总是出现这样的过错，怎能治理好国家呢？"于是李世民马上下令停止简点中男一事，并赏赐魏徵金瓮1口，赏赐王珪绢 50 匹。

贞观二年（628），李世民准备扩充后宫。当时隋朝通事舍人郑仁基之女年方十六七岁，出落得亭亭玉立，美貌无双。长孙皇后得知之后，便奏请将其纳入宫中，册为嫔妃。这时候李世民也就 30 来岁，正是喜欢美女的时候，于是想也没想便高兴地同意了这件事。魏徵听闻郑家此前已经把女儿许配给陆家，于是连忙进谏道："陛下身为君父，抚爱百姓，应当以百姓之忧为忧，以百姓之乐为乐。自古以来的明君，无不以百姓之心为心。君主住在亭台楼阁之中，就应该想到让百姓也能有房屋栖身；君主享用美酒佳肴，就应该想到让百姓不再挨饿受冻；君主看到身边的嫔妃，就应该想到让百姓也能娶妻生子，成家立业。这是明君的基本修养。郑家的女儿很久以前便已经许配给了别人，陛下问也不问便下令聘娶，此事要是传扬出去，岂不是有违君父之道吗？臣道听途说得到的信息可能并不准确，然担心此事损害到陛下的声誉，因此不敢有所隐瞒。君王的言行举止都会被写进史书，希望陛下能慎重考虑。"听完魏徵的话，李世民非常吃惊，美女虽好却并不是不可替代，但引起非议就得不偿失了。于是他"手诏答之，深自克责"，诚恳地检讨了自己的错误。当时聘纳郑氏的诏书已经拟定，只是册封的使者尚未出发，李世民当即下令停止遣

第四章 千古难遇的君臣

使。

事情到这儿还没有结束。聘娶郑氏女的诏书从草拟到审议再到最终确定，需要经过很多环节，如果让魏徵轻松推翻，那不是显得此前参与这件事的大臣们都很无能吗？于是，尚书左仆射房玄龄、中书令温彦博、礼部尚书王珪、御史大夫韦挺等大臣一致表示："郑氏女许配给陆家，只是传闻，并没有确凿的证据，而聘娶之礼已然举行，不可中途停止。"这些人或是台省长官，或是相关职能部门的主要负责人，他们不愿意被"打脸"，因此努力维持原来的方案。此时，与郑家定亲的陆爽也上表说："我父亲在世时，的确与郑家有交往，两家有时候互相赠送财物，但并没有说过要结亲。所谓婚约之说，其实是外人不了解情况，胡乱传的。"大臣们又劝李世民娶了郑氏女。李世民有些疑惑，便问魏徵道："群臣可能是顺从旨意，但陆爽为什么要这样说？"魏徵笑道："依我之见，陆爽可能是把陛下当成太上皇了。"李世民更糊涂了，忙问："这话是什么意思？怎么还跟太上皇扯上关系了？"魏徵不紧不慢地说："当年太上皇刚刚平定京城的时候，宠幸了辛处俭的妻子。那时候辛处俭在东宫担任太子舍人，太上皇知道以后很不高兴，就把他派到万年县做县令。辛处俭担心太上皇借机杀掉自己，因此每天都活得战战兢兢。陆爽大概也害怕陛下虽然现在宽容，但以后暗中贬谪，因此才反复与郑氏女划清界限，这不足为奇。"李世民笑道："外界的看法，或许是这样的。"于是降敕曰："今闻郑氏之女，先已受人礼聘，前出文书之日，事不详审，此乃朕之不是，亦为有司之过。"魏徵的及时进谏，李世民的主动担责，在当时获得了广泛赞誉。

有一次，房玄龄和高士廉在路上碰见了少府监窦德素，就问他北门那边最近又在营建什么建筑。窦德素把这件事如实汇报给了皇帝，李世民便对房玄龄说："你是尚书左仆射，是宰相，把南衙那边的事情管好就可以了，怎么还管到我头上来了？我在北门营建何物，跟你有什么关系？"房玄龄等人赶忙谢罪。见此情景，魏徵进谏道："臣不明白陛下为什么责怪他们，也不明白房玄龄、高士廉为什么谢罪。尚书左、右仆射是股肱之臣，也是陛下的耳目，北门在营造什么，为什么不准他们过问？臣更不明白，陛下为什么责怪他们询问相关部门。北门的营建工程需要役使多少工匠，是有利还是有害，这些难道不该了解吗？如果陛下做的是对的，应该竭尽全力帮助陛下完成，如果陛下做得不对，即便已经开始营造，也应该奏请陛下立刻停工。这是君臣相处的基本道理。臣看不懂，房玄龄他们本无罪责，陛下为什么要加以指责；臣更看不懂，房玄龄他们为什么只知道叩头谢罪，而搞不

第四章 千古难遇的君臣

清楚自己的职责所在。"听完这番话,李世民深感愧疚。同样尴尬的还有房玄龄、高士廉。

李世民选贤任能,励精图治,唐朝很快迎来了安定局面。到了贞观六年,突厥平定,远夷来朝,祥瑞频现,粮食丰收,许多官员都上书奏请举行封禅大典,并称"时不可失,天不可违,今行之,臣等犹谓其晚",只有魏徵坚决认为不可。李世民很不高兴,便对魏徵说:"请你实话实说,不要隐瞒。我的功业难道不够高吗?"

"陛下的功业当然高。"

"德行不够厚重吗?"

"陛下的德行当然厚重。"

"国家还没有安定吗?"

"国家当然已经安定。"

"远夷没有倾慕吗?"

"远夷当然倾慕。"

"祥瑞没有出现吗?"

"祥瑞已经出现。"

"粮食没有丰收吗?"

"粮食连年丰收。"

秦王事业：玄武门事变到贞观之治

李世民目光灼灼地盯着魏徵，道："既然如此，为什么不能举行封禅大典？"魏徵神态自若，缓缓地说："陛下功业虽高，但百姓尚未感念您的恩惠。德行虽厚，但尚未泽被四方。天下虽然安定，但尚未积蓄足够的力量办大事。远夷虽然倾慕，但我朝没有足够的物资满足他们的需求。祥瑞虽已出现，但刑狱还有不少。粮食虽然丰收，但仓廪尚且虚乏。这就是我认为现在不能封禅的原因。我不谈久远的历史，只打个通俗的比方。有人长期患病，身体疼痛不能负重，经过治疗差不多康复了，但只剩下皮包骨头。这时候让他扛着 1 石米，一天走 100 里路，肯定是做不到的。隋末以来，战乱已久，国家遭到了严重破坏，就像人生了严重的疾病。陛下精心治理国家，消除世间疾苦，令天下太平，这正是大医医国的道理。现在虽然社稷安宁，但国家的元气还没有完全恢复，力量也不够充实，此时祭告天地说功业已成，我其实是持怀疑态度的。况且陛下如果东封泰山，天下各国都要派人前来。而如今'自伊、洛之东，暨乎海、岱的广大地区，人烟断绝，鸡犬不闻，道路萧条，进退艰阻'。陛下为什么要将戎狄引入内地，让他们看到我们的虚弱呢？若行封禅之事，耗尽财物去赏赐，也不能满足远人的期望；加倍免除徭役，也不能补偿百姓的辛劳。万一碰上水旱灾害，风雨异变，引发非议，到时候后悔就来不及了。"魏徵先是分析了当时不具备封禅的条件，紧接着又讨论了封禅可能造成的危害。这番话坦率真诚且有理有据，李世民被说服了，当即下令停止封禅之议。

越王（后改封魏王）李泰是长孙皇后所生，聪敏绝伦，李世民十分宠爱他。有人说三品以上的官员都轻视越王，李世民得知以后十分恼火。他命人把三品以上的官员叫到齐政殿议事，坐好之后便怒气冲冲地说："我有一句话要对你们说，你们都听好了。以前的天子是天子，当今天子难道就不是天子吗？以前天子的儿子是天子的儿子，当今天子的儿子难道就不是天子的儿子吗？我翻阅史书，见隋朝诸王事迹，当时的重臣都免不了被他们折辱。我的儿子，我不许他们骄纵横行，但你们怎么敢不把他们当回事呢？听闻你们轻视越王，我如果放纵他，难道他不能折辱你们吗？"

房玄龄等人吓得直发抖，赶忙谢罪。魏徵却严肃地进谏说："今天在场的大臣中肯定没有人轻视越王。不过按照礼法，君之臣、子应一例看待。天子任命的官员，即便品级低微，也位列诸侯之上。诸侯被天子任命为公才是公，任命为卿才是卿。如果不担任公卿，就要位列士之下。如今三品以上的官员全都位列公卿，是陛下礼敬优待的重臣。就算犯了些小错误，又怎能被越王随意折辱呢？如果国家纲纪废弛，制度败坏，我不清楚会是什么情况。但现在明君在上，越王怎能肆意妄为？隋文帝不知礼义，宠信诸王，令其行无礼之事，不久又因罪黜之，这种行为不可效法，也没有什么值得称道的。陛下比隋文帝圣明许多，怎么能拿自己和他比较呢？"听完魏徵的话，李世民喜形于色，对群臣说："但凡别人的话有道理，我们就不能不服。刚刚我说的话，是出于父子私情，魏徵所谈论的，才是国家大法。之前我怒火中烧，自认为理由充分无可置疑，听完魏徵的话，才知道自己的想法、做法很不合理。当皇帝，真是不能随便讲话！"说完以后，他把房玄龄等人狠狠责备了一番，同时下令赏赐魏徵绢1000匹。

魏徵是贞观朝著名的谏臣之一，却不是唯一一个。与他同时代或稍晚的大臣中，有不少都能直言进谏，个别人战斗力之强，不在魏徵之下。

贞观四年（630），李世民下令修建洛阳的乾元殿，"以备巡狩"。给事中张玄素以为不可，上书劝谏说："陛下英明神武，智勇双全，您想做的事情肯定能做成。但治理天下不能仅凭武力，而是要轻徭薄赋，厉行节俭，善始慎终，只有这样才能确保江山永固。我反对修建乾元殿，理由有五个：第一，现在天下刚刚安定，还没有从战争创伤中恢复过来，此时需要谨守礼法，克制私

第四章　千古难遇的君臣

欲，陛下应该以身作则。如今还没有确定什么时候驾临东都便先修宫殿；诸王就藩，也都要营建府邸。如此大兴土木，征发必多，恐将疲敝百姓。第二，陛下当初平定东都洛阳时，曾下令拆毁那些豪华壮丽的宫殿，此举令天下称颂，四海归心。当初厌恶隋朝的奢靡之风，现在却步其后尘，崇尚奇巧华丽，这不是前后矛盾吗？第三，巡视天下并非紧急事务，现在去做只是劳民伤财而已。如今国家积蓄不足，没必要兴修两都，一旦劳役过重，恐将民怨沸腾。第四，隋末大乱以来，百姓财力耗竭，生活困苦，幸得陛下精心治理，才使天下粗安。但如今仍有百姓吃不饱、穿不暖，整日为生计发愁，这种情况三五年之内恐怕很难得到改善。为什么要役使疲敝之民去营建尚未驾临的东都呢？第五，昔日汉高祖刘邦打算定都洛阳，娄敬以为不可，建议定都关中，刘邦当即就下令西行。汉高祖君臣难道不明白洛阳是天下之中吗？之所以定都关中，不过是因为关中形胜罢了。陛下化育疲敝之民，革除浮薄之俗，虽有成效但时日尚短，国家、社会远没有到达纯正中和的境地，此时连巡幸洛阳都不合适，更不必说兴修宫殿了。

"当初隋朝营建乾元殿时，所用的梁柱等木材无不巨大粗壮。这些木材洛阳附近并不出产，大多是从江西采伐的。运输之时，

141

一根梁柱便要 2000 人来拖拽,其下使用的轮毂,都是用生铁铸成,如果使用木轮,稍一滑动便会起火。运送一根梁柱的成本,粗略计算便要数十万钱,其他的费用更是无法估量。这些都是臣亲眼所见。臣听闻阿房成而秦人散,章华就而楚众离,乾元殿修成,隋朝也民心离散,土崩瓦解。我国现在的国力和隋朝相比还差得远,陛下如果坚持兴修乾元殿,那就是沿袭了历代帝王的弊政,过错恐怕会远远超过隋炀帝啊!"

李世民生气地对张玄素说:"你说我比不上隋炀帝,那跟夏桀、商纣比又如何呢?"张玄素寸步不让道:"如果陛下坚持修乾元殿,那和这些亡国之君的确没什么不同。"看到张玄素的反应,李世民意识到可能的确是自己犯了错误,于是赶忙道:"都怪我思虑不周,才让事情发展到如此境地。"说罢,他又对房玄龄说:"张玄素言之有理,洛阳此时的确不宜大兴土木,做事情一定要讲道理,只要有利于国计民生,即使露天休息也算不上辛苦。传令下去,马上停止乾元殿工程。"过了一会儿,李世民又说:"以卑干尊,古来不易。如果不是忠诚正直,心怀至公,又怎会冒险进谏呢?一群人唯唯诺诺,不如一个人据理力争。张玄素进谏有功,可赏赐绢 200 匹。"眼见张玄素成功让李世民回心转意,一旁的魏徵感慨道:"张公真是有回天之力啊!"

第四章　千古难遇的君臣

贞观之初，李世民和王珪在酒宴上聊天，王珪时任黄门侍郎，是门下省的官员。与魏徵一样，他以前也曾经追随过李建成，在李世民这边属于"新人"。当时有个美女在旁边侍候，此人本是庐江王李瑗的宠姬，李瑗兵败身死之后，被籍没入宫。李瑗原本也是李建成一派，这种略显刻意的安排让酒席间的氛围有些微妙。或许是为了对王珪进行"忠诚测试"，李世民忽然指着美女说："庐江王荒淫无道，杀了她原来的丈夫，而后将她霸占，如此凶残暴虐，怎会不败亡呢！"李世民这样说显然是醉翁之意不在酒。王珪没理会李世民的"拉踩"，而是离开座位，严肃地说："陛下认为庐江王的行为是对还是不对呢？"李世民说："这世上哪有杀人夺妻的道理，你问我对不对，这是啥意思？"王珪道："臣读《管子》时，看到这样一则故事：齐桓公到了郭国，问当地的父老说：'郭国为什么会灭亡？'父老说：'因为国君喜欢好人，厌恶坏人。'齐桓公不理解，便说：'依你所言，这是一位贤君，怎么会亡国呢？'父老说：'您有所不知。我们这位国君喜欢好人却不能任用，厌恶坏人却不能贬逐，因此亡国。'陛下消灭了庐江王，却将这个妇人留在身边，因此我觉得陛下是认可杀人夺妻之举的。倘若陛下认为杀人夺妻不对，那现在的做法就属于'知恶而不去'了。"李世民听后"大悦"，"称为至善"，

秦王事业：玄武门事变到贞观之治

当即下令将美人送还给她的亲族。

贞观七年（633），李世民打算去九成宫。九成宫原为隋仁寿宫，乃是隋文帝命杨素主持修建的。此宫山水环绕，环境清幽，而且装饰华美，富丽堂皇，隋文帝生前多次来此避暑，并最终死在这里。散骑常侍姚思廉得知后进谏道："陛下身为天子，理应心系苍生，以百姓之心为心，克制私欲。离开皇宫，外出游玩，这是秦始皇、汉武帝他们爱干的事，并非尧、舜、禹、汤等圣君所为。"姚思廉资历很老，曾经担任代王杨侑的侍读，李渊大军攻克长安的时候，代王府僚属一哄而散，只有姚思廉陪伴在代王身边。后来唐军冲入王府，欲对代王不利，姚思廉站出来大声喊道："唐公举义，本匡王室，卿等不宜无礼于王。"一介书生，硬是挡住了千军万马。对于这样的"英雄"，李世民十分敬重，于是专门解释说："我患有气疾，天气炎热的时候便会加剧，所以并不是天性喜好四处巡游。对于您的好意，我十分感激。"于是下令赏赐姚思廉帛50匹。

贞观十七年（643），李世民问时任谏议大夫褚遂良说："从前舜制作漆器，禹雕饰祭祀用的俎，竟有十多人劝谏。为这种小事苦谏，值得吗？"褚遂良答道："对器物精雕细琢难免妨害农耕，编造精美的织物也会影响女性的正常事务。奢侈淫逸之风一

第四章 千古难遇的君臣

起，危亡便会逐渐逼近。有了漆器，就会想要金器，有了金器，又会想要玉器。所以诤谏之臣一定要在问题一开始就劝谏，等到问题越来越严重，再劝谏就来不及了。"李世民点头道："你说得很对。我所做的事情如果有不合适的地方，无论是刚开始的时候还是快结束的时候，都要及时进谏。最近我翻阅史书，看到有时臣下进谏，君主随口敷衍说'已经改了'或者'马上就改'，但最终不肯改。殊不知国家危亡之祸，转瞬之间就会到来。"

除了朝中大臣，李世民的贤内助长孙皇后也经常向他进谏。李世民曾对房玄龄说："皇后经常用日常的小事启发我，让我受益匪浅。"有一次，李世民特别喜爱的一匹马忽然死掉了。这匹马一直养在宫中，平时好端端的，也没怎么生过病。李世民特别生气，怀疑是养马的宫人出了纰漏，于是就要杀掉他。长孙皇后劝谏道："昔日齐景公因为马死了要杀人，晏子陈说养马人的罪状说：'你养的马死了，这是你的第一条罪。让国君因为马杀人，百姓听说后，一定怨恨我们国君，这是你的第二条罪。四方诸侯得到消息后，一定轻视我们齐国，这是你的第三条罪。'陛下读书的时候曾读到此事，还与我分享，难道忘记了吗？"李世民听完这话情绪才好了一些。还有一次，李世民退朝回宫后，咬牙切齿地说："以后我一定要找机会杀了那个乡巴佬！"长孙皇后问道:"是谁惹得陛下如此不高兴?"李世民说:"还不是魏徵那个家伙!他总是在朝堂上当众羞辱我,让我难堪得下不来台。"长孙皇后没说什么,默默退了出去,不一会儿身穿朝服走到李世民面前。李世民吓了一跳,连忙问妻子这是何意,长孙皇后道:"臣妾听闻,君主圣明,臣下才会忠直。现在魏徵敢于直言不讳,不正是说明陛下圣明吗?臣妾统领后宫,怎能不祝贺呢!"李世民听后转怒为喜,以后更加重视魏徵。

对于百官的谏言,即便不太合理,李世民也能努力保持克制。李世民是武将出身,弓马娴熟,当了皇帝后仍然喜欢骑射。大理少卿孙伏伽进谏说:"天子日常居住于深宫之中,出行要驻跸警戒,这不仅仅是为了自身的安危,也是为了国家的稳定和百姓的福祉。陛下喜欢的骑马射箭这些娱乐性活动,'乃少年为诸王时所为,非今日天子事业也'。这些活动既不能让陛下安养身体,又不能为后世树立榜样,我觉得陛下不该这样做。"从治国理政的角度看,这则谏言其实意义不大,但李世民还是表扬了孙伏伽,并任命他为谏议大夫。正是由于李世民敢于纳谏、善于纳谏、乐于纳谏,贞观朝才少走了许多弯路,迅速向治世迈进。

第四章 千古难遇的君臣

三、君臣相得

优秀的领导者一般都善于团结和管理团队，不会带团队，那就只能自己干到死。作为整个国家的管理者，皇帝不仅要个人能力出众，还要能有效地驾驭群臣。在这方面，李世民无疑属于佼佼者。

贞观之初，李世民对萧瑀说："我从年轻的时候就喜欢弓箭，自认为是这方面的专家。最近我得到了十几张上好的弓，就把它们拿给专门做弓的工匠看。谁知道工匠看完说这些都称不上是良弓。我询问其中的原因，工匠说：'木材的中心不正，那么它的脉络纹理就都是斜的，这样的弓即便刚劲有力，射出去的箭也是歪的，所以并非良弓。'这件事让我明白了一些道理。我南征北战平定四方，用过的弓箭不计其数，可对这种朝夕相处的东西，仍然有不得要领之处。现在我君临天下的时间还很短，对于治国理政的认识，肯定不如对弓的认识更深刻。然而就算是相对熟悉的弓，我的认识也有不对的地方，更何况是治国理政呢？"

所谓"术业有专攻"，一个人精力有限，不可能做到全知全能，即便是明王圣主，也需要贤臣来辅佐。明白这一点之后，李

秦王事业：玄武门事变到贞观之治

世民更加重视与群臣的配合。他经常召见五品以上的在京官员，每次见面都赐给他们座位，和他们充分进行交流，仔细询问外界发生的事情，以便知晓朝廷政令的得失和百姓真实的生活状态。他曾对群臣说："正直之君任用奸邪之臣，忠正之臣辅佐昏庸之君，都不能令天下大治。只有明君遇贤臣，才能使海内安宁。我虽然算不上明君，但幸得诸位贤臣辅佐，让我及时改正了不少错误。希望你们继续保持直言进谏的优良传统，指出朝廷存在的问题，早日实现天下太平。"谏议大夫王珪答道："我听闻，木材弹上墨线就能锯直，帝王虚心纳谏就能成为圣君。因此古圣先王一般都会任命7位诤臣，他们的谏言如果不被接纳，就前赴后继地以死进谏。陛下不避忌讳，广开言路，我等一定知无不言，言无不尽。"李世民很高兴，当即下令以后召开关系国计民生的重大会议时，必须让谏官列席，以广泛听取意见。

在与群臣交流的过程中，李世民经常强调君臣一体，以激发臣下的主人翁精神，调动其工作的积极性。贞观三年（629），李世民对群臣说："所谓君臣，本就是同治乱，共安危。如果臣下直言进谏，君主积极采纳，那么君臣之间就能默契配合，共同把国家治理好。如果君主自以为是，臣下也不去纠正他的错误，那么想要国家不灭亡，几乎是不可能的。君王失去江山社稷，臣下

第四章 千古难遇的君臣

也很难保全自己。像隋炀帝荒淫暴虐,群臣不敢犯颜进谏,全都闭口不言,皇帝始终发现不了自己的错误。最终隋朝灭亡,虞世基等大臣也被杀死。这些事情离我们并不遥远,我们要引以为戒,不能重蹈覆辙,让后人耻笑!"贞观五年(631),李世民又说:"其实治理国家和养病没有什么不同。生病的人感觉到好转时,更应该注意休养防护,一旦不留神触犯到禁忌,必将导致死亡。治理国家也是这个道理,天下刚刚安定的时候,要格外小心谨慎,巩固已有成果,如果就此骄奢淫逸,必将激起民乱,令国家走向衰亡。如今社稷安危,民生福祉,责任全在我身上,所以我做事情一天比一天谨慎,即使得到肯定也不敢沾沾自喜。君臣一体,理应同心协力,你们就是我的耳目手足,如果发现我处理某些事情不妥当,要尽量指出来,不要有什么保留。倘若君臣之间互相猜疑,不能推心置腹,那将有害于国。"

强调君臣一体的同时,李世民还要求群臣忠于职守,努力纠正君主的过失。晋武帝平吴之后,骄傲自满,奢侈腐化,不再关心国家政务,大臣何曾便私下对其子何劭说:"当今天子平时不谈治国理政之术,只说些日常琐事,这不是要将祸患留给子孙吗?你这一代问题还不大,到了你儿子、我孙子那一代,必定会遭遇动乱,死于非命。"不出何曾所料,以后西晋果然祸起萧墙,何曾之孙何绥"为淫刑所戮"。前代史书往往盛赞何曾有先见之明，李世民却认为何曾不仅不是良臣，反而是不忠之臣，罪大恶极。他说："为臣之道，应该'进思尽忠，退思补过'，一方面坚持尽忠职守，另一方面注意弥补君主的过失，令君主的善行得到发扬，恶行得到纠正，这才是所谓的君臣共治。何曾位极人臣，名望崇高，应当直言进谏，匡扶朝政。可他却只是私下议论，在朝堂上从不勇于诤谏，说他明智，不是大错特错吗！"贞观六年（632），李世民又对大臣们说："从君臣大义来讲，臣下理应竭忠尽智来弥补君主的过失。你们大可放心直言进谏，只要有利于国计民生，我绝不会因为你们冒犯了我而随意诛杀、责罚。我最近处理国家政务，偶尔也有违背律令的时候。你们认为这是小事，于是就不进言。殊不知大事都是从小事开始的，小事不把关，发展成大事就很难处理了。国家危亡，基本都是这个套路。隋炀帝凶残暴虐，最后死于乱兵之手，但天下没有多少人为他感到悲痛。我们吸取前人的教训，君臣之间相互保全，岂不是美事一桩吗！"

纠错并没有停留在宣传层面，而是被落实到了具体的政治生活中。贞观之初，李世民对王珪说："中书省草拟的诏敕，经常会有不同的意见，有时还会出现错误，门下省要及时纠正。之所

第四章　千古难遇的君臣

以分置中书、门下，原本就是为了尽量避免决策失误。人的意见往往不尽相同，有些争议也是为了公事。有些人遮掩自己的短处，不愿听到别人指出自己的过失，别人议论几句话就心生怨恨。有些人顾全面子，不愿意和别人把关系闹僵，明知道政令有问题，还是直接施行。成全了个别官员的私情，却给广大人民群众造成麻烦，这是亡国之政，你们一定要特别注意防范。隋朝时候的大小官员，只知一味奉旨办事，总觉得前边有更大的官和皇帝顶着，就算天塌了也砸不到自己身上。后来灾祸一起，国破家亡，很多人都丢了性命，即使有人侥幸脱身，躲过了刑罚、屠戮，那也是历尽千辛万苦才得以苟延残喘，而且还遭到舆论的口诛笔伐。你们应该吸取教训，要秉公办事，坚守直道，不可因私废公。遇事要多思多想，积极进谏，切不可一味顺从，致使上下雷同。"贞观三年（629），李世民对大臣们说："中书、门下是机要部门，朝廷选拔德才兼备的人到此任官，授予他们重要的任务。皇帝的诏敕如果有不合适的地方，他们应该及时指正。最近这段时间，他们只知道唯唯诺诺地顺从我的旨意，竟然连一次诤谏也没有，这怎么可以呢？如果只是机械地署诏敕、行文书，这种签字同意、转发文件的事谁不能干？为什么还要精心选拔官员呢？从今天开始，凡是发现诏敕中有问题的，必须直接说出来，不得因为心存畏惧，明知不妥却保持沉默。"

在李世民的一再勉励下，群臣开始积极讨论朝政得失，一些在隋朝不以诤谏闻名的人，也开始直言进谏，其中比较知名的是裴矩。裴矩和封德彝一样，也是山东士族，他出身河东裴氏，北齐时便已开始做官。北周灭北齐后，他投靠时为随国公的杨坚。隋朝建立后，他先后追随文帝、炀帝，一直受到重用。江都兵变，炀帝身死，裴矩随宇文化及乱军北上。不久，宇文化及兵败被杀，裴矩又被窦建德俘获。在夏国，裴矩颇受礼遇，深度参与了夏政权的国家建设。窦夏覆灭以后，裴矩归唐，回到了阔别多年的长安。裴矩历仕数朝，侍奉多主，但处事圆滑，从未有过犯颜直谏之举。隋炀帝在江都时，"昏侈逾甚"，而裴矩"无所谏，但悦媚取容而已"。裴矩并不是不明白当时各地叛乱的严重性，恰恰相反，他对于"天下将乱"这件事有着非常清楚的认知。而他所做的，只是努力给自己"攒人品"，所谓"每遇人尽礼，虽至胥吏，皆得其欢心"。江都骁果逃散之时，裴矩奏请将江都适龄女子许配给他们，让他们就地成家，骁果们感念裴矩的恩德，他也因此在宫变时逃过一劫。

可能裴矩自己也没有想到，他会在年近80岁的时候像个热血青年一样去诤谏。李世民即位之初，要加大力度整顿吏治，严

第四章　千古难遇的君臣

厉打击贪污腐败。他听说当时台省各级官员有很多人收受贿赂，便派人"以财物试之"，结果真有一名官员收受了绢1匹。李世民大怒，打算抓个典型，便下令将其处死。这时有人进谏道："此人收受贿赂，确实该杀，但陛下派人用财物引诱，属于故意陷害，这是典型的'钓鱼执法'，恐怕有违道之以德、齐之以礼的古训。"李世民下意识想说"魏徵言之有理"，"魏"字还没说出口，便发现有些不对，魏徵头发没这么白。他仔细揉了揉眼睛，看清楚了底下站的居然是"专业说媒"的裴矩，不禁感到有些不可思议。短暂的恍惚之后，李世民高兴地接受了裴矩的谏言，然后召集百官说："裴矩能够当廷诤谏，不肯屈从圣意，如果事事都能如此，天下何愁不治！"为何裴矩会"佞于隋而诤于唐"？司马光在《资治通鉴》中给出的解释是，"非其性之有变也。君恶闻其过，则忠化为佞，君乐闻直言，则佞化为忠"。在想要听真话、能够听真话的皇帝面前，裴矩也敢于讲真话，愿意讲真话，乐于讲真话。

与裴矩情况相似的还有杜淹，不过他的转变经历了皇帝的一番敲打。杜淹在担任御史大夫期间曾举荐刑部员外郎邸怀道，李世民问其品行、才能如何，杜淹答道："邸怀道德才兼备，在隋朝便有清慎之名。炀帝决心下江都时，百官大多随声附和，但时任吏部主事的邸怀道却直言进谏，坚决反对。此乃臣亲眼所见。"当时官员的考课标准有"四善二十七最"之说，"清慎明著"是"四善"之一，邸怀道能得此评价，应该就不会有什么大问题。李世民心里有了底，便随口问杜淹道："那你当时是怎么表态的？"杜淹说："我赞同去江都。"李世民道："这就有矛盾了，既然你认为邸怀道的做法是对的，为何自己不去犯颜直谏，反而曲意逢迎呢？"杜淹这才明白皇帝给自己挖了个坑，赶紧解释说："我当时人微言轻，又明白即使进谏也不会被采纳，只是白白送死而已。"李世民不依不饶地说："既然你知道炀帝拒不纳谏，为什么还要在他手下做官？既然食君之禄，又怎能不拼死进谏？你在隋朝做官的时候，的确官职低微，不过你后来在王世充那儿官职可不低，但你为什么还是不进谏？"杜淹硬着头皮答道："我劝谏过，但是他不听。"李世民说："王世充如果贤明纳谏，应该不至于亡国，如果昏庸残暴，拒绝纳谏，你又如何得以免祸？"杜淹无言以对，主要是不敢对，皇上的话既然有如此明显的倾向性，那必然有下一步的安排。果然，没过一会儿李世民又问他："你现在位极人臣，可以做到进谏了吧？"杜淹赶紧说："臣愿拼死进谏，绝不隐瞒。"贞观一朝，杜淹前后上表举荐了40多人，这些人后来都做出了不错的成绩。

第四章　千古难遇的君臣

在与群臣相处的过程中，李世民对他们有着足够的信任与尊重。房玄龄、杜如晦是李世民的左膀右臂，当时号称"房杜"。房玄龄善建佳谋，杜如晦能断大事，故又有"房谋杜断"一说。杜如晦于贞观四年便因病去世，年仅46岁，此后李世民特别倚重房玄龄。贞观十八年至十九年（644—645），李世民率军攻打辽东，命房玄龄留守京师，许其便宜从事，不复奏请。李世民走后，有个人神神秘秘地找到房玄龄，称有人密谋造反。谋反是大事，关涉国家安危，万一确有其事，那应该尽量把它扼杀在萌芽之中，将损失降到最低。房玄龄不敢怠慢，忙问告密者是谁要谋反，贼巢在何处，你是如何得知。告密者似笑非笑地看着房玄龄说："房大人，我要揭发的人，正是你呀！"听完他的话，房玄龄先是松了一口气。受人指使也好，为博眼球也罢，面前的告密者虽然给自己制造了点麻烦，但这至少比真有人谋反的消息要强多了。

房玄龄也没多说什么，只是命人将这个人直接送交李世民发落。他一再叮嘱道，路上务必要保证此人的安全，否则这件事就说不清楚了。很快，告密者被押送到了辽东前线。李世民接到消息后很是恼火，他命人将告密者带来问他到底要告谁，告密者还是说告房玄龄。李世民不再问话，直接下令将告密者拖出去砍了。然后他修书一封给房玄龄，斥责他说："用人不疑，疑人不用。我对你没有任何怀疑，但你怎么不相信我呢？我在这边打仗很忙，没时间管你那些鸡零狗碎的事情。以后再有这种情况，你就自己看着办吧！"皇帝的高度信任，让房玄龄很是感动。直至去世前，房玄龄还在奏请李世民以天下苍生为重，停止攻打辽东。李世民感慨地说："房玄龄病危将死，还能心忧国家，实在难得。"于是亲自到病榻前与其握手诀别。君臣情深义重，传为佳话。

贞观六年（632），有人告发魏徵包庇亲戚，李世民令御史大夫温彦博调查，结果发现是举报者所言不实。温彦博认为，魏徵的所作所为虽然算不上徇私，但也确实有该责备的地方。李世民就让他给魏徵带话说："你直言进谏了数百次，我怎会因为这点小事就否定你的功劳？不过从今以后，你也要收敛一下言行举止了。"过了几天，李世民问魏徵说："最近你听到了什么不对的事情吗？"魏徵道："之前温彦博说，陛下让我收敛言行，这话就不对。君臣一体，从没听说过不讲公心，只注意言行举止的。如果陛下和群臣都这样做，那么国家的前途就很难预料了。"李世民脸色一变，赶忙说："之前说了这话，不久便心生悔意，你千万不要因此心灰意冷。"魏徵道："臣以身许国，坚守直道，绝

第四章 千古难遇的君臣

不敢欺瞒、辜负陛下。但愿陛下让我做良臣,而不是让我做忠臣。"李世民问道:"忠臣和良臣有什么不一样吗?"魏徵说:"良臣辅佐君主成为圣君,自己也获得美名,子子孙孙都享有荣华富贵。忠臣自己被杀,令君主承担恶名,家国俱丧,只留下个虚名。从这个角度看,二者相差甚远。"李世民说:"只要你不违背今日之言,我也必定不忘社稷之计。"于是下令赐魏徵绢200匹。

李世民十分尊重魏徵,将他视为国士。魏徵长得很不起眼,混到人群中都不好找出来,但他胆识过人,善于让皇帝回心转意。他经常犯颜直谏,当面和皇帝唱反调,有时候李世民非常生气,但看到魏徵不为所动,一心只谈工作的样子,李世民也就忍住不发火了。有一次,魏徵告假回家上坟,回来后直接找到李世民说:"听闻陛下打算去南山游玩,都已经收拾好行装了,怎么又忽然不去了?"李世民笑道:"起初确有游玩之心,但担心你生气,所以中途作罢。"还有一次,李世民得到了一只不错的鹞鸟,喜欢得放在自己胳膊上逗弄,望见魏徵前来,怕他批评自己玩物丧志,便将鸟藏到怀中。魏徵早就发现了皇帝的小动作,于是奏事时故意说个不停,可怜的鹞鸟最后竟然被活活闷死。

魏徵生活朴素,家中连个正厅都没有,李世民得知后,便将自己修宫殿的材料匀出来帮他营造房屋,五天便建好。魏徵去世后，李世民悲伤地说："以铜为镜，可以正衣冠；以古为镜，可以知兴替；以人为镜，可以明得失。现在魏徵走了，我痛失一镜。"说完这番话，李世民哭了很久，又专门下诏说："过去只有魏徵经常指出我的过失，自从他去世之后，即使我犯了错也没人当面告诉我。难道我只是过去犯错误，现在一点问题都没有吗？恐怕还是百官曲意逢迎，不敢犯颜直谏吧！我再次诚挚地向朝野上下征求意见，以便进行自我反省。你们说了我不采纳，那是我的问题，我想采纳但没人进言，谁来担责？从此以后，大家都要竭诚尽忠，如果发现问题，务必直言进谏，不得隐瞒。"从这封诏书中，我们能感受到李世民对魏徵的怀念与敬意。

李世民鼓励臣下讲真话。贞观一朝之所以能够出现"君臣相遇"的盛况，很重要的原因便在于君臣双方都能努力做到开诚布公。贞观十年（636），李世民问群臣道："帝王大业，草创与守成相比哪个更难？"房玄龄说："国家建立之初，各地豪杰竞起，帝王要历经艰辛在战场上打败对手才能成就霸业。由此言之，草创更难。"魏徵答道："帝王兴起之时，一定是天下大乱之际，振臂一呼，推翻无道之主，万民拥护，四海归心，所谓天授人与，不算难事。然而帝王取得天下之后，往往骄傲自满，无视百姓休养生息的需求，奢侈腐化，征发无度，国家的衰亡，大都是这样

第四章 千古难遇的君臣

开始的。这样看来，守成更难。"李世民诚恳地说："当年房玄龄随我平定天下，饱受磨难，九死一生，所以明白创业之艰难。魏徵助我安定天下，担心我生出骄奢淫逸之心，令国家陷入危险的境地，所以明白守成之艰难。如今创业的艰难已经成为历史，守成的艰难，我们君臣还是要谨慎对待啊！"

贞观之初，李世民任命王珪为侍中，主管门下省，与房玄龄、魏徵、李靖、温彦博、戴胄等一同处理国家大事。有一次，李世民请朝廷重臣们一起吃饭，酒过三巡之后，他对王珪说："你看人准，表达能力也强，在座的诸位从房玄龄开始，你挨个儿评论一下，然后再说说你和他们相比谁更贤能。"这是一道送分题，同时也是一道"送命题"。回答得好的话，大家都有面子，以后工作起来可以事半功倍。可要是万一说错了话，那就难免为自己树敌，甚至让自己陷入孤立无援的尴尬境地。王珪淡定自若地说："孜孜奉国，知无不为，臣不如房玄龄。直言进谏，耻君不及尧舜，臣不如魏徵。文武双全，出将入相，臣不如李靖。覆奏详明，出纳惟允，臣不如温彦博。处理繁剧事务，有条不紊，臣不如戴胄。至于激浊扬清，疾恶好善，我比起他们，也是略有所长。"对于王珪的品评，李世民深表赞同，其他大臣也认为他的评价特别到位，十分准确。王珪广受认可，除了得益于他的高情商和出众的语言艺术,更主要的原因是他的评论都是以事实为依据,只有表述恰当的真话,才能让所有人都信服。

贞观后期,李世民曾经亲自评价群臣。在一次朝会上,他先是命群臣指出自己的过失。长孙无忌答道:"陛下武功文德,臣等将顺之不暇,又何过之可言!"李世民道:"我问的是我有什么过错,你们却曲意逢迎哄我开心。我想当面指出你们的优点、缺点,咱们君臣之间要引以为戒,努力改正,如何?"群臣哪敢不从,连忙下拜称谢。李世民看了看长孙无忌,说:"刚才你奉承我,那就从你开始吧!你反应能力很强,处事果断,很有决断力,而且善于避嫌,但领兵打仗的本事属实一般。高士廉博古通今,心术明达,临难不改节,做官无朋党,但缺乏直言进谏的勇气。唐俭言辞辩证,思维敏捷,善于调解纠纷,但追随我 30 年,从未谈论过朝政得失。杨师道性情温厚,从不犯错,但为人怯懦,紧要关头帮不上忙。岑文本敦厚质朴,写得一手好文章,但思虑太过深远,难免会辜负身边事物。刘洎坚贞不屈,也能识利弊,但重视承诺,对朋友有私心。马周处事机敏,公正无私,品评人物能够直言不讳,最近我让他办事,大多数时候都能称心如意。褚遂良学问好,为人忠诚,性格也坚毅公正,其亲附于我,

第四章 千古难遇的君臣

就像飞鸟依人，人自生怜惜之心。"在此之前，他对武将也有一番评价，他说："当今名将，只有李（徐）世勣、李道宗和薛万彻三人而已，世勣、道宗很难取得大胜，但也不至于大败，而薛万彻不是大胜就是大败。"李世民对群臣的性情、才能了如指掌，并时刻提醒群臣注意扬长避短。他的评价并不刻薄，而是客观、诚恳，这就释放了一种善意的信号，促使整个团队氛围都向积极的方向发展。

当公正、真实成为被广泛接受的原则，君臣之间的沟通成本就会大大降低，决策成本和容错成本也会不同程度地下降，这当然有利于国计民生。太常少卿祖孝孙曾奉命教授宫人音乐，但结果不合李世民的心意，因此受到斥责。温彦博和王珪进谏道："祖孝孙是高雅之士，您让他去教宫人，本来就不合适，现在又降罪于他，实在是说不过去。"李世民说："天下人都知道祖孝孙精通音律，现在他连几个宫女都教不好，显然是敷衍了事，没把我的嘱托放在心上。我将你们视为心腹，你们应该对我竭尽忠诚，如今却附下罔上，帮祖孝孙说情，这是什么道理！"温彦博连忙下拜谢罪。王珪却不屈服，坚定地说："陛下责备臣等不够忠诚正直，但臣等现在说的话难道有私心吗？此事乃陛下有负于臣等，并非臣等有负于陛下！"李世民默然不语。到了第二天,李世民对房玄龄说:"自古以来,帝王纳谏都不容易,昨日我一怒之下斥责温彦博、王珪,至今懊悔不已,你们千万不要因此心灰意冷,不再进言。"王珪的及时纠正,不仅避免了一桩"冤假错案",也省去了后续的许多麻烦,这正是开诚布公的珍贵之处。

有些皇帝喜欢揽功推过,将集体的成绩据为己有,却将责任都推到下属身上。李世民却能做到推功揽过,从不和群臣抢功劳。贞观君臣秉持至公之心,团结一致,积极参与唐朝建设。在他们的努力下,整个社会很快便呈现出欣欣向荣的景象。面对好成绩,李世民没有飘飘然,而是坦率承认这不是自己一个人的功劳,而是大家共同努力的结果。又过了几年,国家形势持续向好,百姓安居乐业,李世民高兴之余,仍不忘勉励群臣要善始慎终。他曾公开表示自己才能有限,之所以能够开创治世局面,靠的就是群策群力。贞观朝因良臣之力而致太平,恰似凭舟船而渡江河,借盐梅而调五味。

李世民不仅口头表扬正直敢于说真话的官员,还能毫不吝惜地以官爵、钱物等奖赏功臣。跟着这样的皇帝,官员们自然是越干越起劲。关于李世民酬功给效,最有名的故事就是"绘像凌烟阁"了。

第四章 千古难遇的君臣

我们国家有表彰功臣的优良传统,汉代曾经修建麒麟阁、云台,图画功臣像,以彰显其功绩。同为大一统的强盛政权,唐朝也要给功臣应有的尊重,于是李世民在贞观十七年下令将长期辅佐他的24位功臣的画像绘于凌烟阁,由著名画家阎立本亲自执笔。凌烟阁在太极宫的三清殿旁边,是一座高大华丽的楼阁。唐朝消灭东突厥以后,太上皇李渊曾在此置酒设宴,与李世民和诸多王公贵族一起庆祝。《二十四功臣图》按真人比例大小,面北而立,以示对皇帝的尊重。画成之后,李世民经常前往观看,怀念昔日的得力部下。

二十四功臣都是谁呢？他们是司徒、赵国公长孙无忌,故司空、扬州都督、河间元王李孝恭,故司空、莱国成公杜如晦,故司空、相州都督、太子太师、郑国文贞公魏徵,司空、梁国公房玄龄,开府仪同三司、尚书右仆射、申国公高士廉,开府仪同三司、鄂国公尉迟敬德,特进、卫国公李靖,特进、宋国公萧瑀,故辅国大将军、扬州都督、褒忠壮公段志玄,辅国大将军、夔国公刘弘基,故尚书左仆射、蒋忠公屈突通,故陕东道行台右仆射、郧国公殷开山,故荆州都督、谯襄公柴绍,故荆州都督、邳襄公长孙顺德,洛州都督、郧国公张亮,光禄大夫、吏部尚书、潞国公侯君集,故左骁卫大将军、郯襄公张公谨,左领军大将军、卢国公程知节,故礼部尚书、永兴文懿公虞世南,故户部尚书、渝襄公刘政会,光禄大夫、户部尚书、莒国公唐俭,光禄大夫、兵部尚书、英国公李勣,故徐州都督、胡国公秦叔宝。这些功臣之中,有些人"材推栋梁,谋猷经远,绸缪帷帐,经纶霸图",是运筹帷幄的谋士,治理国家的良臣;有些人"学综经籍,德范光茂,隐犯同致,忠谠日闻",是博学多才的智者,忠诚正直的诤臣;有些人"竭力义旗,委质藩邸,一心表节,百战标奇",是开国元勋,从龙功臣;有些人"受脤庙堂,辟土方面,重氛载廓,王略遐宣",是百战百胜的名将,开疆拓土的能臣。他们辅佐李世民成就文治武功,开创贞观治世,自己也"绘像凌烟阁",受后人敬仰。贞观君臣相互成就,实现了真正意义上的双赢。

第五章
面对历史的洪流

隋唐之际，随着门阀士族的衰落和一般地主阶级的兴起，社会呈现出崭新的面貌。如果说此前这种变化隐藏在复杂的历史进程中没有引起统治者重视的话，那么富强的隋王朝的轰然倒塌，足以令唐初统治者震撼、警醒与反思。作为隋末动乱的亲历者，贞观君臣目睹了隋朝崩溃的全过程，也认识到百姓拥有翻天覆地、改朝换代的强大力量。旧势力衰而不朽，新势力方兴未艾，面对滚滚而来的历史洪流，他们会如何应对呢？

一、以史为鉴

读史使人明智。隋是唐的近现代史,是唐人重点关注和研究的对象。隋炀帝作为亡国之君,经常被当作反面教材拿出来讨论。

贞观四年(630),李世民对大臣们说:"隋炀帝生性多疑,专信歪门邪道,特别忌讳胡人,以至于把胡床称为交床,胡瓜称为黄瓜,还修筑长城抵御胡人,最终却死在宇文化及的手下令狐行达手里。他还迷信符谶,无故诛杀李金才,甚至将李姓重臣屠戮殆尽,可这有什么用呢?天下还不是落入我们李家之手。帝王君临天下,应该做的是正身修德,除此之外的虚浮之事,不值得放在心上。"同年,有一次房玄龄兴冲冲地上奏说:"最近朝廷检查武库里的甲胄、兵器,发现已经大大超过隋朝的水平了。"李世民语重心长地回应道:"整军备战虽然是重要的事务,但我希望你们能把更多的精力放在国家治理上,务必竭忠尽智,让百姓安居乐业,这才是国家真正的甲胄和兵器。隋炀帝身死国灭,难道是因为甲胄、兵器不足吗?当然不是!他之所以败亡,是因为他不修仁义,令群臣心生怨恨,叛离而去。你们要明白我的心意

第五章　面对历史的洪流

啊！"

贞观八年（634），李世民感慨道："说话可不是一件容易的事！普通百姓，一句话说得不好，便会遭人耻笑，更何况是帝王呢？皇帝和普通人不一样，绝不能说出错误的话来，否则就会造成巨大的损失。当初隋炀帝刚到甘泉宫的时候，对那里的山泉、怪石表示满意，却埋怨没有萤火虫，于是令手下捉一些过来，以便晚上照明。有关部门当即就派了几千人出去，后来竟然送了500车萤火虫过来。小事尚且如此，更何况大事呢？"魏徵回答说："帝王君临四海，一旦犯了错误，就像日食、月食那样，全天下的人都会看到，陛下确实应该时刻保持谨慎戒惧之心。"

过了一段时间，李世民又对大臣们说："当初我们刚平定长安的时候，看到宫内每个院落中都充斥着美女和奇珍异宝。但是隋炀帝仍不满足，继续无休无止地向民间索取，加上他连年发动战争，攻打吐谷浑、高句丽，穷兵黩武，百姓不堪重负，最终国家灭亡。这些都是我亲眼所见，所以我当了皇帝之后每天都努力工作，只求天下安定，不要出什么大乱子。这些年风调雨顺，粮食持续丰收，朝廷轻徭薄赋，百姓安居乐业，国家呈现出一片欣欣向荣的景象。治国就像栽树，只要树根稳固不动摇，整棵树就能枝繁叶茂。如果君主能够做到清静无为，百姓又怎么能不安居乐业呢？"还有一次，李世民感慨地说："我最近读《隋炀帝集》，发现炀帝的文章用词深奥渊博，才华横溢，而且字里行间也知道并肯定尧、舜，否定桀、纣，但他行事的时候怎么反过来了呢？"魏徵回答说："即便是贤明的君主，也应该虚心接受臣下的意见，这样才能让聪明的人贡献智谋，勇武的人竭尽全力。隋炀帝确实厉害，但他自恃才能出众，骄傲自大，听不进别人的意见，所以他说出来的是尧、舜之言，做出来的却是桀、纣之事，加上没人提醒，他意识不到自己的错误，最终导致灭亡。"李世民听完后感慨道："前人的教训并不遥远，我们应该引以为戒。"

不仅隋炀帝，隋文帝甚至年代更远的北齐、北周的皇帝有的时候也会被李世民拉出来批判。贞观二年（628），李世民对王珪说："隋开皇十四年天下大旱，粮食减产，很多百姓饿肚子。当时国家仓库中钱粮充盈，可朝廷竟然不允许开仓赈济，而是让百姓逃荒。隋文帝顾惜钱粮却不爱惜百姓，到他统治晚年，全国粮仓中储备的粮食，竟然足够用五六十年之久。隋炀帝继承了这么大一笔财富，有恃无恐，于是穷奢极欲，荒淫无道，最终身死国灭。隋炀帝失国，恐怕也与隋文帝过于重视仓储有关。治理国家

第五章 面对历史的洪流

要注意藏富于民,而不是充实仓库。古人云:'百姓不足,君孰与足?'百姓过不好,国家能好吗?仓库的储备只要能够应对荒年即可,积攒那么多钱粮有什么用处呢!如果后继之君贤德,自然能够保住江山,如果他昏聩,多积攒钱粮只会助长他的奢侈腐化之心,从而导致国家覆亡。"

贞观九年(635),李世民曾问魏徵说:"近来我阅读北周、北齐的史书,发现两朝亡国之君周宣帝、齐后主的所作所为有不少相似之处。齐后主高玮奢侈腐化,将国家府库挥霍一空,为了继续满足自己的私欲,他横征暴敛,苛捐杂税无孔不入。我觉得这样的做法就像嘴馋的人吃自己的肉,哪一天肉吃完了,人也就死了。君主无休无止地征税敛财,百姓不堪重负,国家也就崩溃灭亡了。齐后主就是这样的无道昏君,但他和周宣帝相比,谁优谁劣呢?"魏徵回答说:"他们两个虽然都将国家引入了末路,但还是有区别的。齐后主性格懦弱,朝廷政令不一,国无纲纪,终至亡国。周宣帝宇文赟凶残暴虐,独断专行,北周灭亡的责任都在他一个人身上。综合来看的话,齐后主要差一些。"

除了君主,大臣们在议事时也经常会以前朝为鉴,劝皇帝吸取经验教训。如魏徵在一次上疏中指出:"隋朝一统天下之时，兵力强大，三十年间，威震四海，没想到转瞬间便土崩瓦解，土地、民众尽皆被他人占有。难道是隋炀帝厌恶天下安定，不愿意看到国家长治久安，所以故意像桀、纣那样进行统治，以自取灭亡吗？当然不是！这是他仗着国家富强，由着性子胡来，做事情不计后果造成的。他在位期间，驱使天下百姓满足个人私欲，征调四方财物供自己享乐，在全国各地挑选众多美人，求取远方的奇珍异宝。他穷奢极欲，修建了很多高大的宫殿，雕梁画栋，装饰精美。他好大喜功，连年发动战争，'徭役无时，干戈不戢'。更有甚者，他崇尚严刑峻法，动辄杀戮，而且阴险刻薄，容不下贤能之士，以至于忠诚正直的人惨遭杀戮，阿谀奉承的人受到重用，整个朝廷乌烟瘴气。到后来，'上下相蒙，君臣道隔'，百姓不堪重负，纷纷起来反抗，国家瞬间土崩瓦解。曾经的四海之尊，叱咤风云的隋炀帝最终死于乱军之手，子孙也几乎被斩尽杀绝，沦为全天下的笑柄，此等结局难道不令人深感痛惜吗？"

在另一份奏疏中，魏徵更加明确地指出要以隋为鉴。他说："我朝取代的是隋朝，隋朝乱亡的根源，乃是陛下亲眼所见。拿隋朝储备的钱粮、装备的军队、拥有的人口数量与现在相比，任何方面隋朝都远远胜出。然而隋朝富强反而败亡，我朝贫穷反而安宁，原因就在于隋动我静。清静无为则国家安定，瞎折腾就会容易造成混乱，这是人人都懂的浅显道理，并不难理解。不过很少有人踏上平易之路，多数人都是重蹈覆辙，为什么呢？因为他们安不思危，治不念乱，存不虑亡。隋炀帝在国家没有陷入动乱之前，自认为肯定不会乱，没有灭亡之前，自认为肯定不会亡，所以才频繁发动战争，不停征发徭役。可惜他直到死之前都没有明白自己灭亡的缘由，真是悲哀！"

贞观六年（632），李世民任命陈叔达为礼部尚书，并对他说："玄武门之变之前，你曾经对太上皇说我为国家立下大功，不可黜退。我性格刚强，如果遭遇不公正待遇，很可能会抑郁成疾，危及性命。你直言进谏，忠心可嘉，故授予此官。"陈叔达回答说："隋朝父子相残，最后导致灭亡。我不愿我朝重蹈覆辙，因此才竭诚进谏。"李世民道："我知道你并非为我一个人的安危，而是为整个社稷考虑。"

经过一系列的讨论，贞观君臣总结出了隋朝灭亡的教训，如统治者好大喜功、穷兵黩武、凶残暴虐、奢侈腐化、过度役使民力等。针对这些问题，他们有意识地调整了统治政策，更加重视仁爱百姓。贞观之初，李世民对身边的大臣说："为君之道，必须先存百姓。如果损害百姓来满足自己的私欲，那就好比是割腿上的肉来满足口腹之欲，吃饱了，身体也损坏了。若要安定天下，必须先端正自身，自古至今，从没有身正影子歪，上治而下乱的情况。内因是事物变化发展的根据，外因是事物变化发展的条件。伤害自己的往往不是外在的事物，而是自己的欲念。放纵欲望，便会生出祸端。如果沉迷于美酒佳肴、声色犬马，欲望多，造成的损害也大，这既妨碍国家政务，又干扰百姓的正常生活。万一再讲出一些没有道理的话，做出一些不合时宜的事来，就会破坏朝廷的凝聚力，致使怨言四起，众叛亲离。每当我想到这些，就不敢肆意放纵，追求安逸。"过了一段时间，他又感慨道："皇帝贤明，百姓就拥护他的统治，皇帝无道，百姓就会把他推翻。所以当皇帝一定要知道敬畏百姓。"魏徵回答说："自古以来的亡国之君，都是在安定的时候忘记了危险，在太平年月忘记了丧乱，所以不能长治久安。如今陛下坐拥天下，海内无事，能够关心治国理政之术，保持如临深渊、如履薄冰的心态，国家历运自然长久。臣还听说古语有云：'君，舟也，人，水也。水能载舟，亦能覆舟。'陛下认为百姓值得敬畏，这是十分正确的判断。"

仁爱百姓，首先要做到轻徭薄赋，重视农业生产。李世民即位之初，便下令免去关内及蒲、芮、虞、泰、陕、鼎六州两

第五章 面对历史的洪流

年租调,同时免去全国其他地区一年的赋税徭役。此后每逢大的自然灾害,朝廷一般都会减免赋役,并妥善安置灾民,努力保障他们的基本生活。贞观二年(628),李世民对身边的大臣说:"凡事皆须务本。国以人为本,人以衣食为本,凡营衣食,以不失时为本。"怎样才能做到不违农时?那就要求君主要"简静",不要瞎折腾。假如没完没了地打仗,没完没了地盖房子,那想要不夺农时,大概率是不可能的。王珪道:"昔日的秦始皇、汉武帝,就不够简静,他们一方面连年征战,另一方面修建高大华美的宫殿,劳民伤财,耗尽民力,最终引起祸乱。他们难道就不想安定百姓吗?当然不是!只是方法出了问题而已。隋朝灭亡的教训近在眼前,陛下作为亲历者,自然懂得如何去改变。然而开始做起来简单,坚持到底却不容易。希望陛下能够不忘初心,善始善终。"李世民说:"你说得对。安定国家,爱惜百姓,关键在于君主。君主清静无为,百姓就安居乐业,君主放纵私欲,百姓就生活困苦。这也是我克制私欲,不敢由着性子胡来的原因。"

传统农业是劳动密集型产业,需要大量的劳动力,但由于隋末唐初长期战乱,户口锐减,一时之间难以满足生产需求。贞观之初,朝廷曾下令鼓励民间嫁娶,并数次释放宫女,命其择人成

秦王事业：玄武门事变到贞观之治

家，生儿育女，不过远水解不了近渴，新增加的人口转化成劳动力需要不短的周期。为了迅速恢复和发展生产，李世民把目光锁定在了庞大的外流人口身上。隋朝末年，突厥势力强盛，大量百姓逃入或被掳到突厥。李世民即位之初，突厥颉利可汗派人送来3000匹马、1万头羊。李世民没有接受，只是要求突厥归还其掠走的中原百姓。随着唐朝统治的日趋稳定，经济复苏，不少百姓陆续回归，部分少数民族也来到中原生活。贞观三年（629），户部上奏称自塞外返回的中原百姓及内附突厥人共有120多万人，这是一个相当恐怖的数字。贞观四年（630），唐朝消灭东突厥，生擒颉利可汗。突厥臣服之后，亦成为中原皇帝的子民，武力夺回中原百姓的做法便不合时宜，于是朝廷转换思维，开始采取花钱赎买的方式。贞观五年（631），唐朝送给突厥一批金银财宝，一次性赎回8万人，"尽还其家属"。这点钱和军费比起来只是九牛一毛，这就以极小的成本完成了目标。贞观二十一年（647），铁勒诸部归附，李世民下令仍然花钱赎人。经过贞观君臣的努力经营，大量外流人口重返家园，这就为农业生产提供了充足的劳动力。

隋末唐初长期动乱，人心浮动，为了劝课农桑，李世民下令行"籍田"之礼。所谓"籍田"，指的是春耕之前，天子亲自下田耕种，以祈求风调雨顺，粮食丰收，具有重视农耕的寓意。籍田礼源自西周，汉、晋因之，常有施行。南北朝国家分裂，加上少数民族内迁等原因，"此礼久废"，北周、隋朝都没有行过此礼。行籍田礼之前，李世民召集群臣商讨相关仪式的细节。孔颖达认为，依照古礼，天子籍田于南郊，诸侯于东郊。如今置坛于城东，于礼不合。李世民道："礼法都是根据人的需求设计的，并非一成不变。而且《虞书》中有'平秩东作'的记载，可见尧、舜时敬天授时便是在东方。因此我们在东郊籍田应该问题不大。"于是确定要在东郊行礼。贞观三年（629），李世民"亲祭先农，躬耕耒耜，籍于千亩之甸"。由于中原地区已经很久没有举行过籍田礼，故"观者莫不骇跃"，秘书郎岑文本专门写了一篇《籍田颂》赞美此事。皇帝亲耕，无疑展示了朝廷重农的决心。

贞观五年（631），皇太子成年，将行冠礼。有关部门上奏称应在二月行礼才吉祥，并请加派人手，以达到典礼仪式相应的标准。李世民认为当时春耕刚刚开始，如果大办典礼恐怕会影响到正常的农业生产，于是下令将日期改到十月。太子少保萧瑀上奏说："按照阴阳五行学说推算，还是二月比较好。"李世民道："阴阳五行讲究禁忌，但这些我从来都不相信。如果做事情都要依据阴阳五行学说，不讲基本的天理和道义，那么想要得到上天的赐福和庇佑，有可能吗？只要所作所为都遵从正道，那么自然诸事吉祥。况且吉凶都是人定的，和阴阳五行有什么关系？古人讲，'不违农时，谷不可胜食也'。农时是最要紧的事，一会儿都不能耽搁。"

小农经济比较脆弱，抵御自然灾害的能力很差，因此救灾备荒是朝廷理政的重要组成部分。贞观二年（628），尚书左丞戴胄进言道："历朝历代都难免遭遇自然灾害，因此特别注意储粮备荒。如今国家才经丧乱，户口寡少，每年收到的租米，也就勉强够当年的支出，基本不会剩下多少储备到仓库里，万一遇到灾荒，应该如何赈济呢？以前隋朝文帝时，曾令天下广置义仓，命百姓按田亩或财富的多寡交纳粮食，这些粮食存入义仓中，专备灾荒，不得挪用，因此终文帝之世，从没闹过大的饥荒。隋炀帝统治中期，国家财政吃紧，下令挪用义仓的物资，因此到了大业末年，朝廷无力赈济灾民，这并非义仓制度的问题。"戴胄建议借鉴隋朝的义仓制度，每年秋收以后都按照田亩数强制征收一部分粮食存入义仓，以备荒年。李世民道："这个提议好！义仓是官府牵头为百姓储备救荒的粮食，取之于民，用之于民，并不是我为了私欲横征暴敛。此举利国利民，应该

第五章　面对历史的洪流

大力推广。我这就让有关部门开会讨论，拟个章程。"户部尚书韩仲良建议说："王公大臣名下新开垦的田地，每亩按照二升的标准征收，永业田等则按照统一标准缴纳，所有收入都应存入所在州县的义仓，以备荒年。"李世民表示同意。自此之后，天下州县广置义仓，每当遇到灾荒，朝廷便开仓赈济，百姓遂无饥馑之忧。

在设置义仓的同时，李世民还下令设置常平仓，以控制粮价。所谓米贵伤民，谷贱伤农。粮价太贵，普通人就会因为吃不起饭而饿肚子，粮价太贱，农民的辛苦劳作就得不到应有的回报。粮价的不正常波动会对国家造成一定的损伤，因此善于治理国家的人往往都注意控制粮价。所谓"常平仓"，就是在丰年粮价下跌时按平常的价格收购农民多余的粮食，储存起来，到了荒年粮价高涨的时候，再按平常的价格将粮食卖出，以平抑粮价。虽说是丰年高价买，荒年低价卖，但如果操作得当，常平仓仍然可以在平抑物价的同时增加政府的财政收入，堪称一举多得。李世民即位之初，便下令设置常平监官，"以均天下之货"。到了贞观十三年（639），又命洛、相、幽、徐、齐、并、秦、蒲等州"并置常平仓"。这些地方都是重要的粮食产区，对于控制全国粮价具有重要的意义。义仓、常平仓的设置，无疑有利于保障小农

177

经济的正常运转。

除此之外，李世民还特别重视兴修水利。唐初继承隋制，在中央实行三省六部制度，其中工部下设有水部司，专门负责水利事务。贞观一朝先后修建的水利工程多达 20 余项。如江淮地区俗尚商贾，不喜农耕，百姓往往舍本逐末。李袭誉担任扬州大都督府长史期间，引雷陂水，修筑句城塘，灌溉田地 800 余顷，令地尽其利，很多百姓弃末返本。沧州本有无棣河，隋末填废。薛大鼎担任沧州刺史时，奏请重开无棣河，令沧州收鱼盐之利。当地百姓歌颂他说："新河得通舟楫利，直达沧海盐鱼至。昔日徒行今骋驷，美哉薛公德滂被。"他还组织人疏通了长芦、漳、衡三河，分泄夏季的洪水，令境内再无水害。瀛洲有滹沱河为患，"每岁泛滥，漂流居人"。贾敦颐任瀛洲刺史时，组织当地百姓治理滹沱河，他奏请建造堤坝，最终瀛洲无复水患。水利工程的兴修，对于恢复和发展农业生产具有重要意义。

二、克制私欲

仁爱百姓，还需要帝王以身作则，宽恤民力，戒奢从简。贞观之初，李世民对身边的大臣说："自古以来，帝王如果大兴土

第五章 面对历史的洪流

木,必须名正言顺,充分考虑百姓的意愿。当年大禹治水,工程何其浩大,但百姓都很配合,无人抱怨,原因在于这件事情确实有必要做,而且做成以后对大家都有好处。后来秦始皇修建宫殿,很多人表示反对,那是因为修宫殿是为了满足一己私欲,而不是为了民生福祉。我现在想营造一座宫殿,材料都准备好了,但想到秦始皇的事,也就不打算弄了。古人云:'不作无益害有益。''不见可欲,使民心不乱。'可知一旦出现令人生出贪欲的事物,人心便再难保持平静。就像雕刻精美的器物,珠宝美玉,华服珍玩,如果放纵私欲,骄奢淫逸,那么国家灭亡的日子就不远了。从现在开始,无论是王公贵族还是普通臣民,其住宅、车服、婚丧嫁娶,都要严格依据相关标准。凡是超标的,一律禁止。"贞观朝20余年间,朝野上下盛行简朴之风,衣无锦绣,财帛富饶,百姓无饥寒之患。

贞观二年(628),有人上奏说:"按照《仪礼》中的说法,帝王在夏天的时候可以居住在台榭之中,以避暑纳凉。现在暑热尚未退去,秋天的霖雨又开始了,太极宫处于卑湿之地,生活不便,请您下令营建一座楼阁以供居住。"李世民道:"我患有气疾,确实不适合居住在地势低又潮湿的地方,但新修楼阁需要花费大量人力物力。当初汉文帝打算修建露台,因为考虑到修露台的成

179

本相当于十户百姓的家产,于是便放弃了。我的德行远不如汉文帝,而所花费的钱物却超过他,这是不合理的。"群臣多次奏请修楼阁,李世民最终也没有同意。

贞观四年(630),李世民对群臣说:"修建高大华美的宫殿,游玩、观赏亭台水榭,这是帝王想做的事,也是百姓不希望帝王做的事。帝王想做,是因为这样可以休闲放松,愉悦身心。百姓不想让帝王做,是因为如果这样做了他们就会吃苦受累,疲敝不堪。孔子曾经说过,这个世界上如果有一句话是可以终身践行的话,那就是恕!'己所不欲,勿施于人。'劳累辛苦的事情,不能随意强加在百姓身上。我贵为天子,富有四海,拥有所有事情的最终决定权,我会严格约束自己,克制私欲,如果百姓不愿意,我肯定尊重他们的想法。"魏徵道:"陛下爱惜百姓,总是能够克制自己,顺应民意。臣听说'以欲从人者昌,以人乐己者亡'。隋炀帝不知满足,喜欢奢侈铺张,有关部门在供应物品或者营造宫殿时稍不如他的意,便会被严肃处理。上有所好,下必甚焉。各级官员想尽办法迎合上意,耗费大量钱物,所有的压力最终都分担到百姓身上,国家最终灭亡。这些不仅仅是史书中的记载,也是陛下亲眼所见。正因为炀帝昏庸无道,所以上天才命陛下取而代之。按照上有所好,下必甚焉的道理,陛下如果觉

第五章 面对历史的洪流

得欲望已经得到满足了,那么实际上的花费就已经不仅仅是'满足'。如果陛下觉得不满足,那就是再超过现在万倍也不够。"李世民说:"你说的这些特别好。要不是你直言进谏,我怎么能听到这些话呢?"

贞观十六年(642),李世民对身边的大臣说:"我最近读《刘聪传》,看到刘聪想给他的刘皇后修宫殿,廷尉陈元达切谏不可,刘聪大怒,下令杀掉他。后来刘皇后亲自写奏疏替陈元达求情,言辞恳切,刘聪这才冷静下来,而且感到很惭愧。人之所以读书,就是为了增长见闻,让自己有长进,这件事让我很有感触。前段时间我打算修建一座宫殿,材料都准备好了,但想到刘聪这件事,还是把这个工程给停了。"

在李世民的率先垂范下,贞观群臣中有不少人过得十分朴素。如岑文本担任中书令,却住在卑湿之地,也没有帷帐之类的装饰。有人劝他给自己添置一些产业,换个舒服点的住处,岑文本道:"我原本只是一个普通百姓,没有立过什么大功,靠着写写文章当上了中书令,已经相当满足了。我拿着这么高的俸禄,已经是惶恐不安,怎么还敢添置产业呢?"戴胄去世前担任户部尚书,管着整个朝廷的钱,可他家十分简陋,连个祭拜的地方都没有,李世民很难过,于是命相关部门专门为他修了一座祭庙。温彦博担任尚书右仆射,但家中贫困没有正厅,只能将灵柩停在旁屋。李世民得知后嗟叹不已,命相关部门为其营造厅堂,又赠给其家人许多财物,用来办丧事。魏徵的房子原来也没有正堂,后来他卧病不起,李世民挪用自己修宫殿的材料给他修了一座厅堂。修好之后,李世民派人专门给他送去素布被褥,以成全他节俭的美德。魏徵去世后,他的家人谢绝了朝廷赐予的助葬钱物,仅用布车装载灵柩,丝毫没有文采装饰。闻者无不落泪。

说到丧事,还有一件事情不得不提。中国古代有厚葬传统。到了魏晋时期,由于国家分裂、经济衰退、盗墓现象猖獗等因素,政府一度提倡"薄葬"。

隋朝统一后,社会安定,经济繁荣,厚葬之风重又兴起。唐初百废待兴,厉行节俭,李世民多次表示厚葬白白浪费钱财,无益于社会。他曾专门下诏表示:死亡是生命的终结,让人回归自然。葬就是藏,是让别人不能再见到自己。上古时期民风简朴,并无封树之制,后世讲究越来越多,丧葬礼仪也越来越复杂。有人反对厚葬,提倡薄葬,这样做并不是为了节省钱财,而是担心丰厚的陪葬品引起不法之徒的觊觎,进而出现盗墓活动,惊扰死者安眠。尧、舜以来的历史表明,薄葬并没有什么不好,反而是

第五章 面对历史的洪流

厚葬，劳民伤财，容易引起祸端。因此，我们应该戒奢从简，反对厚葬。

现在朝廷对各级官民的丧葬标准进行了明确规定，对违规行为的处罚措施也写进了法典，但王公贵族之家大多沿袭旧俗，民间百姓也有不少人崇尚奢侈。他们坚持厚葬，用高高的封土展示孝道，寿衣和棺椁制作华美，灵车明器也用金玉来装饰。富贵者争相逾越制度，以之为美，贫困者倾尽家财也力有不逮，厚葬伤风败俗，浪费财物，对死者有何益处？其对社会已经造成了不小的损害，应该依法惩治。从此以后，上自王公贵族，下至黎民百姓，凡是葬礼规格超出律令规定的，一律交由有关部门审理，根据具体情况定罪。五品以上在京官员或勋贵之家犯禁，要如实上奏朝廷。

贞观九年（635），太上皇李渊驾崩，遗诏称"园陵制度，务从俭约"。然而为了表达对父亲的感情，展示自己的孝子形象，李世民下令高祖献陵"依长陵故事，务在崇厚。"由于工期短，任务重，虞世南等人建议稍作减省。李世民对岑文本说："我也愿意遵从太上皇遗诏，一切从简。但当儿子的，自然不忍心看到父亲的坟墓太过寒酸。不过如果厚葬，恐怕日后难免遭到盗掘。我自己做不了决断，你们讨论，商量出一个合适的办法，不要将我置于不孝的境地。"经过一番讨论后，献陵制度"颇有减省"。后来，李世民向群臣嘱托自己的身后事，他决定在九嵕山修建自己的陵墓——昭陵，又恐后世子孙因厚葬之风，"劳扰百姓"，因此下令昭陵"务从俭约，于九嵕之上，足容一棺而已"。当然，我们现在能够看到昭陵实际上并不"俭约"，相反，它是中国历史上规模最大、最雄伟的陵墓之一。不过这是时代的产物，不以李世民个人意志为转移。从文献记载来看，李世民始终是在呼吁反对厚葬的。

李世民是马上天子，喜欢打猎，但此类活动太过频繁难免劳民伤财。秘书监虞世南上疏进谏道："臣听闻秋冬时狩猎是圣王传下来的传统。陛下在处理国政之余，顺应天道行杀伐之事，亲自驾车围猎猛兽，守护一方百姓，高举旗帜展示猎物，用获得的动物皮毛制作军用器械，这些都没有什么问题。然而帝王身份尊贵，关系到天下安危，每次出行不仅要肃清道路，甚至连马车的零件都要反复检查，如此谨慎都是为了苍生社稷。一国之君不可轻动，前有司马相如，后有张昭，他们都曾经直言劝谏自己的君王。臣虽然人微言轻，却不敢忘记这个道理。如今陛下捕获的猎物已经足够多，展示的恩德已经足够大。希望陛下能接纳微臣的建议，停止打猎，给后世的君王做个榜样。"李世民当即表示赞

第五章 面对历史的洪流

同。

虞世南的劝谏比较委婉，但有些人就很直接。有一次李世民外出打猎，恰逢天降大雨，李世民问道："用桐油做的这些雨衣，怎样才能不漏雨呢？"谏议大夫谷那律回答说："太简单了，要是用瓦做，肯定不会漏。"这世上没有铺瓦的雨衣，只有铺瓦的房子。李世民愣了一下，随即反应过来谷那律是在劝他停止游猎，速速回宫。虽说谷那律阴阳怪气，但李世民还是高兴地接受了他的建议，并下令赏帛50匹，赐金带。

贞观十一年（637），李世民去怀州，有人给他提意见说："陛下为什么总是派山东的丁壮到宫里修宫殿呢？我朝现在的徭役，都快要超过隋朝了。怀州、洛阳以东的百姓已经不堪重负，陛下还频繁到那里游猎，真是骄奢淫逸之主。如今又来怀州游猎，恐怕忠谏之言再也到不了洛阳了！"言下之意，怀州百姓可能会不堪忍受刺杀皇帝。李世民很生气，便对身边的大臣说："四时行猎，本是帝王常礼，如今我到怀州，对百姓秋毫无犯。上疏进谏是好事，但也得有个规矩，臣民贵在直言不讳，君主贵在知错能改。但这样的诋毁之言，和诅咒一样，太不像话了。"魏徵赶忙道："朝廷广开言路，所以上疏反映问题的人很多。陛下亲自批阅奏疏，是希望能够看到合理的建议，因此人们愿意将自己的看法告诉陛下。给君主提意见，自然应该措辞得体，讲究语言艺术。但有些人不善表达，很难强求，所以了解他们指出的问题就好了。现在这个人提到的徭役和游猎过多的问题确实存在，圣明的君主应该接受合理的意见。"李世民这才转怒为喜。

贞观十四年（640），李世民驾临同州沙苑监，亲自射杀猛兽，而且早晨出去夜里才回来。皇帝玩得这么尽兴，大臣们坐不住了。特进魏徵上奏说："臣听闻《尚书》赞美周文王不留恋于游猎，《左传》把喜好游猎的后羿树立为反面典型。汉文帝驾车行至陡坡边，想纵马跑下去，袁盎拽住缰绳说：'圣明的君主不会让自己陷入险境，也从不心存侥幸。陛下乘坐六马之车，驰骋在地形不明的山上，万一马惊车毁，怎么办呢？陛下即使不在乎自己的性命，也考虑一下高祖，考虑一下江山社稷。'汉武帝喜欢射杀猛兽，司马相如进谏说：'乌获的力量，庆忌的速度，都远远超过普通人。人类之中有出类拔萃之辈，野兽之中也应该有佼佼者。陛下确实身手不凡，可万一突然遇到非同寻常的猛兽，陷入绝境，到时候后悔就晚了。何况这本就不该是天子应该做的事，即便确定没有危险也不该去做。'汉元帝祭祀之后游猎，大臣薛广德以国有灾荒为由，切谏不可。这些皇帝心非木石，都喜

第五章 面对历史的洪流

欢骑马打猎的乐趣。但他们都能割舍私情，说服自己听从臣下的劝谏，因为他们把国家需求置于个人需求之上。我听说陛下最近沉迷打猎，不仅亲自捕杀猛兽，还晨出夜归。陛下身份尊贵，大晚上的在荒郊野外、深山老林中跋涉，十分不妥。愿陛下为了天下臣民、宗庙社稷，克制私欲，不要再冒险格杀野兽。"李世民道："昨天的事是我一时糊涂，并非一直如此，从此以后我会引以为戒，决不再犯。"事实证明，人的兴趣爱好是很难改变的。很快，李世民又想去栎阳游猎。当时栎阳的庄稼还没收完，县丞刘仁轨跑到李世民面前，实事求是地说明了栎阳的情况，并称此时打猎不合时宜。李世民觉得他说的有道理，便放弃去栎阳打猎，同时升他为新安令。

除了约束自己之外，李世民还明确提出严禁权贵官僚随意欺压、盘剥百姓。他特别讨厌贪官污吏，一经发现便严肃处理。所谓时来天地皆同力，贞观君臣励精图治，天公亦作美，连续几年的风调雨顺和粮食丰收之后，国家迅速实现了安定。贞观十六年（642），天下米价基本降至五钱一斗，有些便宜的地方甚至三钱一斗，与贞观初年"米谷踊贵""一匹绢才得一斗米"的情况形成了鲜明对比。李世民高兴地说："国以民为本，民以食为命。如果粮食不丰收，那么百姓就不再为国家所有了。粮食问题关系到国家安危，我身为君父，自当奉行节俭，杜绝奢侈浪费。我常常想赏赐天下百姓，让他们都富贵有余，但这样做一是物质条件不允许，二是违背基本的经济规律。现在朝廷尽量减少徭役赋税，不夺农时，让百姓能够顺利完成耕种，这样他们自然就富足了。国家倡导守礼、谦让的风气，使得乡间之间形成少敬长、妻敬夫的规矩，这样百姓自然就活得有尊严了。要是天下能一直这样太平下去，哪怕我不再听音乐、不再打猎，那也是乐在其中了。"

三、因时应势

魏晋时期，世家大族势力强盛，曾一度形成门阀政治，与皇权相抗衡。经过南北朝、隋朝加强中央集权的改革，士族政治、经济方面的特权逐渐受到限制，再加上战乱的冲击和影响，他们的势力不断衰落。唐朝初年，在政治上起主导作用的是关陇集团和"山东豪杰"，前者是西魏、北周以来崛起的新兴政治力量，后者则是在隋末农民大起义中脱颖而出的精英人物，曾经呼风唤雨的门阀士族丧失了政治上的优势地位。

以山东士族为代表的旧士族虽然走上了下坡路，但他们绵延数百年，仍然保持着强大的社会影响力，这一点即便是李唐皇室也略有不及。因为自魏晋以来，判断一个家族是否清贵的主要标准是其文化传承。无论是关陇集团还是"山东豪杰"，他们的文化积淀都和山东士族有着巨大的差距。这就形成了一个比较有趣的现象：山东士族虽然在政治上已经没落，却仍然享有崇高的社会地位，他们在自己的小圈子里交往、通婚，甚至不把当权者放在眼里。朝野上下不仅觉得理所当然，而且争相与之结亲，以为荣耀。山东旧族之中，以清河崔氏、博陵崔氏、范阳卢氏、赵郡李氏、荥阳郑氏、太原王氏等最为知名，时人莫不以迎娶崔卢李郑王"五姓女"为美，即便被索要"天价彩礼"，也欣然接受，真可谓"一个愿打，一个愿挨"。哪怕是房玄龄、魏徵这样的重臣，亦不能免俗。皇室不及五姓，公主不及民女，这既伤害了李世民的自尊心，又让他敏锐地意识到皇权存在着潜在的威胁，于是他决心改变这种状况。

贞观六年（632），李世民对尚书左仆射房玄龄说："山东的崔、卢、李、郑等姓，历史上的确曾经辉煌过，但数代以前就已经没落了。近来他们靠着祖上的名望，自吹自擂，号称士大夫。每当嫁女儿给其他家族时，他们必定大肆索取聘礼钱财，以多为贵，按照聘礼的数量决定婚约，和商人没什么两样。这样做不仅有辱斯文，而且败坏风俗，有违礼法。既然有问题，那就得抓紧整顿。"房玄龄心中窃喜，皇帝出手整治"天价彩礼"，自己娶儿媳妇的时候也能少花点钱。不对，那可不止一点，而是10年甚至20年的工资。见宰相没有反对，皇帝便开始进行具体的工作部署。他命人叫来吏部尚书高士廉、御史大夫韦挺、中书侍郎岑文本和礼部侍郎令狐德棻等人，令他们组成一个编写组，共同编撰一部《氏族志》，重新排定天下士族。为什么选这几个人？首先是职务因素。《氏族志》的编修是统治阶级内部秩序的调整。高士廉等供职于中书省、御史台、吏部和礼部，是人事等相关工作的直接负责人，了解的信息比较丰富。其次是出身方面的原因。高士廉出身山东大族渤海高氏，是北齐清河王高岳之孙。韦挺出身京兆韦氏，是关中大姓，所谓"城南韦杜，去天尺五"。岑文本是江南士族，令狐德棻的家族也是河西大姓。他们都出身大士族，对各地士族的相关情况自然比较熟悉，这就有利于编撰工作的顺利推进。

编修《氏族志》的主要工作分成两部分：一是"刊正姓氏"，去伪存真。魏晋南北朝实行九品中正制，士族在选官方面具有很大优势，因此难免有人冒充士族，伪造谱牒。编写组需要通过普查、核对全国谱牒将这些冒牌货清除出士族队伍。私家编修的谱

第五章　面对历史的洪流

牒，多有溢美、隐讳、虚构等浮夸不实之处。编写组需要结合史书记载，去伪存真。二是"忠贤者褒进，悖逆者贬黜"，即根据诸士族的"业绩"重新确定士族名录，并进行排序。如果某家族连续培养出忠于朝廷、德才兼备之人，就予以褒奖并提升其排名。相反，如果某家族出了悖逆之徒，则要降低其排名甚至移出士族名录。编修《氏族志》的工作无疑是繁重的，但裁量的自由度也是极高的。真伪进退之间，有巨大的弹性空间，这意味着不同的人可能出具不同的名单及排序。

贞观十二年（638），高士廉等将《氏族志》初稿上呈给皇帝，此稿以崔民干为第一等。崔民干何许人也？此人出身山东博陵崔氏，原本在隋朝为官，降唐后被任命为黄门侍郎，曾奉命与淮安王李神通一起安抚山东。武德二年（619），李神通率军在魏县攻打宇文化及，后者败走聊城。不久，宇文化及粮尽请降，李神通打算拒绝，崔民干则劝其接受。李神通解释道："我军连续在野外作战，吃了很多苦，如今敌军粮尽，兵败只是时间问题，我们应该一鼓作气消灭对方，取其玉帛财物赏赐将士。如果让他投降，我拿什么犒赏军队？"崔民干说："宇文化及部主力尚在，窦建德部马上又要杀到了，我军处在两股敌人之间，情势何其危急！您贪图财物，不顾大局，用不了几天，我军必败。"李神通大怒，下令将其囚禁。之后事情的发展，果如崔民干所言。贞观年间，崔民干先后担任宋州、豳州刺史。他的墓志前些年在西安被发现，内容极为简单，只记载了一些基本信息，其文曰："大唐故豳州刺史、赠幽州都督、上柱国、博陵郡开国公崔干，字道贞，谥曰元。永徽元年岁次庚戌二月庚午朔廿七日丙申，迁葬于雍州万年县义善乡界少陵之原。"仅据这些内容，我们看不出编修《氏族志》背后错综复杂的人际关系和利益纠葛。

从现有记载看，崔民干大概是一位不错的官员，但应该尚未达到出类拔萃的程度。拿到《氏族志》初稿之后，李世民作为普通读者道出了心中的疑问："为什么他是第一等？"高士廉笑道："崔、卢、李、郑数百年来都是顶级门阀。我活了60多岁，自问也见过些世面，这第一等士族不是崔家，还能是谁呢？"由于编写组的主要成员全都出身高门士族，门阀等级观念根深蒂固，因此才"退新门，进旧望"，弄出这么一个颇具年代感的结果。高士廉没有说出来的话是，陛下所属的陇西李氏原本只是二等门阀，难道还有什么非分之想吗？

李世民的确有想法！简单整理情绪之后，李世民对高士廉等人说："我和山东崔、卢、李、郑这些大家族本无矛盾，只因

第五章　面对历史的洪流

他们衰微日久，已经连续数代没出过什么显赫人物，却仍然自称士大夫，每逢婚嫁时便大量索取财物。有的人才能平庸，也没什么见识，却自视甚高，靠着祖先的遗泽跻身富贵之列，我真是不理解天下人为什么如此看重他们？况且士大夫一般都功高业伟，爵位崇重，尽心事主，忠孝两全；有些人品行高洁，学艺通博，亦可顶门立户，称为士大夫。如今崔家、卢家这些人，除了能够自夸出身衣冠之家，哪一点能和当朝的达官显贵相比？公卿以下的臣僚，何必要给他们送上丰厚的聘礼，助长他们的气势呢？这样做徒慕虚名，背离实际，居然还有人以此为荣。我之所以重定氏族，就是为了破旧立新，崇树今朝冠冕。你们把崔民干列为第一等，是看不上我朝的官爵吗？我现在提一个明确的要求：不管祖上曾经如何辉煌，我们只按照今日的官品、人才来确定等级，一经量定，用为永则。"皇帝把话说到这个份儿上，高士廉等人也没办法再装糊涂了，于是撤回书稿进行修改。新修订的《氏族志》"凡二百九十三姓，千六百五十一家"，以李唐皇室所属的陇西李氏为第一等，崔民干被降为第三等。对于这个结果，李世民表示满意，随即下令将新版《氏族志》颁行天下。

《氏族志》就像一颗重磅炸弹，将魏晋以来运行数百年的社会规则强行撕开了一道口子,这正是皇帝想要的结果。只有破坏了旧秩序,才能强化以皇帝为核心的新秩序。李世民很高兴,他觉得高士廉还是懂得变通、能做事情的,于是下令命其为同中书门下三品,即宰相,不久又封为申国公。

为了平息天下士族的议论,他还专门下了一道诏书,大致内容是:门阀等级是官爵决定的,婚姻大事要以仁义为先。北魏、北齐以来,王朝鼎革,社会混乱,河北、山东一带的衣冠之家大多衰败,不仅没有什么著名人物,甚至某些行为也有违礼义之风。他们"名虽著于州闾,身未免于贫贱",自号高门贵胄,却不遵守婚嫁礼仪,只在乎聘礼多寡,谁出钱多就把女儿嫁给谁。"新官之辈,丰财之家",贪慕人家祖上的名望,争相与之结亲,送上大量的聘礼,这样的婚姻如同买卖。有人自愿贬低身份,受辱于姻亲,有人倚仗家族过去的声望,对公婆无礼。这样的行为久而久之形成习俗,延续至今,破坏了社会风气。我勤奋理政,日夜操劳,谨慎小心地处理国事,几乎将历代的弊政都已革除,只有这个坏风气还没有完全扭转。从今以后,天下人在嫁娶时务必严格遵守相关礼仪规定,争取尽快移风易俗。

李世民打算依靠政权力量强行更改社会秩序,理想很丰满,现实却很骨感。山东士族虽然受到了一定影响,但"故望不减",

第五章　面对历史的洪流

社会上仍以娶"五姓女"为荣。此番折腾的最大成果，大概是提升了陇西李氏的地位。唐代有"五姓七望"之说。所谓"五姓"，自然是崔、卢、李、郑、王。而"七望"，除了清河崔氏、博陵崔氏、范阳卢氏、赵郡李氏、荥阳郑氏、太原王氏之外，还有一个便是陇西李氏。这说明陇西李氏在唐代成功跻身顶级士族。唐代的婚姻始终重视门第，直至五代、宋，婚姻方不问阀阅，那是另一个问题，此处就不展开谈了。

分封制和郡县制孰优孰劣是中国历史上的一个经典问题。分封制分封亲戚、功臣镇守四方，巩固王朝统治，但容易形成地方割据。郡县制有利于加强中央集权，然而由于地方权力分散，遇到紧急情况时难以快速调动足够的力量拱卫中央。周行分封，国祚绵长，但后期受制于诸侯。秦用郡县，强干弱枝却二世而亡。分封、郡县各有优劣，因此历代建国之初，大抵都有关于实行分封抑或郡县制的讨论。隋朝建立之初，隋文帝杨坚吸取北周"诸侯微弱，以亡天下"的教训，"分封诸子，并为行台，专制方面"。所谓"行台"，即行尚书台，是中央尚书省向地方的派出机构，掌控地方的军政大权。史书记载晋王杨广曾担任河北道行台尚书令，秦王杨俊、蜀王杨秀曾分别担任河南道、西南道行台尚书令。需要注意的是，行台的设置只是权宜之计，并不是真正

195

秦王事业：玄武门事变到贞观之治

意义上的分封。随着国家形势的逐渐稳定，隋朝很快不再设置行台，而是继续在地方实行郡县制。起初是州郡县三级制，后改为州县两级制，隋炀帝时改州为郡，实行郡县两级制。隋末唐初天下大乱，唐朝方面亦曾设置过行台，李世民本人便曾担任过西南道行台和陕东道行台的长官。此时设置行台的主要目的仍然是为了平定割据和加强对地方的控制，所谓"诸道有事则置行台尚书省，无事则罢之"。统一战争落下帷幕后，唐朝与隋朝一样弃分封行郡县，实行州县两级制。

唐高祖李渊为安置降将曾大量"割置州县"，致使唐朝的州县数量"倍于开皇、大业之间"。唐初作为一级政区的州多达数百个，管理起来多有不便。李世民即位之后，考虑到地方行政队伍过于庞大既不利于国家治理，又加重了百姓负担，于是下令并省州县。与此同时，他还依山河形便，将天下分为十道，即关内道、河南道、河东道、河北道、山南道、陇右道、淮南道、江南道、剑南道、岭南道，这就是所谓的"贞观十道"。

为什么是"十道"而不是八道、九道、十一道？这可能与北朝、隋以来的政治传统有关。当时中央常遣使巡察地方，如隋文帝曾"遣十使巡省天下"，炀帝曾"遣十使并省州县"。贞观十道的设置与并省州县的工作大致同时进行，故十道可能是基于"遣

第五章　面对历史的洪流

十使"的惯例。贞观十道是监察区，诸道名称绝大多数在前代都已出现，只有关内道（畿内道）出现略晚。关于"畿内道"，还有一个小故事：贞观八年（634），朝廷准备向地方派遣黜陟使，以考核官吏，畿内道没有合适的人选。李世民问群臣说："此道事最重，谁可充使？"时任尚书右仆射李靖回复称："畿内道事关重大，非魏徵不可。"李世民一听不乐意了："我马上要去九成宫，这也不是小事。我每次出门都离不开魏徵，因为他总能看到我的过失，而且毫无保留地指出来。"一番讨论下来，推荐魏徵的李靖反而被任命为畿内黜陟使。

贞观二十年（646），李世民派大理卿孙伏伽、黄门侍郎褚遂良等人，"以六条巡察四方，黜陟官吏"。所谓"六条"，大致源于汉武帝时期的"六条问事"，直接源自隋朝的巡察六条，即一察品官以上理政不能；二察官人贪残害政；三察豪强奸猾，侵害下人，及田宅逾制，官司不能禁止者；四察水旱虫灾，不以实言，枉征赋役，及无灾妄蠲免者；五察部内贼盗，不通穷逐，隐而不申者；六察德行孝悌，茂才异行，隐不贡者。"六条"的主要目的是监察地方官员，禁止其贪赃枉法，残害百姓。这是中央为了应对郡县制的弊端而进行的制度设计。此后唐朝还推行过"六察法"，"凡十道巡按……其一，察官人善恶；其二，察户口

197

流散，籍帐隐没，赋役不均；其三，察农桑不勤，仓库减耗；其四，察妖猾盗贼，不事生业，为私蠹害；其五，察德行孝悌，茂才异等，藏器晦迹，应时用者；其六，察黠吏豪宗兼并纵暴，贫弱冤苦不能自申者"。大致也是出于同一目的，只是涉及的范围较"六条"更广。

州县制运行得挺好，但李世民还是不放心，这是帝王的通病，他们通常不会对同一个事物长久地放心。贞观五年（631），李世民令群臣讨论封建。魏徵认为，如果封建诸侯，势必会增加一大批官员，为了给这些人发工资，就要多征赋税，加重百姓的负担。而且京畿地区赋税不多，国家的财政收入主要靠畿外各州县，如果把它们都分封出去，那么朝廷的经费就会大大减少。此外燕、秦、赵、代等地靠近北方少数民族，万一突发战事，从内地调兵也来不及。礼部侍郎李百药认为，国家运数的长短本是上天的安排。运尽之时，即便是尧舜那样的圣君也难以固守江山；运来之时，汉、魏那样出身低微的君主也能顺利建国。所以这个事情其实不以人的意志为转移。如果分封勋臣贵戚的子孙为诸侯，让他们有土地、人民，那么数代之后，必将有人骄奢淫逸，彼此攻战，对百姓造成巨大伤害，哪如轮替任命地方官呢？中书侍郎颜师古认为，如果一定要封建诸侯，不如"分王诸子，勿令

第五章　面对历史的洪流

过大，间以州县，杂错而居"，让他们互相维持，各守其境，同心协力，拱卫中央。他们的佐官要由中央统一选派，在国家法令之外，不得擅作威刑，朝贡礼仪也要遵守相关规定。只有这样才能确保万世无虞。在群臣基本上都不支持搞分封的情况下，颜师古的建议给了李世民很大的启发，他决定挑选部分皇族和功臣出任地方长官，并准其传位给子孙，这实际上是一种世袭刺史制度。从历史演进的趋势看，随着生产力的发展，中央对地方的监管能力会逐渐增强，因此郡（州）县制取代分封制具有一定的必然性，李世民的做法某种程度上属于逆历史潮流而动，因此遭到了多数人的反对。

贞观十一年（637），李世民考虑到周朝分封子弟为诸侯，享国800余年，而秦朝罢诸侯，只延续了两代就土崩瓦解。汉初吕后打算篡夺刘氏的江山，最终还是靠宗室的支持才令汉朝转危为安。只有封亲戚、贤臣为诸侯，拱卫王室，才能令国家长治久安，于是再次提出要搞世袭刺史。他下令封荆王李元景、吴王李恪等李家子弟21人为都督，又命长孙无忌、房玄龄等14位功臣为世袭刺史。诏令甫下，太子左庶子于志宁便上疏反对，他认为古今事殊，封建诸侯恐怕并非长治久安之道。于志宁是西魏八柱国之一于谨的曾孙，讲话很有分量。他们这个家族也是极少数历魏、周、隋而长盛不衰的八柱国之家。

马周也上疏表示反对，他说："陛下分封宗室子弟及勋臣，让他们子孙相袭，与大唐王朝共富贵，这确实体现了关爱与重视，但并不合适。为什么这样说呢？因为即便是尧舜这样的父亲，也有丹朱、商均这样的不肖之子。以此类推，因为父亲德才兼备、功劳卓著就想当然地觉得'老子英雄儿好汉'，这样的判断恐怕会造成很大的疏失。倘若年轻人继承父职，但德不配位，骄奢淫逸，那么不仅百姓遭殃，国家和社会也会受到伤害。与其危害当下的百姓，不如割舍已故的功臣，这正是两害相权取其轻的道理。所谓'子欲避之，反促遇之'，过去的那些关爱、重视，反而会造成伤害。我认为对待功臣和宗亲，只要赐予田地，加封食邑就够了。如果确实才能出众，就量才授官。这样也免得能力平庸的人惹出麻烦。当年东汉光武帝不让功臣担任官职，功臣们反而坐拥富贵，安享晚年，正是这个道理。希望陛下好好考虑，妥善安置宗亲和功臣，让他们沐浴皇恩，子子孙孙都能安享富贵。"

不仅大臣接连劝谏，当事人也强烈表示反对。长孙无忌等"世袭刺史"都不愿意到地方上任职。他们坚持上表推辞说："承恩以来，形影相吊，若履春冰；宗戚忧虞，如置汤火。三代时封

第五章　面对历史的洪流

建诸侯，乃是因为力不能制，不得已而为之。后世罢诸侯置郡守，革除弊政，其实顺应了历史发展潮流，合情合理。如今因为我等改变制度，设置世袭刺史，恐怕会破坏正常的统治秩序。再说如果我们的后人中出了不肖之徒，触犯国家法律，'自取诛夷'。因为世袭之赏赐，反而酿成灭门之祸，那真是可怜可悲。希望陛下能够收回旨意，以保全我等子孙的性命。"

长孙无忌的儿媳妇长乐公主乃长孙皇后所生，是李世民的嫡长女。借着这个便利条件，他让长乐公主给李世民带话。家里人说话相对随意，不像奏疏那样需要长篇大论，摆事实讲道理。长孙无忌的口信只有一句话："臣披荆棘事陛下，今海内宁一，奈何弃之外州，与迁徙何异！"这话不再拿子孙后代说事儿，只谈自己不愿离开权力核心，略显幽怨，却很是诚恳。眼见追随自己多年的心腹也不支持自己，李世民有些灰心。他说："割地以封功臣，乃是古今通义。我推行世袭刺史的本意是希望你们的后人可以辅佐我的子孙，共传永久，同享富贵。既然你们都不愿意，还有消极情绪，那我也没有理由强迫你们。"过了不久，李世民便下令废除了宗室及功臣世袭刺史制度，这次历史的"倒车"被及时制止。

中古时期，由于汉族与周边少数民族之间的交往、交流、交融，各族民众之间形成了比较包容的种族与文化观念，民族融合进入了全新的历史阶段。隋唐王朝正是顺应民族融合的历史趋势建立起来的。对此，李世民有着清醒的认识。

李唐皇室祖籍河北赵郡，这是毫无疑问的，河北省隆尧县至今仍然保留有唐朝官方下令修建的两座祖陵。李唐先祖起初自称赵郡李氏，李渊的祖父李虎发迹后曾被封为赵郡公。后来，李虎追随宇文泰去了关中。受宇文泰改易氏族政策的影响，李虎家族将郡望由赵郡李氏改为陇西李氏，李虎的封号赵郡公也改为陇西公。不久，为了加强胡汉之间的认同，宇文泰又给有功的汉将赐胡姓，李虎家族被赐姓大野。到北周大象二年杨坚主政时，下令改胡姓为汉姓，李虎家族复称陇西李氏。据陈寅恪考证，李唐先世若非赵郡李氏之"破落户"，即是赵郡李氏之"冒牌货"，总之不是正儿八经的赵郡李氏。所以李唐皇室后来始终宣称自己是陇西李氏。在以陇西为郡望的同时，李唐皇室亦承认赵郡是自己的祖籍地，这在当时是天下皆知之事。

贞观十一年（637），道士秦士英揭发佛教徒法琳"谤讪皇宗，罪当罔上"。李世民命人把法琳叫来，亲自讯问他说："我家是陇西李氏，祖上是老子。你一个出家人，为什么要胡言乱语，妄自议论？要是能说出理由，尚有活路可走，如果无言以对，那

第五章 面对历史的洪流

只能是死路一条。"法琳知道皇帝要审问他，早就做好了准备，因此从容不迫地回答道："我听说陛下的家族实际上出自鲜卑达阇氏，而非陇西李氏。拓跋元魏乃是北代神君，达阇氏族乃是阴山贵种，而陇西李氏只是汉地的二等士族，双方的差距何其明显！我朝弃北代而认陇西，实在不是明智之举。"据学者研究，"达阇"即"大野"，而"阴山"在中古史上具有类似"郡望"的特殊意义。北魏历史上曾经数次迁都。其建立者鲜卑拓跋部本兴起于东北大鲜卑山，后来南迁至盛乐（今内蒙古和林格尔）一带，在阴山南麓及其周边地域逐渐发展壮大。再之后，北魏定都平城（今山西大同），在北部边境设置了沃野、怀朔、武川、抚冥、柔玄、怀荒六镇，以抵御柔然等北方少数民族。孝文帝时期，北魏迁都洛阳，最终亡国于此。

北魏平城时代，阴山是六镇汇聚的边防屏障，同时也是安置投奔者的重要处所，不少勋贵在此发迹，因此逐渐形成了类似"郡望"的阴山地域认同。北魏末年爆发了"六镇之乱"，由此引发了一系列动荡。经过复杂的政治洗牌，六镇集团成为新兴的贵族集团。这些政治新贵原本大多并非北魏的核心氏族，与拓跋氏的关系相对疏远，因此在描述自身家族时很难追溯至大鲜卑山时期，故退而求其次，自称"阴山贵种"。所谓"阴山贵种"，大致可以理解为北魏前期便已发迹的北地高门显贵。李唐先祖曾是武川镇军人,不过地位并不是很高。法琳称其为"阴山贵种",意思是说李唐皇室所在的家族在北魏前期就是名门望族,这其实已经属于溜须拍马了。但是李世民勃然大怒,称法琳"毁朕祖宗",惜其一身才学,特赦免死,"徙在益部为僧"。法琳的意见之所以不被接受,主要原因就在于"阴山贵种"之说不符合当时构建南北合流、胡汉融汇的统一国家的现实需求。

第六章

震古烁今的功业

纵览历代史册，李世民的帝王之路其实并不算顺畅。他本不是李唐王朝名正言顺的接班人，历经千辛万苦才夺取皇位。而这段通往权力巅峰的阶梯，归根到底是军功铺就的。由于得位不正，李世民立志要做"圣君"，而"圣君"同样需要有所作为，需要丰功伟绩。特殊的人生经历让李世民对建功立业有着非同一般的执着。贞观一朝，风云际会，在群臣的辅佐下，李世民取得了震古烁今的伟大功业。

一、灭东突厥

北朝、隋以来，北方的突厥势力强盛。"东自契丹、室韦，西尽吐谷浑、高昌诸国，皆臣属焉。控弦百余万，北狄之盛，未之有也。"北齐、北周并立时期，双方争相结好突厥，"倾府藏以给之"。他钵可汗曾骄傲地对手下说："但使我在南两个儿孝顺，何忧无物邪？"隋初，隋文帝杨坚采纳长孙晟提出的"远交近攻、离强合弱"之策，配合军事打击，成功将突厥分化为东、西两部。东、西突厥大致以阿尔泰山为界，仍然保持着强大的势力。隋大业后期，东突厥始毕可汗曾发兵将炀帝围困于雁门。少年李世民随军勤王，因此得以崭露头角。隋末唐初战乱频仍，大量中原人士逃入突厥，令其势力更为膨胀。

强大的突厥严重威胁着李唐王朝的国家安全。站在突厥的立场上，他们希望中原地区永远四分五裂，这样才能巩固自己的霸主地位。隋末北方割据群雄如刘武周、梁师都、窦建德等大多臣事突厥。李渊起兵时，亦曾向突厥称臣奉贡。由于各势力的主动巴结，突厥在该时期获得了许多实打实的好处，包括土地、人口、财宝等。此后在唐朝一统天下的过程中，突厥不仅积极扶植

第六章　震古烁今的功业

分裂敌对势力，还经常直接挥师南下，给唐朝造成很大困扰。如处罗可汗曾派人自窦建德处将萧皇后及炀帝之孙杨政道等迎入突厥，助其复立隋朝，史称"后隋"，与李氏相抗衡。颉利可汗连年攻打唐朝，威胁关中地区的安全，搞得李渊曾经一度想迁都。突厥仿佛压在唐朝头顶上的一块巨石，唐朝如果想真正站起来，就必须除去突厥之患，否则皇帝只能一直寝不安席，食不甘味。

玄武门之变以后，这项任务历史性地落到了李世民的肩上。武德九年（626）八月，李世民刚刚登上帝位，突厥大军便乘虚而入。此时唐朝刚刚经历玄武门之变的打击，不少工作还没有理顺。加之新帝初立，威望不足，因此十分被动。突厥的消息如此灵通，对战机的把握如此准确，离不开梁师都的功劳。梁师都，夏州朔方人，世为本郡豪强，隋末动乱时"据郡反"，北连突厥以为援。隋军击之不利，梁师都顺势占据了雕阴、弘化、延安等郡，大致相当于今陕西、甘肃和宁夏的部分地区。忽然拥有了这么大一片地盘，梁师都不禁有些飘飘然，他很快建立梁国，自称皇帝，建元永隆。梁国的实力虽然不怎么样，但其控制的区域却是进取关中的咽喉要道。因此突厥很重视这个"小弟"，不仅送给他狼头纛，还封他为大度毗伽可汗。唐朝建立后，梁师都曾多次率军与唐军交战，但败多胜少。不过他总能重整旗鼓，表现出

秦王事业：玄武门事变到贞观之治

超强的韧性。

　　突厥扶持的刘武周兵败身死之后，梁师都心生恐惧，他派人游说处罗可汗说："隋末丧乱以后，中原分裂成了几个小国，它们势均力敌，都不怎么强，所以才争先恐后来向突厥称臣。如今唐国吞灭了刘武周，势力更加强大，我们梁国不是它的对手，败亡只是时间问题。梁国灭了倒也没什么，只不过如果任由唐国发展下去，恐怕突厥也会有危险吧？希望可汗能够效仿北魏率兵南下争夺天下，我梁师都愿为向导。"处罗可汗觉得有理，计划兵分四路攻打唐朝：一路出原州，由莫贺咄设率领；一路出延州，由泥步设与梁师都率领；一路出并州，由处罗可汗亲自率领；还有一路出幽州，由突利可汗统领奚、契丹、靺鞨等族之兵，联合窦建德部之后自滏口道进军，与处罗会师晋绛，即山西西南部地区。对唐朝而言，这是足以致命的一击。也许冥冥之中真的是上天眷顾，恰巧在大军出征之前，处罗可汗死去了，唐朝因此躲过一劫。不久，梁师都听信谗言误杀了稽胡大帅，此举令其手下的稽胡人纷纷反水降唐，梁国的处境更加艰难。雪上加霜的梁师都没有办法，只能亲自前往突厥拜见颉利可汗，献上南下用兵的计策。有了这位高级参谋的帮助，突厥频频进犯唐境，"边州略无宁岁"。这次踩着点来"祝贺"李世民当皇帝，自然也是"资深

第六章 震古烁今的功业

导游"梁师都的谋划。

颉利、突利二可汗合兵而来,很快推进至武功,长安城戒严。不久,唐将尉迟敬德与突厥战于泾阳,生擒敌将阿史德乌没啜,斩杀千余人,但这样的小胜无法阻挡敌军前进的步伐。很快,颉利可汗率领突厥主力部队抵达渭水便桥之北,逼近长安城下。此时长安城内兵马不过数万,情况十分危急。颉利和李世民是老相识,知道对方不好对付,于是先派心腹执失思力入城打探虚实。执失思力见到李世民以后,嚣张地说:"颉利、突利二可汗领兵百万,现已行至渭水。"

李世民见他傲慢无礼,沉下脸来责备道:"我和你们可汗曾当面相约和亲,我送给他的金银财宝,前前后后加起来不知道有多少。如今他自负盟约,领兵深入我朝腹地,难道对我就没有愧疚之情吗?你们虽是不讲究礼义的戎狄,但也有人心,为何全忘大恩,自夸强盛?既然你们不守规矩,那我就先斩了你,然后再和颉利分说。"执失思力吓了一跳,赶紧请求饶命。萧瑀、封德彝等人也劝皇帝息怒,有道是"两国交兵,不斩来使",还是把执失思力放回去吧。李世民大手一挥:坚决不能放!如果把这家伙放回去,突厥人会觉得我们怕了他们,肯定会提出更过分的要求。于是下令暂时将执失思力囚禁在门下省。

颉利左等右等不见执失思力回来,正不知如何是好。这时只见渭水对面尘土飞扬,却是李世民、高士廉、房玄龄、将军周范等六骑亲至。隔着渭水,李世民大声质问颉利为何负约。突厥人见唐朝的新皇帝如此勇武,气势竟为之所夺。不久,驻守长安城的各部唐军纷纷赶到,一时之间"旌甲蔽野"。颉利见执失思力长久不返,猜到他已被扣押,又见李世民"挺身轻出",唐军"军容甚盛",心中生出恐惧之意。其实如果颉利读过《三国志》之类的书,大概能一眼看出来李世民在玩虚张声势的把戏。

李世民命诸军后退布阵,自己要单独留下和颉利谈判。萧瑀觉得此举有些轻敌,"扣马固谏"。李世民笑道:"这件事我思虑已久,爱卿不必担忧。突厥之所以敢举倾国之兵直抵此处,是因为我国刚刚发生动荡,他们觉得我这个新皇帝没有能力御敌。如果我方闭门拒守,示敌以弱,突厥人必定会纵兵大掠,我军兵少,到时候场面就无法控制了。我轻骑独出,表现出轻视他们的样子,振扬军威,摆出要打仗的姿态,如此出其不意,就打乱了他们的节奏。突厥人长途奔袭,进入我国腹地,一定心怀忧惧,'故与战则克,与和则固矣'。制服突厥,在此一举!"很快,颉利果然同意讲和。李世民与他斩白马盟于便桥之上,突厥随即撤军,这就是"渭水之盟"。此前唐朝跑到渭水边与突厥相见的

第六章　震古烁今的功业

"六骑",除了李世民等四人外,另外两个人史书无载,不过出土墓志却有所提及,其中一个人叫李孟常,另一个人叫安元寿,是粟特人。据墓志记载,这两个人都是秦王府旧将出身,而且都参与了玄武门之变,是李世民的亲信,因此作为"保镖"和李世民同行。

李世民是否真的神武无敌?颉利可汗是否真的庸弱不堪?其实也不尽然。根据《隋唐嘉话》的记载,突厥人打到渭桥时,李世民曾派人"驿召卫公问策"。卫公是名将李靖李药师,当时担任灵州道行军总管。他给出的建议是,"倾府库赂以求和"。啥意思?突厥人喜欢钱,那就把国库里的金银财宝都给他们,以换取他们和平退兵。如果你觉得厌的话,没关系,这只是第一步。所谓好汉不吃眼前亏,只要突厥人离开长安,那就可以进行第二步,"潜军邀其归路"。突厥深入唐朝腹地,返回途中势必经过唐军防区,到时候各部唐军可以趁机截杀之。原本在突厥人的不断挑战下,李世民已经大怒,"欲击之"。但听完使者的汇报之后,他还是觉得李靖的方案更加稳妥,于是依计向突厥奉上金银财物,此举也确实换来了罢战议和。所以,史书中大肆渲染的李世民孤身退突厥的英雄事迹,实际上根本不是天子凭一己之力扭转乾坤,相反倒是有些"城下之盟"的意味。不过,突厥在撤军途中的确遭到了李靖的截击，损失不小，此举令大唐王朝多少挽回了一些颜面。

颉利可汗退走，与其对突利可汗的猜忌也有关系，这件事还要从两年前开始谈起。武德七年（624）八月，颉利、突利二可汗联兵南下，李世民、李元吉等奉命阻击。当时关中阴雨连绵，唐军的后勤供应出现了问题，情况不容乐观。两军交战前夕，李世民对李元吉说："突厥兵锋正锐，但我军也不能示弱，否则气势上就先输了。我打算和他们战一场，你敢和我一起去吗？"李元吉道："敌军势大，我们怎么能够轻易出战？万一出师不利，到时候后悔就晚了！"李世民道："别说这些没用的，既然你不敢上阵，那我自己去，你在这儿好好待着，看我如何退敌。"于是李世民只带了些贴身骑兵来到两军阵前，对颉利可汗喊话道："国家与可汗和亲，何为负约，深入我地！我秦王也，可汗能斗，独出与我斗；若以众来，我直以此百骑相当耳。"颉利笑而不语。李世民又对突利可汗喊话道："尔往与我盟，有急相救；今乃引兵相攻，何无香火之情也！"突利莫名其妙，也没有答话。这时李世民继续策马前行，离突厥大军越来越近。颉利见他有恃无恐，又想起刚刚听到的香火之情那些话，怀疑他和突利可汗私下真有什么交易。当时东突厥有所谓大、小可汗之制，颉利是大可

第六章 震古烁今的功业

汗，突利是小可汗。万一突利不甘居于人下，想借唐朝之力与自己掰手腕，倒也不是没有可能。想到这里，颉利赶忙道："秦王你站住，不用过来了，我只不过想巩固一下我们双方的盟约而已。"说罢率军稍稍后撤。怀疑的种子一旦种下，就会不受控制地野蛮生长。颉利越看突利越可疑，突利担心被吞并，也惴惴不安。这时李世民又派人到突利帐中游说，晓以利害，"突利因自托于世民，请结为兄弟；世民亦以恩意抚之，与盟而去"。正是因为颉利对突利怀有戒心，所以他才急于与李世民讲和。

突厥退走之后，萧瑀禁不住问道："突厥未和之时，诸将争着请求出战，然而陛下坚决不答应。不久突厥自退，敢问陛下其中有何奥妙？"李世民说："我之前观察到，突厥虽然人多势众，但队形松散，没什么战斗意志，显然只是想讹点钱。后来和谈的时候，除了可汗以外，其余达官显贵都来拜见我。如果我趁着醉酒把他们绑了，借机发兵攻打突厥大军，其势应如摧枯拉朽一般。我已经提前命长孙无忌、李靖等在豳州设下埋伏，突厥人如果途经那里，便会遭到我军的迎头痛击。到时候前后夹攻，消灭他们可谓易如反掌。之所以没打这一仗，是因为我刚刚即位，天下尚未安定，百姓也不富裕。战机未至，因此对突厥只能先行安抚。毕竟一旦全面开战，造成的损失会特别大，而且一旦双方结下仇怨，让突厥对我们有了防备之心，再想消灭他们就不容易了。因此我才耐着性子不打，反而下令送给他们金银财宝。他们心满意足之后，自然会退去，而且志骄意满容易放松警惕，到时候我军便可一举将其覆灭。这正是将欲取之，必固与之的道理。"萧瑀赞叹道："陛下深谋远虑，非臣等所能及。"

"渭水之盟"被李世民视为耻辱，这位血气方刚的年轻君主无时无刻不想着一雪前耻。武德九年（626）九月，突厥刚刚退走，他便开始操练士卒，"习射于显德殿廷"。他勉励将士们说："戎狄为患，自古有之，君主沉迷享乐，不重视备战，就难以抵御来犯之敌。现在咱们一起练习骑射，没事的时候我就是你们的教练，有事的时候我就是你们的将军。等咱们的力量强大到能够震慑突厥，国家也就安定了。"他经常亲自检验训练成果，对于表现优异的士兵，"赏以弓、刀、帛，其将帅亦加上考"。不少大臣进谏道："按照律令规定，携带兵刃行至御前者应当处死。如今这么多人手持弓箭站在陛下身边，万一有人心生歹念，恐怕会威胁到您的安全。"李世民说："王者视四海如一家，大唐疆域之内的百姓，都是我的子民，我与他们推心置腹，怎么能无端猜忌呢！"将士们得知后很是感动，操练得更加勤奋，"数年之间，悉为精锐"。

第六章 震古烁今的功业

李世民练好了兵准备找回场子,突厥也没有让他等太久。渭水之行,颉利可汗中了反间计,突利可汗也被套路得明明白白,双方逐渐貌合神离。从唐朝返回后,颉利命突利率军征讨阴山以北的薛延陀、回纥等势力,结果突利连吃败仗,折损了不少军队。颉利很生气,将突利拘禁了10多天,据说还抽了他几鞭子。突利很愤怒,强烈的怨恨让他逐渐生出了反叛之心。颉利频繁派人向突利征兵,打算蚕食掉他的势力。突利一方面想尽办法拒绝,另一方面加强了与唐朝"好兄弟"李世民的联系。就在两位可汗的矛盾逐渐激化的时候,突厥又暴发了严重的天灾,史载"其国大雪,平地数尺,羊马皆死,人大饥"。对于脆弱的游牧经济而言,这样的打击几乎是致命的。为了摆脱财政危机,颉利下令"重敛诸部"。这种杀鸡取卵的做法无疑是不高明的。再强力的政治压榨也不可能凭空变出牛羊、变出金银。于是,"下不堪命,内外多叛之"。冰冻三尺非一日之寒,突厥内部出现这么大的变故并不是偶然的,他们对颉利的压迫早有不满,这次只不过是在外部条件的刺激下集中爆发而已。

突厥左支右绌,李世民全都看在眼里。他知道,此刻摆在他面前的是一次百年不遇的机会,一个重振中原王朝声威、成就圣君功业的机会。

秦王事业：玄武门事变到贞观之治

仗要怎么打？这位年轻的资深统帅心中早已有了筹划。牵牛不纳皮角，打虎先去爪牙，在与突厥最终决战之前，必须先解决掉另一个难缠的对手——朔方梁师都。"渭水之盟"以后，梁师都在突厥的庇护下惨淡经营，逐渐恢复了几分元气，但已大不如前。趁着突厥内乱，李世民修书一封，劝他早日归顺朝廷，不料遭到了拒绝。招降不成，李世民随即下令对梁国展开攻势。唐朝方面将前来投奔的梁国百姓派回去，让他们实行反间计，以破坏其君臣关系。与此同时，唐军频繁出动轻骑兵践踏梁国的庄稼，城内的粮食储备越来越少，不少人前来投降，之后又被派回去行反间，梁国上下"由是益相猜忌"。梁师都手下的大将李正宝、辛獠儿等打算把他抓起来，开城投降。事情暴露以后，李正宝只身降唐。眼见梁国已经离心离德，李世民知道战机已经成熟，便派柴绍、薛万钧等率军征讨朔方。颉利可汗遣军来援，然而被唐军击败。不久，梁师都被其堂弟梁洛仁所杀，后者开城降唐，被封为朔方郡公。至此，隋末唐初最后一支比较强大的割据势力也宣告灭亡。

梁师都覆灭之前，唐与突厥之间曾发生了一个小插曲。当时契丹酋长率部降唐，颉利可汗遣使前来，提出"以梁师都易契丹"，即突厥不追究契丹归唐之事，作为交换，唐也要承认突厥

第六章　震古烁今的功业

对梁师都的庇护。李世民拒绝道："突厥和契丹本来就不是一回事，没有资格干涉人家的自由。但梁师都本是中土之人，'盗我土地，暴我百姓'。突厥为他提供庇护，每当我军征讨，你们就发兵救援。眼下虽然他苟延残喘，但就像那釜中之鱼，逃不出我的手掌心！退一步讲，即便我朝奈何他不得，也不会用降附的百姓做交易。"梁师都控制朔方长达12年之久，他之所以能够长期割据，并不是因为兵强马壮，而是因为朔方地处唐与突厥的战略缓冲区，在唐朝尚未决定与突厥撕破脸时，始终对他保持了相对克制的态度。而一旦唐朝决定与突厥正面对抗，梁国也就失去了存在的价值，须臾之间即被倾覆。梁师都的死向世人宣布了一个明确的信号：唐朝要对突厥动手了！

颉利可汗不是傻瓜，他并非不明白李世民的意图，而是暂时腾不出手来。攘外必先安内，他要优先处理突厥内部的问题。贞观二年（628），颉利发兵攻打突利，突利不敌，派人向唐朝求援。李世民和群臣商量说："我和突利约为兄弟，说好遇到紧急情况要互相援助。但我和颉利也定下了和平友好的盟约，不便出兵，这如何是好呢？"兵部尚书杜如晦道："戎狄无信，终当负约，今不因其乱而取之，后悔无及。取乱侮亡，乃是自古以来的道理。"李世民说："此言差矣！匹夫一言，尚须存信，何况天下之主乎！哪有亲自与人结盟，又乘人之危将其消灭的道理？这种事你们可以做，但我身为天子却不能做。纵使突厥部落叛尽，六畜皆死，我也要坚守承诺，不随意发兵征讨，'待其无礼，方擒取耳'。"之所以这样说，根本原因在于当时并不是攻打突厥的最佳时机。因为突厥虽然内部纷争不断，但整体实力依然强大。李世民在等，他要等颉利和突利斗到元气大伤，然后再下场收割。

虽然暂时不能对突厥用兵，但李世民却下令消灭梁师都。这样做一方面是拔除突厥的一颗獠牙，另一方面也是为了迫使突厥"背盟"动武。因为梁师都是突厥的高级参谋，颉利不可能甘愿放弃这颗重要的棋子。灭梁之战中，突厥果然"背盟"来援，这为李世民攻打突厥提供了充足的理由。贞观三年（629），代州都督张公谨上疏分析了当时的局势，指出攻打突厥的客观条件已经成熟。他认为突厥面临内忧外患，天时、地利、人和尽失，已不足为惧，这就坚定了唐朝方面必胜的信心。

唐军蠢蠢欲动，颉利可汗也没有坐以待毙。贞观三年（629）十一月，他下令出兵攻打河西走廊，试图切断各部唐军之间的联系，争取战争主动权。唐肃州刺史公孙武达、甘州刺史成仁重奋起抵抗，击溃了来犯之敌，这极大地鼓舞了唐军的士气。不久，李世民下令兵部尚书李靖、代州都督张公谨出定襄道，并州都督

第六章 震古烁今的功业

李勣、右武卫将军丘行恭出通漠道，左武卫大将军柴绍出金河道，卫孝节出恒安道，薛万彻出畅武道，再加上灵州附近的任城王李道宗部，各路大军统一由李靖指挥，"分道出击突厥"。唐军全面出击的时间，显然是精挑细选的结果。因为经过颉利与突利长时间的内耗，突厥的整体实力已然削弱了不少。根据史书的记载，此时的突利很可能已被颉利击溃，因为大约一个月之后，突利可汗便入朝长安。颉利的情况也好不到哪里去，激烈的内斗势必令突厥国内原本已经存在的多种矛盾更加激化。而这恰恰是李世民一直在等待的结果。对于突利的到来，李世民深感振奋，他对大臣们说："当年太上皇为了天下百姓曾向突厥始毕可汗称臣，每每念及于此我都感到痛心。如今单于稽颡，庶几可雪前耻。"

突利的入朝只是"开门红"，战争还在继续！贞观四年（630）正月，李靖率三千骁骑自马邑进屯恶阳岭，迅速攻克了定襄。马邑、定襄等地原本是刘武周的地盘，刘武周死后，突厥便成了这里的主人。李靖部的突然出现超出了颉利可汗的预料，他大惊失色地说："唐军如果不是倾国而出，李靖怎敢孤军深入至此！"慌乱之下，他急忙下令"徙牙于碛口"。李靖又派人行反间计，颉利的心腹康苏密中计，率部请降。康苏密不是空着手来的，他给唐朝送来了一份大礼。什么大礼呢？正是前隋的萧皇后以及隋炀帝之孙杨政道。原来他们被处罗可汗迎入突厥后，便被安置在定襄，因为定襄是一个有故事的地方。隋文帝曾经帮助处罗可汗的父亲启民可汗"复国"，"筑大利城以处之"，大利城就在定襄。启民可汗曾经发誓，愿"千世万世，常为大隋典羊马"。隋朝灭亡后，处罗可汗从窦建德那里将萧皇后、杨政道等迎入突厥，立杨政道为隋王，命其居于定襄。此举正是为了回报杨氏之恩情。处罗还曾打算攻取并州以安置杨政道，然此计划因其突然身死而搁浅。突厥扶持杨政道，表面上说是报恩，实际上还是为了分裂中原，以维持自己的霸权。

萧皇后和杨政道的回归具有重大的历史意义，这标志着隋朝的最后一点残余势力也被消灭。自此之后，中原天下唯李唐独尊。此前曾有归降者称唐朝方面有人私下与萧皇后、杨政道等通信，现在萧皇后等人到了长安，中书舍人杨文瓘奏请仔细查问此事，李世民说："过去天下尚未平定，突厥势力又强，有些人愚昧无知，做出这种事也可以理解。如今天下安宁，过去的罪责，就没有必要再问了。"这一做法颇有些曹操烧信的意思，体现了一个成熟政治家应有的胸怀与格局。

定襄大捷极大地提振了唐军的士气。李世民得知后高兴地说："李靖以三千轻骑深入房庭，克复定襄，威震北狄，古今所

第六章 震古烁今的功业

未有，足报往年渭水之役。"

不久，李勣率军出云中，大破突厥于白道。李靖又破突厥于阴山。颉利可汗连吃败仗，率军退至铁山，剩余兵马尚有数万。他派执失思力代表自己到唐朝谢罪，"请举国内附，身自入朝"，这当然不是发自真心。他的真实想法是，先服个软渡过眼下这一关，等到来年草青马肥，再逃到漠北重整旗鼓。这些小算盘李世民并不清楚，还以为他真想求和，于是"遣鸿胪卿唐俭等慰抚之，又诏李靖将兵迎颉利"。当时李靖与李勣已经在白道会师，这两位当世名将商议道："颉利虽然战败，但兵马还有不少，如果让他逃归碛北，联合九姓回纥，很快就能恢复元气。况且去碛北的道路艰险遥远，我军很难追上。如今朝廷派出的使者正在突厥，颉利他们一定会放松警惕，倘若挑选1万精锐骑兵，带20日粮前往偷袭，肯定可以不战而擒之。"

二人把这一谋划告知张公谨，张公谨有些犹豫："陛下已经答应让颉利投降，朝廷的使者也已经赶到了，怎么能再去袭击他们呢！"李靖道："这正是当年韩信破齐的计策，为了大局，唐俭之辈即便牺牲，也是死得其所。"李靖是前敌总指挥，他决定要干，其他人只能无条件服从。当天夜里，李靖、李勣便相继率军出发。唐军行至阴山，"遇突厥千余帐，俘以随军"。此时颉利

秦王事业：玄武门事变到贞观之治

见到唐朝使者，"大喜，意自安"，殊不知危险已经悄悄降临。李靖命苏定方率二百骑为前锋，在大雾的掩护下，唐军行至距离牙帐7里的地方才被发觉。颉利骑上千里马先逃走，李靖大军杀至，突厥人一触即溃。混乱之中，幸运的唐俭顺利逃脱。此战李靖斩首万余级，俘虏男女10余万人，缴获杂畜数十万头，还斩杀了隋朝宗室义成公主，生擒其子叠罗施。颉利率领残部万余人打算逃往漠北，但李勣已抢先率军把守住了碛口。颉利可汗大势已去，手下纷纷率众投降，李勣俘获5万余人凯旋。唐军大获全胜，开疆拓土，自阴山以北直至大漠，全都成了唐朝的领地。

北边道路不通，颉利可汗又往西投奔苏尼失部。苏尼失是启民可汗的弟弟，督部落5万家，其牙帐位于灵州西北。颉利统治期间，苏尼失部一直都很忠心，等到突利可汗降唐以后，颉利便命苏尼失为小可汗。颉利打算从苏尼失去吐谷浑，然而唐军紧追不舍。唐大同道行军总管任城王李道宗领兵前来，逼迫苏尼失交出颉利。颉利得知以后，带着几名亲卫连夜逃走，躲藏在荒谷之中。苏尼失担心唐朝迁怒于己，于是派人将颉利追了回来。行军副总管张宝相派兵包围苏尼失，俘获颉利送至长安，苏尼失也举众归降，"漠南之地遂空"。李世民见到颉利以后，当面指责他的罪过。颉利以为自己在劫难逃，已经做好了被处死的准备。不

第六章　震古烁今的功业

料李世民话锋一转，道："虽然你有很多罪过，但自便桥结盟以来，你确实没怎么大规模入侵我朝，也算言而有信，因此我决定饶你不死。"颉利"哭谢而退"。李世民又下令好吃好喝招待他。东突厥汗国崩溃的消息传开以后，西北诸番奏请为李世民上尊号为"天可汗"，李世民高兴地说："我为大唐天子，又下行可汗事乎！"此后"降玺书册命其君长，则兼称之"。太上皇李渊听说自己的儿子居然消灭了突厥，感慨自己"托付得人"。他把李世民和一些王公贵族叫到凌烟阁，摆酒庆贺。酒酣之际，李渊亲自弹琵琶，李世民起舞，公卿大臣纷纷祝贺，"逮夜而罢"。

短暂的愉悦之后，一个现实问题摆在了唐朝君臣面前：突厥前后降唐者多达10来万人，该如何安置他们呢？朝野之中有不同的看法。大部分人认为，北狄自古以来就是中原之患，如今好不容易消灭了他们，应该把俘虏安置在河南兖州、豫州之间，教其耕织，将他们改造为国家编户。中书侍郎颜师古认为，突厥、铁勒都是上古所不能臣的异族，应置于河北，分立酋长，领其部落，如此方可永绝后患。礼部侍郎李百药认为，突厥虽然号称是一个国家，但其内部民族众多，各有酋帅，应趁其部落离散之机，分而治之。这样做有两个好处：一是将其分成若干实力较弱的小国，便于控制；二是这些小国之间彼此势均力敌，谁也奈何不了谁，为了自保，它们会争相向中原示好，"必不能抗衡中国"。李百药还建议在定襄设置都护府，统管诸部。夏州都督窦静认为，将突厥安置在中原有害无益。因为每个人都有故土之思，突厥人也不例外，倘若他们因思乡发动叛乱，会对唐朝造成不小的伤害。不如将其分化为若干小势力，实行羁縻统治。

温彦博认为，将突厥安置在兖州、豫州之间，有违"物性"，也就是突厥人的本性。他们是游牧民族，本该逐水草而居，将其安置在农耕区，"非所以存养之也"。应该效仿汉武帝对待归降匈奴人的做法，将突厥置于塞下。魏徵认为，突厥长期掳掠中原，乃是国家、百姓之仇敌，陛下如果不忍心将这些归降的突厥人都杀掉，那就应该放他们返回故土，"不可留之中国"。为啥呢？因为戎狄人面兽心，"弱则请服，强则叛乱"乃是他们的本性。如今归降之人多达10万之众，这个数量还会随着人口繁衍不断增加，恐怕很快就会成为朝廷的心腹之患。历史上西晋就曾经出现过这种情况，不能不吸取教训！温彦博反驳道："王者仁爱万民，突厥势穷来归，怎可弃之不受呢！所谓'有教无类'，如果我们帮助他们安身立命，教他们道德礼义，那用不了多久，他们就都能成为合格的百姓。我们还可以让他们的酋长入宫担任宿卫，到时候他们畏惧我朝的声威，感念陛下的仁德，又能搞出什么后患

第六章 震古烁今的功业

呢！"不得不说，温彦博是懂李世民的，"王者"二字一出，直接就唤醒了后者的圣君情结。最终，李世民采纳了温彦博的建议，将突厥降众安置在了"东自幽州，西至灵州"的广大地区。与此同时，李世民下令分突利可汗故地为四州，置顺、祐、化、长州都督府，又分颉利可汗故地为六州，置定襄、云中都督府，以统领突厥降户。

群龙不可无首，突厥人必须有自己的领袖，深思熟虑之后，李世民公布了最新的人事安排。作为曾经的突厥第一人，颉利可汗拥有强大的号召力，肯定是不能放回去的，所以只能留在唐朝。突利可汗归降较早，与唐朝关系亲善，而且曾经担任过东突厥的小可汗，威望足够高，因此被任命为顺州都督，"使帅部落之官"。李世民告诫他说："当年你的祖父启民可汗兵败后投奔隋朝，隋文帝立他为大可汗，并出兵帮助他复国，尽有北荒之地。你的父亲始毕可汗知恩不报，反而成为隋朝的大患。天道不容，所以你们才有今日之乱亡。我之所以不立你为大可汗，正是因为吸取了隋立启民可汗的教训。如今我任命你为都督，希望你能遵守律法，不要再互相侵略，这不仅是为了国家长治久安，也是为了你的家族能够长盛不衰。"突利可汗跪拜领命。苏尼失在突利之后担任小可汗，也是原突厥高层，仍领旧部。阿史那思摩忠诚聪敏，曾多次担任使者出使唐朝，与李世民是老相识。颉利穷途末路之际，手下高层纷纷逃散，只有思摩始终追随左右，李世民"嘉其忠"，命他统领颉利旧众。

顺带提一下颉利的结局。从草原到长安，颉利的身份和所处的环境发生了巨大转变，这让他在许多方面都很不适应。他住不惯房子，常在家中设置穹庐居住，而且郁郁寡欢，动辄就与家人"悲歌相泣下"。一段时间下来，他的身体状况和精神面貌都变得很差。李世民提出让他担任虢州刺史，因为虢州背靠大山，有许多野生动物，可以射猎为乐，但颉利主动推辞了。李世民随即任命他为右卫大将军，并赐良田美宅。颉利虽然衣食无忧，但过得并不如意，甚至有些屈辱。

李世民曾说："昔日启民可汗兵败失国，隋文帝不惜代价发兵助其复国，到始毕可汗时，突厥稍强，竟然发兵围炀帝于雁门，如今突厥灭亡，大概是他们背德忘义导致的报应吧！"曾经的草原霸主颉利在听到这些话后，恐怕难免感到凄凉。贞观八年（634），颉利在长安去世，时年56岁，唐朝赠其为归义郡王，依突厥之礼火化后将其葬于灞水之东。2005年，西安碑林博物馆从西安东郊征集到一方题为"大唐故屯卫郎将赠那州刺史阿史那婆罗门志铭"的墓志，志主阿史那婆罗门乃是颉利可汗之子。这方墓志对寻找颉利可汗的准确葬地具有重要的意义。

二、破薛延陀

突厥覆灭以后，薛延陀又强大起来。薛延陀原本依附于突厥，贞观初年颉利政乱时叛乱自立，颉利多次派兵征讨，但均无功而返。贞观二年（628），"突厥北边诸姓多叛颉利可汗归薛延陀"，他们共推夷男为薛延陀可汗，夷男不敢接受。当时唐朝正欲攻打突厥，急需帮手，于是李世民派人册封夷男为真珠毗伽可汗，赐以鼓纛。夷男大喜，遣使入贡，建牙于大漠之郁督军山之下。当时薛延陀控制"东至靺鞨，西至西突厥，南接沙碛，北至俱伦水"的广大区域，回纥、同罗、仆骨等部尽皆臣属，俨然成为漠北诸部共主。颉利兵败以后，其手下部众或南下降唐，或西奔西域，还有的转而依附薛延陀。趁着北方空虚，夷男率部占据突厥故境，"建庭于都尉犍山北、独逻水南"，立其二子为南、北部。当时薛延陀的疆域"东至室韦，西至金山，南至突厥，北临瀚海"，大致相当于"古匈奴之故地"。夷男麾下有"胜兵二十万"，势力十分强盛。李世民担心夷男发展成为下一个颉利，于是开始有针对性地进行部署，以防患于未然。一方面，他将夷男的两个儿子都立为小可汗，分别赐以鼓纛，"外示优崇，实欲分其势也"。另一方面，他命阿史那思摩率部返回突厥故地，以遏制薛延陀势力的发展。李世民怎么舍得把突厥人放回去了呢？这还要从一次刺杀说起。

突利可汗有个弟弟叫结社率，当年跟随兄长一起入朝长安，"历位中郎将"。这个家伙性格无赖，突利经常斥责他，他不仅不改正，还怀恨在心，诬告突利谋反。李世民对事情的原委一清二楚，因此也很讨厌他，很长时间都没给他加官晋爵。贞观十三年（639）夏天，李世民到九成宫避暑，结社率作为突厥贵族也一同随行。到了九成宫以后，他秘密联合旧部，"得四十余人"，计划趁着晋王李治后半夜出宫之际，冲入宫门，直奔御帐刺杀皇帝。结社率一伙人拉上了突利可汗之子贺逻鹘一起举事，他们提前埋伏在宫外，结果偏赶上这一天刮大风，晋王没出门。结社率担心天亮以后事情暴露，于是带领手下强闯御营，"逾第四重幕，引弓乱发，杀卫士数十人"。唐将孙武开等奋力抵抗，过了很久才将这伙贼人击退。结社率等知道刺杀无望，于是冲到御厩抢了二十几匹马，一路向北狂奔，渡过渭水，准备返回其部落，但最终被唐军捕杀。贺逻鹘因是被迫加入，免去死罪，被流放岭南。

"结社率之乱"给李世民提了个醒，那就是对突厥人的安置

第六章 震古烁今的功业

政策的确有问题。结社率为什么能迅速纠合起一批突厥死士？归根到底还是因为他们有乡土之思，对唐朝的安置政策心存不满，所以才会被轻易煽动、利用。李世民很懊恼，他后悔当初没听魏徵等人的话，令突厥人返回故土。于是他对身边的大臣们说："中国，根干也；四夷，枝叶也；割根干以奉枝叶，木安得滋荣！朕不用魏徵言，几至狼狈。"与其把突厥人留在身边成为"定时炸弹"，还不如让他们返回故地，这样既可以对以往的政策进行纠偏，又可以制衡薛延陀，堪称一石二鸟。

贞观十三年（639）秋，李世民命右武侯大将军、化州都督、怀化郡王阿史那思摩为乙弥泥孰俟利苾可汗，率旧部渡河。诏令发出，突厥人却不愿意走。为啥呢？因为突厥已经内迁快 10 年了，好不容易重新安了家，也适应了新的生活环境，哪能说走就走？再者，突厥人的信息也不闭塞，他们知道自己的老家已经被薛延陀占了。

面对"突厥咸惮薛延陀，不肯出塞"的情况，李世民很淡定，他命司农卿郭嗣本持玺书晓谕薛延陀，大意是：颉利兵败以后，突厥人大多归降大唐。我身为天子，一视同仁，赦免了他们的过错，并对他们进行了深刻的批评教育。大唐是礼仪之邦，之前攻打突厥，主要是因为颉利无道，并不是贪图突厥的土地、人口和财物。我只是想为突厥更换一位贤德的可汗，并不打算行吞并之事，因此才将归降的突厥人安置于河南之地，任其畜牧。如今突厥经过休养生息，户口大增，我内心也很欢喜。天子一言九鼎，既然我曾经许诺为突厥更换可汗，那便不能失信。我打算今年秋中令突厥渡河，复其故国。你们薛延陀受册在前，突厥受册在后，按照先来后到，后者为小，前者为大。你们在碛北，突厥在碛南，各守疆土，镇抚部落。如果你们逾越边界互相攻伐，那我们大唐就会兴师问罪。

薛延陀奉诏退至碛北，李世民遂遣阿史那思摩率部重返碛南。临别之际，李世民在齐政殿为阿史那思摩饯行，阿史那思摩涕泣不止。李世民勉励他一番，又令礼部尚书赵郡王李孝恭等持册书立之。与此同时，李世民还任命左屯卫将军阿史那忠为左贤王，左武卫将军阿史那泥熟为右贤王。阿史那忠是苏尼失之子，曾参与抓捕颉利可汗，李世民对他很好，不仅赐名为"忠"，还"妻以宗女"。出塞之后，阿史那忠怀念长安，怀念李世民，最终获准返回唐朝。此后阿史那忠为唐朝南征北战，立下赫赫功勋，被称为唐朝的"金日䃅"。阿史那忠死后陪葬昭陵，他的墓葬在20世纪70年代已经被发掘清理，出土了墓志。墓志自称京兆万年人，可见在长期的交往交流交融之中，突厥人已经逐渐融入唐

第六章　震古烁今的功业

朝。

再说薛延陀。真珠毗伽可汗夷男的心情可谓糟透了。然而形势比人强，他不敢违抗唐朝的命令，因此把全部的怨恨都倾注到了突厥人身上。史载"夷男心恶思摩，甚不悦"。贞观十五年（641）正月，阿史那思摩率部渡过黄河，"建牙于故定襄城，有户三万，胜兵四万，马九万匹"。思摩明白，他这点实力在薛延陀面前根本不够看，毕竟后者拥有精兵20余万。聪明的他提前向李世民发出申请：万一薛延陀来犯，自己抵挡不住便退入长城。李世民知道目前的突厥的确远非薛延陀的对手，于是便答应了他的请求。

夷男视阿史那思摩为眼中钉、肉中刺，积聚力量准备攻打他。李世民听说以后，派人传旨，严禁双方起冲突。但薛延陀和突厥之间还是不断爆发小规模的冲突。李世民令突厥返回故土，本就存了制衡薛延陀的心思，眼见战略目标基本顺利完成，自然也乐得坐观。过了一段时间，夷男听说李世民打算到泰山封禅，便趁机出兵攻打阿史那思摩。他命自己的儿子大度设率诸部之兵20万人，穿越漠南，直奔突厥。阿史那思摩自知不能抵御，于是率众退入长城，保据朔州，并遣使向朝廷告急。

李世民终于等到了能够名正言顺攻打薛延陀的理由。他很快便派出五路大军：营州都督张俭率领本部人马及奚、霤、契丹之兵进军薛延陀东境；凉州都督李袭誉为凉州道行军总管，进军薛延陀西境；兵部尚书李勣为朔州道行军总管，将兵六万，骑千二百，屯朔州；右卫大将军李大亮为灵州道行军总管，将兵四万，骑五千，屯灵武；右屯卫将军张士贵将兵一万七千，为庆州道行军总管，出云中。诸将辞行之时，李世民面授破敌之策：不要急于求战，待薛延陀粮草耗尽撤退之时，再一举破敌。就在唐军进行战略部署时，大度设领着三万薛延陀骑兵逼近长城，准备一举消灭突厥，但阿史那思摩得到消息，已经提前跑了。大度设扑了个空，"知不可得，遣人登城骂之"。恰于此时，李勣率军杀到了。俗话说得好：人到一万，无边无沿；人到十万，彻地连天。六万多唐军加上一路收拢的突厥残兵，声势浩大，弥漫的烟尘把天都遮住了。大度设心生恐惧，急忙领军撤走，但李勣并不打算放过他，"选麾下及突厥精骑六千"穷追不舍。行至诺真水，大度设"勒兵还战，陈亘十里"。突厥先打头阵，"不胜，还走，大度设乘胜追之，遇唐兵"，薛延陀万箭齐发，唐军的战马大多被射死。李勣命将士们下马步战，"执长稍，直前冲之"，薛延陀大败。此战唐军斩首3000余级，俘虏5万余人，缴获甲仗辎重不计其数，大度设仅以身免。薛延陀残军退回漠北之后，又赶上

第六章 震古烁今的功业

了大风雪，人畜冻死者十有八九。

诺真水一战打出了唐朝的威风，对薛延陀起到了很好的震慑作用。夷男遣使谢罪，请求与突厥握手言和。使者辞还时，李世民骄傲地说："我曾命你们薛延陀与突厥以大漠为界，如果有人擅自越界侵扰对方，我便发兵征讨。你们自恃强盛，跨越大漠攻打突厥。李勣不过率领几千骑兵，便打得你们如此狼狈，倘若我朝派出更多将士，你们如何抵挡？回去告诉你们可汗：凡举措利害，可善择其宜。"

夷男被打怕了，不敢再轻启战端，他转变思维，试图依靠唐朝壮大自身。贞观十六年（642），夷男遣使至唐请求和亲。李世民对大臣们说："北狄世为寇乱，如今薛延陀强盛，我们应早做打算。我思来想去，只有两个好办法：一是调集大军直接消灭他们，如此则毕其功于一役，可保北疆百年安宁；二是答应夷男的请求，与他和亲，这样也能维持边境30年的太平。你们觉得怎么做更好？"房玄龄道："中原动荡已久，战争创伤尚未恢复，而且兵者乃是国之凶器，圣人所慎，不可妄动。综合来看，还是和亲更好。"李世民听后觉得有道理，便说："朕为苍生父母，苟可以利之，岂惜一女？"于是同意与薛延陀和亲。和亲是个大事，要走很长的流程。唐时结婚有六礼，即纳采、问名、纳吉、纳征、请期、亲迎。贞观十七年（643）闰六月，夷男派遣使者到唐朝纳征，也就是送彩礼，包括马5万匹，牛、橐驼万头，羊10万只。李世民很高兴，"御相思殿，大飨群臣，设十部乐"，并重赏使者。

这时契苾何力进言道："薛延陀不可与婚。"因为一旦夷男娶了唐朝公主，那就可以凭借"天可汗"女婿的身份威慑诸蕃，从而扩大势力。李世民也意识到了问题的严重性，却有些骑虎难下，只能无奈地说："之前我已经答应薛延陀了，身为天子，我怎能食言呢！况且彩礼都收了，再退婚不是要被天下人耻笑吗？"契苾何力道："此事不难。陛下用不着直接回绝，只要拖着就好了。臣听闻自古以来便有亲迎之礼，不如下令命夷男亲自来迎娶公主，即便不到长安，至少也要到灵州。他一定不敢前来，到时候就有退婚的理由了。夷男性情暴躁，和亲不成，其部下又怀有二心，不过一两年必然病死，到时候他的两个儿子争夺可汗之位，朝廷便可以坐而制之。"李世民依其言，命夷男亲自来迎亲，并下诏称"将幸灵州与之会"。

契苾何力之所以劝阻和亲，可能与他和薛延陀之间的私怨有关系。此人本是铁勒契苾部贵族，降唐后参与了灭吐谷浑、平高昌等一系列战役。当时薛延陀强盛，契苾部落打算叛唐归之。契

第六章　震古烁今的功业

契苾何力回家探亲时意外得知这一消息，不禁大惊道："主上厚恩如是，奈何遽为叛逆！"有族人对他说："你的母亲、弟弟已经先一步投降了，你就别坚持了。"契苾何力道："自古忠孝难两全，我忠君报国，定不投敌。"族人见状也不再劝，直接把他绑起来送到薛延陀真珠可汗夷男面前。

契苾何力身处险境，仍面无惧色。他拔出佩刀大声喊道："岂有唐烈士而受屈虏庭，天地日月，愿知我心！"说罢割掉自己的左耳，誓死不降。夷男大怒，欲杀之，其妻力劝才作罢。

李世民听说契苾何力去了薛延陀，便说："这必定不是何力的本意。"左右有人道："戎狄气类相亲，契苾何力叛入薛延陀，也算是如鱼得水。"李世民坚定地说："非也。契苾何力的心如同铁石一般，他一定不会背叛我。"此时恰好有使者从薛延陀归来，详细讲述了契苾何力的遭遇，李世民听罢为之垂泪。他当即命兵部侍郎崔敦礼持节晓谕薛延陀，承诺以新兴公主和亲，以换回契苾何力。后者因此得以返回长安，被任命为右骁卫大将军。于公于私，契苾何力都不希望看到薛延陀好过，于是他坚决反对和亲。

夷男还不知道唐朝给他下了套，高兴地对手下人说："我本铁勒之小帅也，天子立我为可汗，今复嫁我公主，车驾亲至灵州，斯亦足矣！"皇帝这么给面子，咱也不能不讲究不是？于是他下令"税诸部羊马以为聘财"。有大臣劝谏道："薛延陀可汗与大唐天子都是一国之君，为什么要亲自前往灵州朝谒？万一被他们借故扣押，到时候后悔就晚了！"夷男说："我听闻大唐天子圣德远被，四夷无不宾服。我能有机会一睹天颜，就算是死也没什么遗憾了。更何况漠北之地总会有主人，把我换掉对唐朝也没什么好处，我意已决，不必再劝了！"夷男对和亲如此重视，归根到底还是因为和亲直接关系着薛延陀的国运。李世民派出使者接受薛延陀所献的羊马。但是薛延陀之前没什么积蓄，为了凑出足够的聘礼，夷男不惜"调敛诸部"。然而路途往返将近万里，"道涉沙碛，无水草"，羊马多死，故失期不至。这给了李世民退婚的理由。恰于此时，有人"适时"地提出"聘财未备而与为婚，将使戎狄轻中国"，于是李世民"下诏绝其婚，停幸灵州"，并命人召回接受羊马的使者。

薛延陀被唐朝摆了一道，自然十分恼怒，和唐朝的关系越发疏远。因为这件事确实是李世民办得不妥，所以有不少大臣劝他说："朝廷既许其婚，受其聘币，不可失信戎狄，更生边患。"这话说得非常客气，其实如果李世民不是皇帝，恐怕会有人直接指着他的鼻子骂，言而无信，退婚还收人家彩礼，简直不要脸。李

第六章 震古烁今的功业

世民有点尴尬，不过还是解释道："诸位有所不知，汉初匈奴强，中国弱，所以不得不行和亲之事。如今中国强，戎狄弱，我军步兵一千，可击败胡骑数万，薛延陀之所以如此卑微，任由我们拿捏，主要是因为其新为君长，杂姓非其种族，欲假中国之势以威服之耳。同罗、仆骨、回纥等10余个部族，各有强兵数万，倘若他们一拥而上，并力攻之，薛延陀立可破灭。他们之所以不敢这样做，还不是因为薛延陀乃是我们大唐所立。如果我们真与夷男和亲，让他成了唐朝的女婿，那么诸蕃谁敢不服？我现在停止和亲，就是要让诸蕃都知道我已经抛弃了薛延陀。你们等着瞧吧，要不了多久薛延陀就会土崩瓦解。"

李世民对薛延陀的分析，当然是准确的，不过这并不意味着退婚有理。北宋史学家司马光在评论这件事时说："太宗既然知道不能与薛延陀和亲，那起初便不该答应。答应之后又自食其言，这样虽然灭了薛延陀，也不光彩。身为天子，万不可轻易许诺！"温公的评论十分到位，就当时的情形而言，唐灭薛延陀并不是什么难事，和亲又退婚虽然打击了薛延陀，但同时也损害了唐朝的公信力，弊端不小。

后来李世民打算出兵攻打辽东，担心薛延陀在背后攻打，于是对薛延陀使者说："我马上要去东征，你回去告诉夷男，他要是想出兵犯境，一定要抓住机会。"夷男得知后十分惶恐，连忙对李世民表忠心。贞观十九年（645）冬，由于唐军的攻势极为凶猛，高句丽派人游说夷男，诱以重利，希望他能出兵牵制唐军，但夷男自知不是唐朝的对手，说什么也不肯发兵。不久，夷男去世，李世民得知后"为之举哀"。夷男和李世民之间虽然有过不愉快，但双方毕竟曾经合作颠覆了东突厥汗国，某种意义上既是战略伙伴，又是竞争对手。李世民的昭陵中刻有14尊蕃酋长立像，包括颉利可汗、突利可汗、阿史那思摩等，其中一个便是夷男。这些雕像大多被毁，只有个别石像座留存至今。幸运的是，当前发现的石像座中，有一个便刻有"薛延陀真珠毗伽可汗"，算是这段历史的珍贵见证。

夷男去世之前，曾奏请庶长子曳莽为突利失可汗，居东方，统杂胡；嫡子拔灼为肆叶护可汗，居西方，统薛延陀，李世民表示同意。突利失可汗性格暴躁，与肆叶护可汗关系不佳。夷男的丧事刚刚办完，二人便爆发冲突，最后突利失可汗被杀，肆叶护可汗自立为颉利俱利薛沙多弥可汗。多弥可汗改变了父亲的政策，趁李世民东征未归引兵南下。李世民之前就担心薛延陀不安分，早就派右领军大将军执失思力率领突厥兵马屯于夏州之北以备之。此时得知薛延陀南下，随即又派左武侯中郎将田仁会率军

第六章 震古烁今的功业

迎战，与执失思力合兵击之。执失思力谈判水平不怎么样，打仗倒有两把刷子，他佯装败退，诱敌深入，在夏州境内大败薛延陀，"追奔六百余里，耀威碛北而还"。多弥可汗不甘心失败，不久又发兵攻打夏州。

李世民命礼部尚书江夏王李道宗发朔、并、汾、箕、岚、代、忻、蔚、云九州兵镇朔州；右卫大将军代州都督薛万彻，左骁卫大将军阿史那社尔发胜、夏、银、绥、丹、延、鄜、坊、石、隰十州兵镇胜州；胜州都督宋君明和左武侯将军薛孤吴发灵、原、宁、盐、庆五州兵镇灵州；又命执失思力发灵、胜二州突厥兵，与李道宗等遥相呼应，构筑了坚固的防线。"薛延陀至塞下，知有备，不敢进。"贞观二十年（646）春，夏州都督乔师望、右领军大将军执失思力等率军攻打薛延陀，大破之，俘获2000余人，多弥可汗轻骑逃走。军事上的连续失利影响了多弥可汗的威信，薛延陀"部内骚然"，国内乱起。

薛延陀内乱，与多弥可汗直接相关。史载此人"性褊急，猜忌无恩"，而且任人唯亲，"废弃父时贵臣，专用己所亲昵"，因此"国人不附"。多弥可汗不思己过，反而采取高压政策，对反对者大肆屠戮，以致"人不自安"。回纥酋长吐迷度与仆骨、同罗共击之，多弥可汗大败。趁着薛延陀政局动荡，李世民下令命江夏王李道宗、左骁卫大将军阿史那社尔为瀚海安抚大使，又命右领军大将军执失思力统率突厥兵马，右骁卫大将军契苾何力统率凉州及杂胡兵马，代州都督薛万彻、营州都督张俭各领本部人马，分道并进，攻打薛延陀。薛延陀诸部得知唐军杀至，顿时大乱。多弥可汗率数千骑兵逃走，"回纥攻而杀之，并其宗族殆尽，遂据其地"。诸酋长互相攻击，争相遣使归命。

薛延陀余众7万余人西归故土，共立咄摩支为可汗。咄摩支是真珠毗伽可汗夷男的侄子，也是原薛延陀高层，他的父亲是夷男的兄长。不久，咄摩支宣布去可汗之号，遣使至唐，奉表称臣，请求朝廷允许薛延陀居于郁督军山之北。铁勒九姓酋长听说咄摩支率领薛延陀卷土重来，无不恐惧。唐朝方面也担心咄摩支成为碛北之患，故改令李勣与九姓铁勒共图之。李世民叮嘱李勣道："薛延陀降则抚之，叛则讨之。"不久，李世民又下诏亲赴灵州招抚铁勒诸部，以利用薛延陀亡国之机加强对漠北地区的控制。

李勣领兵至郁督军山，薛延陀酋长梯真达官率部归降，咄摩支逃入荒谷，通事舍人萧嗣业奉命前往招慰。萧嗣业擅长做思想工作，他动之以情，晓之以理，详细宣讲了唐朝对降人的优待政策，很快便完成了招降任务。咄摩支虽降，但其手下部众仍然摇

第六章 震古烁今的功业

摆不定。面对这些顽固分子，李勣下令纵军追击，前后斩首5000余级，俘获男女3万余人。不久，咄摩支被送至长安，拜右武卫大将军。江夏王李道宗率领的唐军遭到了薛延陀阿波达官部数万人的抵抗。两军交战，唐军大破之，斩首千余级，追奔200里。经过一系列征战，薛延陀残余势力大致被肃清。不久，回纥、拔野古、同罗、仆骨、多滥葛、思结、阿跌、契苾、跌结、浑、斛薛等十一姓各遣使入贡。李世民大喜，重赏使者，并赐诸酋长玺书。

贞观二十年（646）九月，李世民终于到达灵州。当时铁勒百余万户争相内附，各部酋长派到灵州的使者络绎不绝，多达数千人。他们全都宣称："愿得天至尊为奴等天可汗，子子孙孙常为天至尊奴，死无所恨。"李世民当场写下"雪耻酬百王，除凶报千古"的诗句，以纪其事。贞观二十一年（647）正月，诏以回纥部为瀚海府，仆骨为金微府，多滥葛为燕然府，拔野古为幽陵府，同罗为龟林府，思结为卢山府，浑为皋兰州，斛薛为高阙州，奚结为鸡鹿州，阿跌为鸡田州，契苾为榆溪州，思结别部为蹛林州，白霫为寘颜州，各以其酋长为都督、刺史，各赐金银缯帛及锦袍。六府七州的设立，标志着漠北地区被纳入了唐王朝的羁縻统治体系。这些羁縻府州在管理上有别于内地州县，体现了唐王朝"因俗而治"的统治智慧。铁勒诸部获得了唐王朝的庇护，大喜，"欢呼拜舞，宛转尘中"。他们又奏请于回纥以南、突厥以北开"参天可汗道"，李世民表示同意。自此以后，"北荒悉平"，唐朝北部边境迎来了长时间的安宁。

三、经略西疆

西域是古代中国的西部门户，也是隋唐王朝了解世界的窗口。唐初，西域的霸主是西突厥，史载其"控弦数十万，霸有西域……西戎之盛，未之有也"。与此同时，盘踞西北的吐谷浑势力也很强大，威胁着河西走廊的安全以及丝绸之路的畅通。李唐王朝若想重新控制西域，首先便要消除吐谷浑方面的威胁。

吐谷浑本是鲜卑族的一支，魏晋南北朝时西迁至甘肃、青海一带，成为横亘在中原与西域之间的重要势力。隋炀帝时曾一度发兵攻灭吐谷浑，以其地为西海、河源等郡，打通了通往西域的道路。大业五年（609），隋炀帝西巡张掖时，西域二十七国君长谒于道左，中原王朝声威大震。隋末动乱时，吐谷浑伏允可汗卷土重来，"悉收故地，复为边患"。伏允之子慕容顺久在中原为质。唐朝建立后，遣使与吐谷浑讲和，双方约定，唐可以将慕容

第六章　震古烁今的功业

顺放归本国，作为条件，吐谷浑要帮助唐朝出兵攻打割据凉州的李轨。伏允思子心切，很快便如约出兵，唐也信守承诺，送慕容顺返还故土。吐谷浑没了顾忌，逐渐变得嚣张起来。

贞观之初，伏允派人到长安朝贡，使者尚未返回，他便发兵"大掠鄯州而去"，李世民遣使斥责，命其入朝，他却以患病为由推托。伏允又为其子尊王向唐求婚，李世民表示同意，但要求新郎官自己来娶亲，尊王拒绝前来，最后这门亲事只能作罢。不久，伏允又发兵攻打唐朝的兰、廓二州。吐谷浑一而再，再而三不给李世民面子，这让年轻的皇帝很是恼火。恰于此时，鄯州刺史李玄运进言道："吐谷浑良马悉牧青海，轻兵掩之，可致大利。"贞观八年（634）六月，李世民命左骁卫大将军段志玄为西海道行军总管，左骁卫将军樊兴为赤水道行军总管，率军攻打吐谷浑。十月，段志玄大破吐谷浑，追奔800余里，距青海仅30余里。唐军"迟留不进"，吐谷浑遂得以"驱青海牧马而遁"。唐将李君羡从别路杀出，破吐谷浑于青海之南悬水镇，缴获牛羊2万余头。李世民的本意或许只是想给吐谷浑一个小小的教训。但当时伏允年老昏聩，偏信其手下天柱王，竟然扣押了唐朝方面的使臣鸿胪丞赵德楷。唐多次遣使至吐谷浑晓以利害，但伏允始终没有悔改之心，双方冲突不断升级。

秦王事业：玄武门事变到贞观之治

贞观八年（634）十一月，吐谷浑发兵攻打唐朝的凉州，此举彻底惹恼了李世民，他下诏大举讨伐吐谷浑。千军易得，一将难求。李世民想任命李靖为主将，但考虑到他年老，不便劳其远征。李靖得知后，主动请缨，李世民大为欢喜。李靖是隋末唐初的著名将领，他的舅舅是曾经参与灭陈大战的隋朝名将韩擒虎。李靖精通兵法，韩擒虎曾感慨道："可与论孙、吴之术者，惟斯人矣。"李渊起兵之前，李靖已经察觉到了他有异志，打算到隋炀帝面前检举揭发，行至长安，因道路不通而止。后来唐军攻克长安，李渊"执靖将斩之"，李靖大喊道："公起义兵，本为天下除暴乱，不欲就大事，而以私怨斩壮士乎！"遂获释。此后李靖先后参加了剪除群雄、消灭东突厥的战争，指挥了多次经典战役，为唐朝立下了赫赫战功。有这样一位名将坐镇，唐军未战便先胜了一半。十二月，李世民下令以李靖为西海道行军大总管，节度诸军。兵部尚书侯君集为积石道、刑部尚书李道宗为鄯善道、凉州都督李大亮为且末道、岷州都督李道彦为赤水道、利州都督高甑生为盐泽道行军总管，会合突厥、契苾之兵，共击吐谷浑。这是两个老年人之间的战争，是经验、智慧更是耐力的对决。

贞观九年（635）夏，李道宗在库山击溃吐谷浑主力。伏允

第六章 震古烁今的功业

命人悉烧沿途野草,轻兵逃入沙碛。诸将大多认为战马无草,疲惫瘦弱,不宜深入追击。侯君集却提出不同意见,他认为:"此前段志玄出征返回时,大军才至鄯州,而吐谷浑已至其城下,是因为当时敌军主力尚在,也甘愿为伏允所用。如今伏允大败,部队逃散,斥候亦绝,君臣携离,父子相失,收拾这样的敌人,易如拾芥,此时不乘胜追击,以后必将后悔。"李靖听从他的意见,将唐军分为南北两道,共同追击吐谷浑。李靖、薛万均、李大亮等走北道,侯君集、李道宗等走南道。

北道唐军连战连捷,在曼头山、牛心堆、赤水源等地接连击败吐谷浑残军。赤水源一战时,薛万均、薛万彻兄弟被吐谷浑围困,"皆中枪,失马步斗",随从战死者达十之六七。危急时刻,左领军将军契苾何力率领数百骑兵杀到,援军竭力奋击,所向披靡,薛氏兄弟由是获救。李大亮在蜀浑山击败吐谷浑,获其名王20人。执失思力败吐谷浑于居茹川。薛氏兄弟败天柱王于赤海。李靖督诸军经积石山河源,至且末,一直追到吐谷浑的西部边境。这支唐军相当于把吐谷浑打穿了,但还是没抓到伏允。听说伏允在突伦川,计划逃往于阗,契苾何力打算继续追击。薛万均刚吃过亏,担心唐军再被围困,坚持认为不能再追。契苾何力说:"吐谷浑随水草迁徙,没有城郭,如果不趁现在将他们一网打尽,以后恐怕就没有机会了!"于是自选骁骑千余,直奔突伦川。薛万均怕他有失,也率本部人马跟上来。沙碛之中缺少水源,将士们刺马血饮之。经过艰苦的行军,唐军终于追上了伏允,袭破其牙帐,斩首数千级,缴获杂畜20余万头。伏允只身逃走,妻子都被俘虏。南道唐军在侯君集、李道宗等人的率领下,穿越2000多里的无人区,"盛夏降霜,经破逻真谷,其地无水,人龁冰,马啖雪。五月,追及伏允于乌海,与战,大破之,获其名王"。不久,"侯君集等进逾星宿川,至柏海,还与李靖军合"。

唐军几乎把吐谷浑翻了个底朝天,但就是抓不到伏允。这个家伙就像一头狡猾的老狼,静静地等待着翻盘的时机。曾几何时,他就在隋炀帝的眼皮子底下完成了这样一次华丽的逆袭。伏允自以为有主场优势,但他忘了,堡垒往往是从内部攻破的。不过这也怪不得他,毕竟吐谷浑地区没什么堡垒,所以也就缺乏这方面的认识。伏允的儿子慕容顺本是嫡子,但因长期在隋朝为质,久不得归,伏允遂立其他儿子为太子。等到慕容顺欢天喜地返回故土时,发现物是人非,于是"意常快快"。本来他对接班已经不抱什么希望了,但恰巧李靖率军攻破吐谷浑,"国人穷蹙,怨天柱王",于是慕容顺趁机发动政变,诛杀天柱王。他这儿一

第六章 震古烁今的功业

拆台，老爹的戏便唱不下去了。伏允领着一拨人逃入碛中，然而只过了10多天，部下便纷纷离散，他也被左右所杀。伏允死后，吐谷浑人立慕容顺为可汗，他举国请降，吐谷浑遂平。

不久，李世民下令恢复吐谷浑国，吐谷浑人仍居故地，以慕容顺为可汗，封西平郡王。他担心慕容顺不能服众，于是命李大亮率精兵数千以为声援。不过这点兵马显然不足以震慑住骁勇善战的吐谷浑人，没过多久，慕容顺便被臣下所杀。慕容顺死后，他的儿子诺曷钵继承了可汗之位。由于诺曷钵年幼，吐谷浑大臣争权夺利，国家陷入内乱。李世民封诺曷钵为河源郡王，多次派兵帮他平定叛乱，并以弘化公主妻之。后来，诺曷钵也被刻成蕃酋像，列于昭陵之下。这都是后话，就不展开谈了。

拿下吐谷浑对唐朝而言具有十分重要的意义，从此以后，大唐西进便是一片坦途。战事结束之后，自然要论功行赏。此战李靖居首功，但迎接他的并不是鲜花与掌声，而是一则刑事诉讼。诸将之中有一人名叫高甑生，因不听号令被李靖按军法处置。高甑生怀恨在心，于是诬告李靖谋反，有关部门核验之后，发现高甑生所言并不属实。按唐律，诬告当反坐，高甑生因此被判免死徙边。有人进言道："高甑生出身秦王府，屡立战功，应宽赦其罪。"李世民说："甑生违李靖节度，又诬其反，如果宽赦他，律法的威严何在！何况自晋阳起兵以来，功臣众多，如果赦免高甑生，开了坏头，那么以后功臣人人犯法，哪里还能约束呢？众将昔日的功勋，我未曾忘记，但为了江山社稷，我不敢擅行赦免之事。"诬告风波后不久，李靖被封为卫国公。

其实这不是李靖第一次遭遇这种事。当年灭东突厥归来，时任御史大夫萧瑀便弹劾李靖"破颉利牙帐，御军无法，突厥珍物，虏掠俱尽，请付法司推科"。虽然李世民下令不必追究，但等到李靖面圣时，李世民还是将他骂了一顿，搞得李靖不得不顿首谢罪。过了很久，李世民才缓缓地说："隋史万岁破达头可汗，有功不赏，以罪致戮。朕则不然，录公之功，赦公之罪。"言罢方为李靖加官晋爵，赏赐钱物。不久，李世民又对李靖说："前有人谗公，今朕意已寤，公勿以为怀。"说完又赐绢 2000 匹。以李靖的智慧，自然明白这是皇帝有意在敲打自己，好在他不太在乎这些无所谓的事情，也乐得配合皇帝。高甑生一事以后，李靖闭门谢客，"虽亲戚不得妄见也"。贞观十四年（640），李靖的妻子去世，李世民下令其坟茔制度仿照西汉卫青、霍去病故事，筑阙象突厥内铁山、吐谷浑内积石山形，以表彰李靖的特殊功绩。

战争期间，契苾何力的表现也很耀眼。贞观九年（635），李世民遣使到大斗拔谷慰劳诸将，薛万均诋毁契苾何力，将功劳揽

第六章 震古烁今的功业

在自己身上。契苾何力压不住怒火，一把抽出佩刀，打算砍了薛万均，众将赶忙劝架，费了好大劲才把契苾何力拉开。契苾何力还是很生气，他后悔当初为什么要救这么个家伙。李世民听说契苾何力对袍泽动刀，一开始还批评了他几句，等契苾何力把自己如何拼命救薛家兄弟，薛万均又如何诋毁自己的事情讲完，李世民也怒不可遏。他打算罢去薛万均的官爵，转封给契苾何力，但后者坚持推辞道："陛下如果因为我的缘故罢去薛万均的官爵，那么一些不明真相的胡人就会认为您重胡轻汉。而且胡人如果觉得汉将皆如万均，难免生出轻汉之心。这两者都不利于胡汉团结。"李世民觉得这个年轻人很有格局，于是马上提拔他，并妻以宗室之女。契苾何力也算另有一番际遇。

有功则赏，有过则罚。李靖攻打吐谷浑之初，给了党项人许多好处，令其充当唐军向导。党项酋长拓跋赤辞与诸将约定道："隋人不讲诚信，喜欢突然劫掠我们党项人。你们唐军如果没有异心，我愿提供粮草、物资；如若不然，我将据险布防，拦住你们前进的道路。"赤水道行军总管李道彦行至阔水，见赤辞没有防备，突然发起袭击，夺得牛羊数千头，此举彻底激怒了党项。他们反过头来进攻唐军，给唐军造成了不小的损失。贞观九年（635）正月，"党项先内属者皆叛归吐谷浑"，不少羌人效仿，造成了很恶劣的影响。左骁卫将军樊兴逗留失军期，士卒失亡多。李道彦、樊兴因罪皆判减死徙边。

扫平吐谷浑以后，唐朝剑指西域，此时主政西突厥的沙钵罗咥利失可汗是个亲唐派，因此并未采取过激措施。随着唐朝对西域的影响越来越大，部分小国如焉耆等表现出了明显的亲唐倾向，西突厥的霸主地位受到了威胁。贞观十二年（638），西突厥爆发内乱，主战派贵族阿史那欲谷设上台，称乙毗咄陆可汗。为了遏制唐朝发展，重振突厥声威，他积极支持高昌等攻打亲唐的小国。

高昌大致相当于今新疆吐鲁番地区，是丝绸之路的必经之地。这里本是西域三十六国之一车师前国的王庭所在，汉时曾置高昌壁，并设戊己校尉。魏晋南北朝时期，高昌建国，先后经历阚氏高昌、张氏高昌、马氏高昌、麹氏高昌四个时期。高昌长期受到汉文化影响，与中原王朝关系密切。隋炀帝时，其王麹伯雅入朝，拜车师太守，封弁国公。唐朝建立后，高昌仍然遣使称臣。伯雅死后，其子文泰嗣位，继续保持着与唐朝的友好往来，"西域诸国所有动静，辄以奏闻"。贞观四年（630），麹文泰入朝，获得了丰厚的赏赐。其妻宇文氏"请预宗亲"，李世民随即下令赐姓李氏，封常乐公主。遗憾的是，唐与高昌的和平交往

第六章 震古烁今的功业

并未长期维持下去,双方关系破裂的主要原因还是因为利益。高昌是中西之间往来的交通枢纽之一,却不是唯一,其南还有一条沟通敦煌与焉耆的碛道,也称"楼兰道"。隋末战乱,碛道不通,焉耆等国遂改由高昌前往中原。贞观六年(632)七月,因天下太平,焉耆奏请重开碛道以便往来,"上许之",不料此举大大得罪了高昌。由于自然条件的限制,西域诸国大多依赖商业贸易,重开碛道令高昌的客流量直线下降,财政收入也随之骤减。俗话说得好,"断人财路,如杀人父母",麴文泰的愤怒不难想象。史载"高昌恨之,遣兵袭焉耆,大掠而去"。唐朝重开碛道动了高昌的蛋糕,于是后者逐渐倒向了西突厥一方。

在西突厥的支持下,高昌阻断西域诸国朝贡之路,又联合处月、处密等部攻拔焉耆五城,掠男女 1500 人,并焚毁众多房屋。伊吾起初臣服于西突厥,后归附唐朝,"文泰与西突厥共击之"。李世民降书斥责,令高昌大臣阿史那矩入朝,"欲与议事",麴文泰拒命,仅遣其长史麴雍到长安谢罪。隋末唐初,不少中原百姓为了躲避战乱逃到突厥,后来东突厥瓦解,又有一些人逃到高昌,"文泰皆拘留不遣"。李世民三番五次下令,文泰仍"隐蔽之"。高昌屡次不遵号令,大大触犯了"天可汗"的权威。李世民对高昌使者道:"近年以来,高昌朝贡不勤,失藩臣之礼,其所置官号，一如我朝，此外还筑城掘沟，为打仗做准备。麴文泰公开对我朝使者讲：'鹰飞于天，雉伏于蒿，猫游于堂，鼠噍于穴，各得其所，岂不能自生邪！'此言何其狂悖！我还听闻他派人对薛延陀说：'既为可汗，则与天子匹敌，何为拜其使者！'麴文泰骄狂无礼，又挑唆邻国为恶，若不诛之，如何劝他人向善！你回去转告他，明年我就会发兵前去征讨。"

放完狠话，但李世民还是希望麴文泰能够主动悔过，毕竟双方的关系曾经很不错。他专门降下玺书，晓以利害，令麴文泰入朝，可后者竟然称疾不至。李世民动怒了，一个小小的高昌，竟然如此不识抬举。于是他下令命吏部尚书侯君集为交河道行军大总管，左屯卫大将军薛万均为副总管，领兵进击高昌。当时朝廷上下大多反对出兵，理由有二：一是大军"行经沙碛"，万里奔袭，恐怕很难取胜；二是高昌"界居绝域"，即便成功攻取，也不能守。群臣反复进谏，李世民还是坚决用兵。麴文泰听说唐朝出兵，起初一点也不惊慌。他对手下人说："唐朝距离我们足足有7000里，其中有2000里都是沙碛，其地无水无草，寒风如刀割，热风似火烧，大军怎能前行！而且我之前去长安的时候，见秦、陇地区城邑萧条，不复隋朝之繁华。我们高昌有精兵近万人，又有突厥为强援。唐军前来，出兵多则粮草后勤跟不上，若

第六章 震古烁今的功业

兵马在3万以下,我军完全能够抵挡。我军只需以逸待劳,即可坐收其弊。倘若唐军驻扎在城下,最多20天,必然粮草耗尽而走,到时候我军在后方掩杀,一定可以大获全胜!所以这场仗没啥好担心的。"单看这番议论,麹文泰似乎颇知兵法。然而事实上,当他得知唐军兵临碛口的消息,居然"忧惧不知所为",直接病死了。

麹文泰死后,其子智盛嗣位。唐军进至柳谷,探子回报称麹文泰的葬礼即将举行,"国人咸集于彼"。诸将请袭之,侯君集道:"不可!高昌无礼,故天子令我等征讨,袭人于墟墓之间,非问罪之师所为。"于是鼓行而进。不久,唐军攻克田城,俘获男女7000余人。是夜,中郎将辛獠儿率唐军前锋逼近高昌都城,守军出战,未能取胜。很快,各部唐军都来到高昌城下。麹智盛致书于侯君集道:"得罪天子的是先王,他罪孽深重,天罚加身,已经去世了。我刚刚即位,自问没做过什么错事,请您明察!"侯君集道:"如果你真的认识到了错误,那就马上到两军阵前投降。"麹智盛拒绝。唐军用冲车、抛石车等攻城,一时间"飞石如雨",城中人大惧,只能躲进屋内。唐军又出动高达10丈的巢车,俯瞰城中,有行人被飞石击中。此前麹文泰曾与西突厥相约有急相救,西突厥驻军于可汗浮图城,与高昌守望相助。但眼见唐军攻势如此凶猛,突厥兵竟不敢救。不久,麴智盛势穷投降,被封为左武卫将军、金城郡公。麴文泰在位时,高昌流传着这样一首童谣:"高昌兵马如霜雪,汉家兵马如日月。日月照霜雪,回手自消灭。"这是对唐朝与高昌实力对比的生动描述。高昌地区汉人众多,有此认识不足为奇。

侯君集攻破高昌时,曾私自取其珍宝,将士们得知以后,"竞为盗窃,君集不能禁"。回到长安以后,侯君集等人被弹劾,诏令其下狱。中书侍郎岑文本进谏道:"高昌失礼,侯君集等讨平之,功劳不可谓不大。眼下没过几天,陛下便追究他们的罪责,虽说他们是咎由自取,但恐怕天下人会质疑陛下只看到他们的错误却忘记了他们的功勋。领兵打仗,关键是要能克敌制胜,若能取胜,虽贪可赏,若不能胜,虽廉可诛。侯君集虽然有缺点,但至少打仗还是很厉害的。希望陛下能够录其微劳,忘其大过,让他官复原职,为朝廷效力。"李世民表示同意。还有人告薛万均在打仗期间私通高昌妇女,薛万均不服,要与该女子到大理寺当堂对质。魏徵进谏道:"君使臣以礼,臣事君以忠。让大将军和一个亡国的妇人当堂讨论闺房之事,实在是不合适。此事落实了也没什么意义,落不实造成的损失更大,不能因小失大。秦穆公曾饮盗马之士,楚庄王曾赦绝缨之罪,陛下比肩尧、舜,

第六章　震古烁今的功业

难道还不如秦、楚二君吗？"李世民的本意无非是想敲打将帅，并不是真要追究谁的刑事责任。眼见目的达到，于是也就不再过问了。

贞观十四年（640），平定高昌以后，李世民打算在当地设置州县，群臣大多表示反对。魏徵进谏道："陛下刚刚即位，麴文泰夫妇便来朝贡，表现得相当不错。此后高昌傲慢无礼，我朝兴兵灭之，这也没什么问题。不过高昌的罪算到麴文泰一个人头上也就够了，应该安抚其百姓，留存其社稷，立其子为王，这样才能彰显圣德，让四夷心悦诚服。'今若利其土地以为州县，则常须千余人镇守，数年一易，往来死者十有三四，供办衣资，违离亲戚，十年之后，陇右虚耗矣。'陛下终不得高昌撮粟尺帛以佐中国，这正是散有用以事无用，臣觉得并不划算。"褚遂良也说："河西之地乃国家腹心，高昌之地乃他人手足，怎能浪费中华物力，做无用之功？况且复立高昌并非没有前例，陛下灭突厥、破吐谷浑以后都是为其改立君长。这正是有罪则诛之，既服则存之的道理。"李世民不听，"竟以其地置西州，仍以西州为安西都护府，每岁调发千余人防遏其地"。可汗浮图城的突厥人见势不好，也来投降，唐以其地为庭州。

李世民之所以不顾大臣反对坚持在高昌设置州县，主要是

秦王事业：玄武门事变到贞观之治

因为该地区在历史上就是中原王朝的领土，属于"国之故境"。与之相似的还有辽东地区，隋唐两代君主之所以坚持攻打高句丽，很大程度上也是为了恢复汉代旧疆。一个相反的例子是，贞观五年（631），康国求内附，李世民表示拒绝，他给出的理由是康国遥远，为其提供庇护代价太高。同样是师行万里，劳民伤财，为何舍康国而取高昌？根本原因恐怕还是因为康国所处的地区在历史上就不是中原王朝的领土，不属于汉代旧疆。

改高昌为西州，象征意义大过实际意义。贞观十六年（642），西突厥发兵攻打西州，李世民感慨道："我听说西州有警急，虽不足为害，但怎能不担忧呢？当年初平高昌时，魏徵、褚遂良等人劝我复其国，立麹氏子孙为王，我没听他们的意见，至今仍然悔恨自责。"恢复旧疆的宏大理想与现实的边境局势之间是有差距的，因此李世民才心生悔意。不过没有关系，马上就会有人来帮咱们的"天可汗"解决问题。

高昌覆灭，但西突厥未伤筋骨。当时西突厥分为南、北二庭，以伊列水为界。南庭之主为乙毗沙钵罗叶护可汗，此人为咥利失可汗弟之子，亦属亲唐派，获唐朝支持，"自龟兹、鄯善、且末、吐火罗、焉耆、石、史、何、穆、康等国皆附之"。北庭之主为乙毗咄陆可汗，是对唐强硬派，"自厥越失、

第六章 震古烁今的功业

拔悉弥、驳马、结骨、火㷽、触水昆等国皆附之"。贞观十六年（642），乙毗咄陆可汗击败了沙钵罗叶护可汗，重新统一了西突厥，"西域诸国多附之"。乙毗咄陆可汗"自恃强大，遂骄倨，拘留唐使者，侵暴西域"，唐朝面临严峻挑战。贞观十八年（644），又发生了焉耆背叛事件。焉耆原本与唐颇为友好，侯君集攻打高昌时，焉耆曾发兵相助。得胜以后，唐把之前高昌抢夺的城池、百姓全部归还焉耆，双方关系相当和谐。不过随着西域局势风云变幻，也可能看到高昌成为唐朝的西州后觉得"强邻在侧非我益也"，焉耆开始"贰于西突厥"。贞观十八年（644），西突厥大臣屈利啜为其弟娶焉耆王之女，这标志着焉耆倒向西突厥。自此以后，"朝贡多阙"。

安西都护郭孝恪奏请讨伐焉耆，李世民遂命其为西州道行军总管，率领三千兵马出银山道以击之。大军出征之际，恰逢焉耆王之弟栗婆准等到达西州，郭孝恪便以栗婆准为向导，直接杀向焉耆都城。此城四面环水，易守难攻，焉耆王"恃险而不设备"。唐军倍道兼程，趁着夜色杀至城下，郭孝恪命将士们"浮水而渡"。天亮以后，唐军直接杀入城中，焉耆王措手不及，很快被生擒。此战唐军斩杀7000余人，基本击溃了焉耆主力。郭孝恪留栗婆准暂摄国事，自己领兵返回。三天以后，屈利啜率军来救自己的亲家，可他来得太晚了，连焉耆王的面都没见着。屈利啜下令将栗婆准抓起来，又派出五千精骑追击唐军。到了银山，郭孝恪还击，追兵大败，死伤无数。

万里之外的李世民对此战胸有成竹，他对身边的大臣讲："郭孝恪最近的奏疏称八月十一日往击焉耆，二十日应至，二十二日便当破之，算算路程和时间，报信的使者今天应该就到了。"话音未落，驿骑即至。过了不久，焉耆王夫妇被押解到李世民面前，李世民下令赦免其罪，以示宽仁。同时他又对太子说："焉耆王不求贤辅，不用忠谋，自取灭亡，系颈束手，漂摇万里，人以此思惧，则惧可知矣。"郭孝恪闪击焉耆，旋又撤军，结果此地落到了西突厥手里。使者至唐汇报情况，李世民大怒道："我发兵击得焉耆，汝何人而据之！"西突厥见皇帝态度不善，遂宣布退出焉耆。不过他们拥立了亲附己方的焉耆贵族薛婆阿那支为王，仍保持着对焉耆的实际控制。此前唐朝方面任命的栗婆准，被西突厥下令"送于龟兹"杀之。

龟兹在焉耆之西，是汉之旧地，丝路重镇，同时也是西域诸国中实力较强的一个。此地"有城郭屋宇，耕田畜牧为业"，而且盛产良马、葡萄酒，十分富饶。由于经济等方面的原因，龟兹与唐朝长期保持着较为密切的往来，但在政治上，它却臣服于西

第六章 震古烁今的功业

突厥。郭孝恪攻打焉耆时，龟兹遣兵救援，"自是职贡颇阙"。贞观二十一年（647），故龟兹王伐叠死，其弟诃黎布失毕嗣位。新任龟兹王傲慢不逊，渐失臣礼，甚至发兵侵扰邻国，此举触犯了李世民的权威。不久，李世民命左骁卫大将军、昆丘道行军大总管阿史那社尔，右骁卫大将军、昆丘道行军副大总管契苾何力，安西都护郭孝恪等率军攻打龟兹，并令铁勒、突厥、吐蕃、吐谷浑等联兵进讨。

此行的统帅阿史那社尔为处罗可汗之子，乃是正儿八经的突厥王族。他原本居于漠北，后被薛延陀击败，率残部"走保西陲"。贞观四年（630），唐灭东突厥，西突厥也爆发内乱，阿史那社尔前往诈降，趁机出兵攻占了西突厥将近一半领土，"有众十余万，自称答布可汗"。实力壮大以后，他想一雪前耻，于是对手下们说："最先祸乱我们突厥的是薛延陀，我要消灭它为先可汗复仇。"众将劝谏道："我们刚刚拥有了西方这片根据地，应该暂且留下好生经营才对。如果弃之远去，那么西突厥必定会来重取故土。"阿史那社尔不听，坚持远征薛延陀，双方交战百余日，"社尔手下苦于久役"，多弃之逃往西突厥。社尔实力大损，不敌薛延陀，败走高昌。不久，投降唐朝。贞观十四年（640），他随侯君集一起攻打高昌。战胜之后，诸将纷纷私取战利品，只有他以未奉诏为由，分毫不取。接到诏令以后，也只是象征性地取了些老弱陈敝之物。李世民"美其廉"，下令重赏，并封毕国公。阿史那社尔熟悉西部局势，由他来领兵，自然再合适不过。

西突厥乙毗咄陆可汗当政时，曾命阿史那贺鲁为叶护，统处月、处密等五部。后来乙毗射匮可汗上台，贺鲁担心遭到政治清洗，遂率众降唐，被安置在庭州。此时听闻唐军远征龟兹，贺鲁自告奋勇，请求担任向导。李世民任命他为昆丘道行军总管，"厚宴赐而遣之"。贞观二十二年（648）九月，阿史那社尔指挥唐军击败处月、处密，取得了良好的开局。十月，唐军自焉耆之西进逼龟兹北境，兵分五路，出其不意。西突厥拥立的焉耆王薛婆阿那支弃城而走，打算逃往龟兹，社尔派军追击，擒而杀之。随后，唐立其堂弟先那准为新的焉耆王，命他按时朝贡。不得不说，焉耆王真是一个高危职业。战局的变化令龟兹大为震恐，多数守将弃城而走。很快，唐军便推进到距离龟兹都城仅300里的地方。阿史那社尔调兵遣将，命伊州刺史韩威率千余骑为前锋，右骁卫将军曹继叔紧随其后，继续挺进。行至多褐城，唐军终于遇到了像样的敌人——龟兹王亲自率领的5万大军。韩威稍作抵抗便假装败走，龟兹王见唐军兵少，便下令追击。韩威部退了30里，与曹继叔部会合，两支唐军反

第六章　震古烁今的功业

击龟兹，大破之，"逐北八十里"。

龟兹王兵败后退保都城，阿史那社尔进军逼之。唐军攻势凶猛，龟兹王知不能敌，于是弃城而走。攻下城池后，社尔命郭孝恪留守，又命沙州刺史苏海政、尚辇奉御薛万备等继续率军追击龟兹王，行军600里。龟兹王无奈，只得退守拨换城。唐军围而攻之，擒获龟兹王及大将羯猎颠等。其相那利脱身而走，领西突厥及龟兹残军万余人杀奔都城，直取郭孝恪。

郭孝恪部原本驻扎在城外，有龟兹百姓告诉他敌军来袭，但他没放在心上。等敌军杀到，郭孝恪才率本部人马千余人入城，然而敌军已经抢先一步登城，又与城中降胡联合，共同袭击唐军，一时间矢刃如雨。唐军难以抵挡，郭孝恪战死，"城中大扰"。混乱之际，仓部郎中崔义超紧急招募了二百壮士，守卫军资财物，与龟兹战于城中，其他唐军也奋起御敌。经过一夜激战，那利才引兵退走，唐军斩首3000余级，"城中始定"。过了没几天，那利又领着万余敌军前来攻城，唐军大破之，斩首8000级。那利想要逃走，被龟兹人捉住，送给唐军。

征龟兹一战，阿史那社尔先后击破5座大城，又派人招降其他小城，"凡得七百余城，虏男女数万口"。社尔召集龟兹父老，"宣国威灵，谕以伐罪之意"，之后立龟兹王之弟为新王，

秦王事业：玄武门事变到贞观之治

"勒石纪功而还"。故龟兹王诃黎布失毕入朝后，被任命为左武翊卫中郎将，其臣那利、羯猎颠等也都获得了官爵。与颉利、麹智勇等人一样，这位龟兹王后来也被刻进了昭陵蕃酋像，此处就不赘言了。龟兹在西域诸国中号称强大，它的落败令"西域震骇"，于阗、安国等争相以驼马、军粮慰劳唐军。唐打通了通往西域的道路，恢复了对丝绸之路东段的控制。战争期间，李世民下令将安西都护府移至龟兹，兼统于阗、疏勒、碎叶，号称"安西四镇"。这对于保障和促进东西之间的经济、文化交流具有重要的意义。

　　唐初，西南的吐蕃逐渐强大起来，其国疆域辽阔，有胜兵数十万，"邻国羊同及诸羌并宾服之"。贞观八年（634），吐蕃赞普松赞干布遣使至唐，唐朝也命冯德遐回使，双方开始进行友好的交流。经过了解，松赞干布得知突厥和吐谷浑都娶了唐朝的公主，于是便派遣使臣携带大量金银财宝，随冯德遐返回唐朝，请求和亲。有吐蕃强大的国力作后盾，松赞干布志在必得，不料遭到了李世民的拒绝，这让他的自尊心受到了不小的伤害。使者返回以后，对松赞干布讲："我刚到长安的时候，唐朝方面对我非常客气，也同意和亲。不过恰巧吐谷浑王入朝，他挑拨离间，把和亲这事儿搅黄了。"松赞干布大怒，遂于贞观十二年大举发兵攻打吐谷

第六章 震古烁今的功业

浑。吐谷浑抵挡不住,"遁于青海之北,民畜多为吐蕃所掠"。松赞干布又趁机进军打败党项及白兰诸羌,陈兵20余万于松州西境,也就是今天四川省阿坝藏族羌族自治州附近。他再次遣使贡金帛,自称来迎娶公主,但同时又放出话来:"倘若唐朝不嫁公主与我,我便发兵击之。"如此嚣张的女婿估计没有老丈人会喜欢,这哪是和亲,分明是威胁和抢夺,于是李世民再次予以回绝。

谈判不成,吐蕃果然发兵攻打松州。唐将韩威领军出战,反为吐蕃所败,"羌酋阔州刺史别丛卧施、诺州刺史把利步利并以州叛归之",边人大扰。眼见吐蕃势强难制,李世民下令命吏部尚书侯君集为当弥道行军大总管,右领军大将军执失思力为白兰道行军总管,左武卫将军牛进达为阔水道行军总管,右领军将军刘兰为洮河道行军总管,率5万大军击之。因自击吐谷浑以来"连兵不息",吐蕃统治阶层内部产生了分歧,有些大臣力劝松赞干布罢兵,前后自杀者达8人之多。松赞干布虽然没有改变策略,但难免心有动摇。不久,牛进达率唐军前锋杀到,趁吐蕃人不备,"夜袭其营",斩首千余级。松赞干布吃了个小亏,认识到唐军战斗力强大,再加上来自内部的反对意见越来越强烈,于是他引兵而退,遣使谢罪。仗可以不打,但和亲还不能掀篇儿,趁着双方罢兵言和的机会,松赞干布再次要求和亲。综合考虑之后,

秦王事业：玄武门事变到贞观之治

李世民最终同意了这一请求。松赞干布大喜，"遣其相禄东赞致礼，献金五千两，自余宝玩数百事"。唐朝方面最终决定以文成公主和亲吐蕃。

贞观十五年（641），李世民下令命礼部尚书、江夏王李道宗送文成公主至吐蕃，并为其主婚。松赞干布率军至柏海，亲迎公主于河源。见到李道宗以后，松赞干布对这位王叔"执子婿之礼甚恭"，并盛赞唐朝的服饰、礼仪，"俯仰有愧沮之色"。等与文成公主共同回到吐蕃之后，他对身边亲近的人说："我的祖上没有人和中原王朝通婚，如今我能娶到大唐公主，真的是三生有幸。我要专门为公主修筑一处城郭，以夸示后代。"文成公主不喜欢吐蕃人赭面，于是松赞干布下令暂且罢去这一习俗，他还脱去毡裘，穿上中原的锦绣华服，以迎合公主的喜好。除此之外，他还派遣吐蕃贵族子弟到唐朝学习《诗》《书》等经典，"又请中国识文之人典其表疏"。于是吐蕃"渐慕华风"。

松赞干布能够顺利娶到文成公主，禄东赞功不可没。禄东赞是吐蕃著名的政治家、军事家、外交家。出使唐朝期间，李世民任命他为右卫大将军，并打算将琅琊公主的外孙女段氏许配给他，以嘉奖他的善于应对。禄东赞推辞道："臣在吐蕃已有妻子，乃是父母所聘，不可弃之。而且赞普还没有见过公主，臣又怎敢先娶呢！"唐代著名画家阎立本所作的《步辇图》，描绘的就是禄东赞朝见李世民时的情景。文成公主入藏，加强了唐与吐蕃之间的交往、交流、交融，促进了双方经济、文化的发展，具有重要的历史意义。

第七章

一代帝王的落幕

时间是这个世界上最不可抗拒的力量之一。王侯将相、贩夫走卒，在时间面前都将无差别地走向衰老、死亡。功名霸业，同归寂寞；繁华落尽，终为土灰。英雄终将落幕，帝王亦难长存。纵然有再多留恋与不舍，贞观天子还是逐渐迎来了他人生的终点与结局。

第七章 一代帝王的落幕

一、易储风波

中国古代实行嫡长子继承制。李世民登上皇位以后，依制立嫡长子李承乾为太子，后者当时只有8岁。李承乾出生于唐高祖武德二年（619），因其出生地在太极宫承乾殿，故名"承乾"，此举在今天看来颇为草率。承乾自幼聪敏，李世民对他很是喜爱。早在秦王府之时，便延揽名师对他进行教导。贞观四年（630），李世民任命李纲为太子少师，萧瑀为太子少傅，负责东宫的教育工作。

李纲历仕北周、隋、唐，是三朝元老，德高望重，而且有着丰富的辅佐太子的经验。他在隋朝时曾经担任太子洗马，辅佐废太子杨勇，唐初又担任太子少保，辅佐隐太子李建成。考虑到隋及唐前期总共也没几个正经的太子，所以李纲堪称该时期教育太子的"专业户"。不过如果想到以后太子李承乾的悲惨结局，我们有理由怀疑李纲是太子的克星。李纲重出江湖担任太子李承乾的老师时，已经有80多岁，患有足疾，行动不便。于是李世民特意赐了步舆，"令三卫举入东宫，诏皇太子引上殿，亲拜之，大见崇重"。李纲为李承乾讲授君臣父子之道，问寝视膳之方。由于业务精熟，这位教学名师的讲解往往深入浅出，"理顺辞直，听者忘倦"。李纲每次讲话时，都"辞色慷慨，有不可夺之志"，李承乾对他发自内心地认可，礼敬有加。贞观五年（631），李纲去世，时年85岁，李承乾为之立碑。在李纲等人的教导下，太子李承乾发展得很好，也具备了一定的才能。对于李世民偶尔交代的任务，他都能很好地完成。贞观九年（635），太上皇李渊去世，太子李承乾奉命短暂处理政事。不久，李世民复听政，但一些具体事务仍由太子负责，后者的处置颇识大体。眼见儿子如此争气，李世民也很欣慰，自此以后"每出行幸"，便令李承乾留守监国。

表面看上去，太子李承乾在父母、师长精心设计的"正确"道路上茁壮成长，殊不知恰是这种"正确"，逐渐导致了严重的问题。史书中有这样一段记载，李承乾的乳母遂安夫人曾经向长孙皇后奏请增加东宫日常使用的器物，却遭到了长孙皇后的拒绝，她给出的理由是："身为太子，该担心的是德行不足，声名不显，而不是器物不够用。"粗看这段话，似乎没什么问题，只是一位贤德的皇后对自己的儿子进行谆谆教诲。但如果回到历史现场整体进行考量，我们就会发现问题所在：李承乾的成长环境太过单一了。无论是父亲、母亲还是老师，都希望他能快速成长

第七章　一代帝王的落幕

为他们理想中德才兼备的大唐储君，并提出了许多"正能量"的要求，这其实压抑了李承乾的部分天性。特殊的家庭环境让李承乾无处倾诉，只能将某些想法深埋心底。所谓物极必反，"正能量"讲得太多，也会引起不适，随着李承乾年龄的不断增长，他曾经的好奇、疑惑等情绪终将以极端叛逆的方式呈现出来，这无疑是教育的问题。史载太子李承乾长大以后，"好声色，慢游无度"。但他害怕父亲知晓，"不敢见其迹"。每当在朝堂上处理政事时，他一定大谈忠孝之道，退朝以后，"便与群小褻狎"。大臣中有人向他进谏，他就先揣摩对方的意思，然后"危坐敛容，引咎自责"，饰演一位贤明的储君。而且他的演技颇为不错，往往能够顺利过关。到底是自幼接受最顶尖的精英教育，李承乾还是有一些"童子功"在身上的，很多大臣都被他蒙骗过去，以为太子真的贤明。不过假的就是假的，哪怕是李家祖传的精湛演技，时间长了，也难以遮掩李承乾已经"堕落"的事实。

眼见太子的举止越来越离谱，不少人前来规劝。贞观五年（631），李纲去世后，李世民命于志宁为太子左庶子，李百药为太子右庶子，接过辅佐太子的任务。当时太子李承乾醉心坟典，喜爱读书，但"闲宴之后，嬉戏过度"，已经开始有了"堕落"的迹象，于是李百药写了一篇《赞道赋》来劝谏。这篇文章引经据典，希望太子能够亲贤远佞，防微杜渐。李世民得知以后，下令赏李百药骏马 1 匹、彩物 300 段，并对他说："我在太子那里看到了你写的赋文，你用古往今来储君的事迹来告诫太子，颇得要领。我选你来辅佐太子，本来就是这个目的，你很称职，但务必善始善终。"贞观七年（633），李世民亲自指示太子左庶子于志宁、杜正伦等人说："你们辅导太子，平常要多和他谈论一些民间的情况。我 18 岁时还在民间，对于百姓的艰辛十分熟悉。当了皇帝以后，每次议事，还是难免有疏漏，幸有群臣诤谏，才能及时改正。如果没人直言进谏，怎么能制定出有益于百姓的政策呢？皇太子自幼长在深宫之中，对于民间疾苦一无所知。皇帝关系到天下安危，不能随意骄奢放纵。只要皇帝发个命令，进谏者斩，那么天下就无人敢直言了。皇帝要克制私欲，励精图治，听取不同意见，鼓励诤谏。你们应该经常把这些道理讲给太子听。每当见到他有做得不对的地方，就应该直言进谏，让他有所收获。"

贞观年间，太子李承乾多次违背礼法，骄奢放纵日甚一日，左庶子于志宁专门撰写了《谏苑》20 卷对他进行劝导。右庶子孔颖达经常犯颜直谏，太子的乳母遂安夫人对他说："太子已经长大成人，你怎么能总是当面指责他！"孔颖达道："我身受国恩，

第七章 一代帝王的落幕

尽忠职守，死无所恨。"于是诤谏得更加激切。孔颖达是当世大儒，精通经学，曾主持编纂《五经正义》。太子李承乾令他撰写《孝经义疏》，他"因文见意，愈广规谏之道"。李世民各赏他们帛500匹、黄金1斤，"以励承乾之意"。贞观十三年（639），李承乾因为沉迷田猎，荒废了学业，时任太子右庶子张玄素极力劝谏，要求承乾减少娱猎，多行善举，"慎终如始"，李承乾不听。没过多久，张玄素又上疏进谏道："太子应该努力学习文化知识，提高自身素养。打猎游玩之类的事情，虽能带来一时欢娱，但终将扰乱心神，改变性情。恐为殿下败德之源。"李承乾大怒，对张玄素说："你是患了疯病吗？"张玄素当然没疯，他只是战斗力强而已，毕竟"回天之力"可不是谁都有！

贞观十四年（640），李世民得知张玄素在东宫频频进谏，于是"擢授银青光禄大夫，行太子左庶子"，这更加鼓舞了张玄素的斗志。李承乾曾在宫中击鼓，"声闻于外"，张玄素叩门求见，"极言切谏"。李承乾大怒，命人将宫中的鼓拿出来，当着张玄素的面毁掉。他怀恨在心，命手下在张玄素早朝的时候，"密以大马棰击之"，差点将他打死。当时李承乾还喜欢营建亭台楼阁，"穷极奢侈，费用日广"。张玄素进谏道："储君事关重大，如果德行不足，怎能守住江山社稷呢？陛下和您是父子至亲，所以对

秦王事业：玄武门事变到贞观之治

您的日常花销没有限制。圣旨颁布还不到两个月，您用掉的财物已达7万钱之巨，可谓骄奢至极。您做了这么多错事，已经恶名远播。望您能居安思危，弃恶从善。"眼见张玄素和自己杠上了，李承乾火冒三丈，想派刺客杀掉他。针对太子广造宫室，奢侈过度，耽好声乐的行为，于志宁也直言进谏。结果，"承乾览书不悦"。贞观十五年（641），太子李承乾在农忙之时摊派徭役，还不许轮流替换，百姓心怀怨苦。不仅如此，他还私自将一群突厥人带入宫中。于志宁上疏指出他的错误，并希望他能痛改前非。李承乾大怒，派刺客张师政、纥干承基到于志宁家去刺杀他。当时于志宁正在为母亲丁忧，起复为太子詹事。刺客潜入他家以后，发现他"寝处苫庐"，竟不忍下手。

李承乾举止乖张，屡教不改，其他皇子难免生出夺嫡之心，其中最有想法的就是魏王李泰。李泰是李世民的第四个儿子，亦为长孙皇后所生，属嫡次子。他天资聪颖，才华横溢，李世民对他"特所宠异"，冠绝诸王。若李承乾被剥夺储君之位，那么最有希望成为下一个太子的便是他。李世民到底有多宠魏王呢？史载李泰"好士爱文学"，李世民遂"特令就府别置文学馆，任自引召学士"。又因为李泰"腰腹洪大，趋拜稍难"，李世民便令其"乘小舆至于朝所"。贞观十四年（640），李世民幸

第七章 一代帝王的落幕

延康坊魏王宅，下令赦免雍州及长安大辟罪以下的囚徒，又免去延康坊百姓一年的租赋，同时赐予魏王府官僚大量财物。贞观十二年（638），李泰召集著作郎萧德言、秘书郎顾胤、记室参军蒋亚卿、功曹参军谢偃等一起编撰《括地志》。贞观十五年（641），书成。李世民下令将《括地志》付之秘阁，赐魏王绢物万段，萧德言等各有赏赐。不久，李世民又增加了魏王每个月的料物，标准甚至超过了太子。为了这件事，褚遂良专门上疏劝谏，称不能因为偏爱魏王而破坏了基本的礼法与规矩。后来，李世民又下令让李泰住进武德殿。此地距离皇帝的位置比东宫还要近，高祖李渊曾令李元吉居于此。魏徵忍不住进谏道："魏王是陛下的爱子，出于保护的目的，既要让他戒骄戒躁，又不能将他置于嫌疑之地。当年先帝令齐王元吉入居武德殿，时人皆以为不可。虽说时移世易，但仍恐遭人议论。而且魏王原本就不安分，陛下如此宠溺，殊非明智之举。"

太子李承乾患有足疾，估计可能是痛风导致的关节病，"行甚艰难"。这让很多人不自觉地质疑：一个瘸子，能顺利地当上大唐皇帝吗？他合适吗？当时魏王李泰潜怀夺嫡之心，他招揽驸马都尉柴令武、房遗爱等20余人，厚加赠遗，以为心腹。柴令武、房遗爱名声不显，但他们的父亲柴绍、房玄龄都是朝中

秦王事业：玄武门事变到贞观之治

大臣、凌烟阁功臣。黄门侍郎韦挺、工部尚书杜楚客相继摄魏王府事，他们替魏王结交朝中大臣，"津通赂遗"。李承乾担心太子之位被夺，也大力拉拢朝臣，于是双方各为朋党，矛盾愈演愈烈。李承乾年纪轻轻便身患疾病，时常感到悲戚。当时太常寺有一乐童，年仅10余岁，能歌善舞，容貌俊美，为他的生活增添了不少色彩。李承乾"特加宠幸"，为其取名称心。李世民得知自己的儿子居然喜欢一个男人，大为恼怒，命人将称心捕杀，这下可刺激了李承乾。称心不仅是李承乾的心头好，也是他的疗伤之药。李承乾悲痛不已，不仅命人祭奠称心，还连续数月称病不朝，向父亲表达自己的愤怒。称心被告发致死，李承乾怀疑是魏王在背后搞的鬼，于是更加怨恨魏王。他命人诈称魏王府典签，秘密向皇帝上疏。李世民接到材料一看，上面写的全都是魏王的罪状，"太宗知其诈，而捕之不获"。太子当然不会幼稚到认为一封匿名举报信就能打垮魏王，他这么做，只是恶心一下李泰而已。

太子和魏王斗得不可开交，但其实李世民压根就没有动过换太子的心思。即便太子身患足疾，李世民也觉得没什么。毕竟他自己有气疾。他曾对杜正伦说："太子患病没关系，但亲近小人，疏远贤臣却是大问题。如果他不知悔改，你要及时向我汇报。"

第七章　一代帝王的落幕

因太子失德，皇帝又偏爱魏王，群臣整日里议论纷纷，这让李世民很是厌恶。贞观十六年（642），他问群臣说："当今国家何事最急？"褚遂良答道："今四方无虞，唯太子、诸王宜有定分最急。"确定继承人是最重要的事，麻烦您给句痛快话。李世民道："群臣之中，忠直者无过于魏徵，我命他辅佐太子，以绝天下之疑。"随即以魏徵为太子太师。魏徵因病请辞，李世民道："废嫡立庶，必将导致祸患。'知公疾病，可卧护之。'"这说明李世民并无废立之心。贞观十七年（643），李世民又公开对群臣讲："闻外间士人以太子有足疾，魏王颖悟，多从游幸，遽生异议，已有附会者。太子虽病足，不废步履。且礼，嫡子死，立嫡孙。太子男已五岁，朕终不以孽代宗，启窥窬之源也！"这个表态十分坚决，分量很重。

既然李世民不想换太子，那又为什么格外偏宠魏王李泰呢？这个问题其实很简单。父子乃天性，钟情谁不然？当爹的欣赏儿子，而且是才华横溢的儿子，是十分正常的事情，根本不值得大惊小怪。如果非要找个"有深度"的解释的话，也许是李承乾屡教不改，李世民想通过这种方式给他一些危机感，让他弃恶从善。贞观十二年（638），李世民曾对群臣说："人生寿夭难期，万一太子不幸，安知诸王他日不为公辈之主！何得轻之！"宋人胡三省据此言认为此时皇帝已有易储之念，其说影响至今。实际上李世民之所以说这番话，是因为当时有人反映三品以上官遇亲王无礼。将太子与诸王区别开来，是一个单纯的礼制问题。易储之说，显然是过度解读了。太子虽有微瑕，但无大过，而且优点也十分突出，远未达到需要废黜的程度。而且李世民在平衡太子与魏王的关系时，始终是注意尊重太子的。前边提到料物和武德殿的问题，李世民最终采纳了褚遂良和魏徵的意见。贞观十六年（642）六月，朝廷专门下令"皇太子出用库物，所司勿为限制"。这个待遇比魏王强多了，可见皇帝还是很在意太子的感受的。不过还是那句话，怀疑的种子一旦种下，就会不受控制地野蛮生长。对魏王乃至父亲的怨恨，逐渐蒙蔽了李承乾的眼睛，让他开始看不清局势。

贞观后期，太子与魏王相争，各树朋党。太子一方的骨干包括汉王李元昌、兵部尚书侯君集、左屯卫中郎将李安俨、洋州刺史赵节、驸马都尉杜荷等。眼见皇帝偏宠魏王，他们决定铤而走险，劝太子谋反，"纵兵入西宫"。汉王李元昌是李渊之子、李世民之弟，他仗着是皇亲国戚，在地方为官时违法乱纪，被李世民斥责以后，他不思悔改，反而心生怨恨。他知道李承乾嫉恨魏王，于是劝道："愿殿下早为天子。近见御侧，有一宫人，善弹

第七章 一代帝王的落幕

琵琶，事平之后，当望垂赐。"侯君集平定高昌以后反遭牢狱之灾，对朝廷极为不满。他的女婿贺兰楚石时任东宫千牛，遂穿针引线，将岳父介绍到太子李承乾身边。李承乾问之以自安之术，侯君集遂劝其谋反。实际上他是看中李承乾才能一般，想利用他推翻朝廷，再"乘衅以图之"，以达成自己不可告人的目的。他曾举手对李承乾道："此好手，当为用之。"又道："陛下偏爱魏王，殿下恐有前朝废太子杨勇之祸，应该早做打算。"这样制造焦虑，更加坚定了李承乾谋反的决心。

李安俨本是隐太子李建成的部下，对李建成极为忠心，李建成死后，犹为其力战。李世民见他忠诚，留而用之，殊不知李安俨一直伺机复仇。他"深自托于太子"，奉命监视皇帝，"动静相语"。赵节的母亲是高祖之女长广公主，杜荷的父亲是杜如晦，他们都和太子关系亲密。这些合谋造反之人歃血为盟，发誓要同生共死。杜荷还对太子说："天象有变，应该尽快展开行动，殿下只需对外宣称得了急病，主上定会来探望，到时便可一举成功。"贞观十七年（643），齐王李祐据齐州反，很快被平定。太子得知以后，对其手下纥干承基说："我们东宫的西墙距大内只有20来步，这么便利的造反条件，齐王是比不了的。"结果纥干承基牵涉到齐王谋反一案中，很快被逮捕入狱。审理过程中，这

277

位兄弟直接把太子党密谋造反一事供出来了。不是说好了同生共死吗？那就来吧……于是相关人员被一网打尽。

太子谋反一事令李世民十分震惊，他"召承乾幽之别室"，命长孙无忌、房玄龄、萧瑀、李勣、孙伏伽、岑文本、马周、褚遂良等重臣共同审理此案，"事皆明验"。李世民问该如何处置李承乾，群臣不敢答话，只有通事舍人来济说："陛下不失为慈父，太子得尽天年，则善矣！"李世民点头称善，于是废李承乾为庶人，徙黔州。汉王李元昌起初被特赦免死，高士廉、李勣等人坚决反对。最终，李元昌被赐自尽。此案还牵涉凌烟阁功臣侯君集，李世民不愿他受辱于刀笔小吏，于是亲自审问，侯君集当场认罪。李世民向群臣征求意见："侯君集曾为国家立下大功，能否看在我的面子上饶他一命？"群臣都说："君集罪不容诛，实难赦免。"李世民没有办法，只能对侯君集道："与公长诀矣，而今而后，但见公遗像耳！"说罢泪流不止。不久，侯君集及其他谋反之人皆被斩。值得一提的是，侯君集曾奉命向李靖学习兵法，过了一段时间，他向皇帝汇报说："李靖想造反。"李世民问何出此言，侯君集道："李靖奉旨教臣兵法，却授其粗而匿其精，这不是有反心吗？"李世民又问李靖，李靖答道："臣并无反心，有反心的是侯君集。如今国家安定，臣教侯君集的兵法足以应对

第七章 一代帝王的落幕

四夷，而他却想把我压箱底的本事全学走，这是为谋反做准备。"江夏王李道宗多次与李靖、侯君集并肩作战，对二人十分熟悉。他对李世民说："侯君集志大而智小，自负功劳，耻居房玄龄、李靖之下，虽然当了吏部尚书，但仍不满足，以后必将犯上作乱。"李世民起初还不大相信，至此才知李靖等人有先见之明。

自李承乾倒台以后，魏王李泰斗志昂扬，表现得十分殷勤，李世民打算立他为太子，但长孙无忌等人却支持另一位嫡子晋王李治。见唐太宗迟迟不肯立自己为太子，魏王李泰放了个大招，他投入李世民怀中说："臣今日始得为陛下子，乃更生之日也。臣有一子，臣死之日，当为陛下杀之，传位晋王。"李世民大受感动，将此事告知群臣，并称"人谁不爱其子，朕见其如此，甚怜之"。好在大臣们并不糊涂。见皇帝被魏王哄得晕头转向，褚遂良当头棒喝道："陛下言大失。愿审思，勿误也！"陛下之前立李承乾为太子，又偏宠魏王，以致今日之祸。现在您要立魏王李泰可以，请您先把晋王李治安顿好。李世民犹豫不决。魏王李泰担心父皇立弟弟为太子，于是恐吓晋王李治道："汝与元昌善，元昌今败，得无忧乎？"李世民得知以后，"始悔立泰之言"。对魏王李泰发出致命一击的是废太子李承乾，当唐太宗责问他为何谋反时，他说："臣为太子，复何所求！但为泰所图，时与朝臣谋自安之术，不逞之人遂教臣为不轨耳。今若泰为太子，所谓落其度内。"一切都是李泰的谋划，他阴险狡诈，否则我太子当得好好的造哪门子反？李承乾的话点醒了李世民，他终于有了决断。

贞观十七年（643）四月，李世民至两仪殿，对长孙无忌、房玄龄、李勣、褚遂良等重臣道："我三子一弟，所为如是，我心诚无聊赖！"说罢自投于床，又抽佩刀欲自刺，褚遂良夺过刀交给晋王李治。长孙无忌等询问皇帝的真实想法，李世民道："我欲立晋王。"长孙无忌忙说："谨奉诏，有异议者，臣请斩之！"又说："晋王仁孝，天下属心久矣。"李世民对晋王李治道："汝舅许汝矣，宜拜谢。"不久，李世民至太极殿，问群臣道："承乾悖逆，泰亦凶险，皆不可立。我打算在其余诸子中选太子，你们觉得谁合适？"群臣异口同声推荐晋王李治，李世民遂下诏立晋王李治为太子。然而晋王李治性格偏弱，李世民对他不太满意，过了不久又想改立吴王李恪。李恪的生母是隋炀帝之女，因此他身上有一半杨隋皇室的血统，其人文武全才，李世民"常称其类己"。得知皇帝又有了易储之心，长孙无忌连忙劝谏，称晋王生性仁厚，乃守文之良主，而且为了国家的稳定，不应频繁改立太子。李世民这才打消了立吴王李恪的念头。

第七章 一代帝王的落幕

二、辽东之役

前文已经谈过，李世民对恢复汉代旧疆有着惊人的执着，因此才不顾群臣反对在高昌设置州县。其实当时类似高昌的地方不止一处，东边还有更大的一片区域，那就是辽东。汉武帝时曾在朝鲜半岛中北部地区设置乐浪、玄菟、真番、临屯四郡。魏晋南北朝战乱频仍，中原王朝逐渐失去了这片领土。隋及唐前期，该区域被高句丽控制。在李世民之前，隋炀帝出于类似的目的已经多次远征辽东，可惜因为种种原因未能成功。贞观十五年（641），也就是在平定高昌的第二年，李世民已经有了克复辽东的想法，他说："吾发卒数万攻辽东，彼必倾国救之，别遣舟师出东莱，自海道趋平壤，水陆合势，取之不难。"但这一仗暂时不能打，因为广大山东地区饱经丧乱，还没有从战争创伤中恢复过来。

贞观十六年（642），高句丽爆发了内乱，大臣渊盖苏文（《新唐书》记载为避唐高祖李渊名讳，记为"泉盖苏文"）杀其王建武，另立新王，自任莫离支。此职大致相当于唐朝的兵部尚书兼中书令，集军事与行政大权于一身，渊盖苏文因此得以掌控国政。渊盖苏文高大伟岸，长得很威严，"身佩五刀，左右莫敢仰视"。他有三个儿子，分别叫泉男生、泉男建、泉男产，都有一定的才能，是他的得力助手。当时朝鲜半岛还处于"前三国时代"，高句丽与百济、新罗三国并立。渊盖苏文是个强硬派，一上台就联合百济发动了对新罗的战争，对唐朝的态度也不大恭敬。贞观十七年（643）九月，新罗遣使至唐，控诉百济夺取了它40多座城池，而且与高句丽联兵，意欲断绝其朝贡之路。李世民派司农丞相里玄奖持玺书至高句丽，令其与百济各自罢兵，如若不听，"明年发兵击尔国矣"。其实在此之前，唐朝已经开始讨论攻打高句丽之事。是年初，唐太子之争刚刚告一段落，晋王李治获取了最终的胜利。但李世民觉得这个儿子性格懦弱，缺乏英毅果敢之气，于是便想尽可能地替他把该解决的问题都解决掉。高句丽是早晚要打的，与其留给不一定靠谱的儿子，还不如自己亲自动手。李世民曾对大臣讲："泉盖苏文弑其君而专国政，诚不可忍，以今日兵力，取之不难，但不欲劳百姓，吾欲且使契丹、靺鞨扰之，何如？"可见他早已有了用兵之心。新罗遣使求援，恰巧提供了一个更合适的理由。

贞观十八年（644）春，唐使相里玄奖到达平壤。当时渊盖苏文正在率军攻打新罗，已经占了两座城，高句丽王派人传召，

第七章 一代帝王的落幕

他才勉强返回。相里玄奖传达了李世民的旨意，要求高句丽停止攻打新罗，渊盖苏文直接表示拒绝。他振振有词地说："当年隋军攻打我国之时，新罗趁机夺走我国500里疆土，如果他们不归还这些土地的话，恐怕无法罢兵。"相里玄奖劝道："过去的事情不可执着。要是按你的逻辑，以前辽东地区还都是中原王朝的郡县呢，该放下就放下吧！"渊盖苏文不听。不久，相里玄奖返回长安，详细汇报了相关情况。李世民决定攻打辽东。褚遂良以为不可，李勣却表示支持，他说："之前薛延陀扰边，陛下欲发兵征讨，后来听了魏徵的话没打，结果令薛延陀为患至今。要是听陛下的，北疆早就安定了。"此言令李世民很受用，他不客气地说："的确如此。这是魏徵的误判。其实没过多久我就后悔了，但我担心打击大家建言献策的积极性，就一直没讲"。谈到兴奋处，李世民提出要御驾亲征。褚遂良反对道："两京乃天下心腹，四夷乃身外之物。高句丽罪大，的确应该征讨，但派两三员猛将领四五万兵马去也就可以了，您不应以身犯险。"围绕征辽东的事，当时有很多人进谏劝阻，李世民一概不听。他给出的理由是："渊盖苏文凶残暴虐，高句丽百姓亟待拯救，这正是攻灭高句丽的好时机。"这当然不是他要亲征的真正理由。事实上，他坚持亲自克复辽东的真实目的只有一个，那就是超越隋炀帝，成为近世以来武功最盛的帝王。

御驾亲征不是小事,很多工作需要安排。首先是后勤补给。所谓兵马未动,粮草先行,对于擅长打疲敌之战的李世民来说,粮草供应是最重要的问题之一。贞观十八年(644)七月,他命将作大监阎立德等赴洪、饶、江三州,造船400艘以运输军粮。又以太常卿韦挺为馈运使,民部侍郎崔仁师为馈运副使,"自河北诸州皆受挺节度,听以便宜从事"。他还令萧瑀之子、太仆少卿萧锐负责运河南诸州粮入海。其次是调兵遣将。他任命刑部尚书张亮为平壤道行军大总管,率江、淮、岭、峡兵四万,长安、洛阳募士三千,战舰500艘,自莱州泛海进攻平壤;又命太子詹事、左卫率李勣为辽东道行军大总管,率步骑六万及兰、河二州降胡进攻辽东,水陆并进,合势出击。在此之前,他已令营州都督张俭率幽、营之兵及契丹、奚、靺鞨等进行试探性攻击,"以观形势"。再次是战争动员。他晓谕天下,称"高丽盖苏文弑主虐民,情何可忍!今欲巡幸幽、蓟,问罪辽、碣,所过营顿,无为劳费"。又称:"昔隋炀帝残暴其下,高丽王仁爱其民,以思乱之军击安和之众,故不能成功。今略言必胜之道有五:一曰以大击小,二曰以顺讨逆,三曰以治乘乱,四曰以逸待劳,五曰以悦当怨,何忧不克!布告元元,勿为疑惧!"这就说明了此战是必

第七章 一代帝王的落幕

要的、必胜的,从而增强了唐军的信心和凝聚力。除此之外,他还重视后方安全建设,令房玄龄、李大亮、萧瑀等重臣分别留守长安、洛阳,又令太子李治留在定州监国,高士廉、马周等辅之。

前宜州刺史、已经退休的老干部郑元璹曾经跟着隋炀帝一起上过辽东战场,李世民听说以后,便把他叫过来了解情况。郑元璹不太有名,但他的父亲郑译却是隋朝的开国元勋。面对当今天子,他实事求是地说:"辽东路途遥远,运输粮草艰难,而且高句丽人善于守城,难以迅速攻克。"这是数十万隋军用鲜血换来的宝贵经验,然而李世民却不以为然地说:"现在和隋朝的时候已经不一样了,我军定会一切顺利。"李大亮奉命助房玄龄留守京师,不久病死,死前"遗表请罢高丽之师"。尉迟敬德也奏请停止亲征,因为皇帝亲征辽东,太子在定州,长安、洛阳空虚,一旦爆发叛乱,朝廷会很被动。面对李大亮的肺腑之言,李世民仍然不从。此时的他可能已经陷入了某种偏执,听不进反对意见,只想早日攻下辽东,超越隋炀帝,证明贞观朝今非昔比。不久,李世民到达定州。他感慨道:"辽东本中国之地,隋朝多次征讨也没把它拿下来。此次我御驾亲征,一是为中国报子弟之仇,二是为高句丽雪君父之耻。如今四海皆平,只有此地未服,

'故及朕之未老,用士大夫余力以取之'。"大战一触即发。

贞观十九年(645)四月,李勣率军自通定渡过辽水,进入玄菟。李道宗、张俭分别率军至新城、建安城,"高丽大骇,城邑皆闭门自守"。不久,唐军攻下盖牟城,"获二万余口,粮十余万石"。张亮率水军自东莱渡海,袭卑沙城,此城四面悬绝,仅西门可上。唐将程名振等趁着夜色进军,顺利占据此城,俘获男女 8000 余人。总管丘孝忠等奉命耀兵于鸭绿水,以震慑敌方援军。各部唐军协同作战,连战连捷,李勣部很快推进至辽东城下。不久,李世民率军行至辽泽,此地有"泥淖二百余里",将作大监阎立德布土作桥,解决了"人马不可通"的难题。此时,高句丽派出四万大军来救辽东,李道宗率四千精骑迎战。军中都认为众寡悬殊,不如暂且防御,等候李世民率领的唐军主力。李道宗说:"敌军自恃人多势众,有轻我之心,且远道而来,疲惫不堪,我军以逸待劳,必能克敌制胜。何况我们先头部队理应肃清道路以待乘舆,怎么能把敌军留给陛下呢!"李勣表示赞同。果毅都尉马文举高声喊道:"不遇勍敌,何以显壮士!"说罢策马冲向敌军,所向披靡,"众心稍安"。两军对阵之际,行军总管张君乂退走,李道宗亲率数十骑冲入敌阵,左右出入,李勣领兵助之,高句丽大败,折损千余人。战后,张君乂因怯懦畏敌被

第七章 一代帝王的落幕

杀，李道宗受重赏，马文举被破格提拔为中郎将。

唐军主力渡过辽水后，李世民下令撤去浮桥，"以坚士卒之心"。大军至辽东，这位昔日的天策上将亲率数百骑驰至城下，与前线士卒一起"负土填堑"，唐军大受鼓舞。李勣领兵昼夜不息地攻打辽东城，唐军"围其城数百重，鼓噪声震天地"。此等局面，除了"气运之子"刘秀，我实在想不出还有谁能应对。不久，李世民利用大风发动火攻，敌军大乱，遂拔其城。此战唐军斩杀万余人，"得胜兵万余人，男女四万口，以其城为辽州"。之后，唐军又乘胜攻打白岩城。右卫大将军阿史那思摩中箭受伤，李世民亲自为他吮血，将士们听说以后，无不感动。此事后来被白居易写进《七德舞》中，即"含血吮创抚战士，思摩奋呼乞效死"。将军契苾何力率八百精骑冲锋，身陷敌阵，"槊中其腰"，薛万彻之弟薛万备于万军之中单骑将其救回。契苾何力"气益愤，束疮而战"，从骑奋击，大破敌军，"追奔数十里，斩首千余级"。李勣督诸军攻城，白岩城主孙代音秘密派遣心腹请降，称："奴愿降，城中有不从者。"李世民命人将唐军旗帜交给使者，告诉他如果白岩城真打算投降，就把旗帜立于城头之上。孙代音依计行事，城中人以为唐军已经登城，果然都同意投降。此前李世民曾向部下承诺，如果拿下白岩城，就把缴获的人口、财物等全都赏赐给攻城的战士。李勣见他改了主意，于是领着一群军官进言道："将士们之所以甘冒矢石，不怕死地进行冲锋，就是为了战后的丰厚赏赐。如今破城指日可待，陛下却受其降，这不是寒了战士们的心吗？"李世民道："你说的都对，但是纵兵烧杀抢掠，我也不忍心。你麾下有功之人，我愿另出库物赏赐，以赎此一城生灵。你看行不行？"李勣这才退去。拿下白岩城后，唐改其为岩州，以孙代音为刺史。

贞观十九年（645）六月，唐军行至安市。安市"城险而兵精"，城主有勇有谋，是块难啃的硬骨头。此时敌将高延寿、高惠真等又率15万大军来援，战局突然变得紧张起来。李世民镇定分析道："根据目前的形势，高延寿大致有三个选择：引兵直前，连安市城为垒，据高山之险，食城中之粟，纵靺鞨掠吾牛马，此为上策。届时我军攻之不可猝下，欲归则泥潦为阻，将被困于此。携城中之人连夜逃遁，此为中策。不自量力，与我军交战，此为下策。我料定其必出下策，兵败被擒就在眼前。"高句丽方面，有人向高延寿建议应顿兵不战，派小股部队袭扰唐军粮道，待唐军粮尽，求战不得，欲归无路之际，方可取胜。"延寿不从，引军直进，去安市城四十里。"李世民担心他犹豫不决，于是命左卫大将军阿史那社尔率军诱之。他反复叮嘱，

第七章 一代帝王的落幕

遇到敌军只许败，不许胜，于是唐军略作抵抗便佯装败走。高延寿不知内情，见唐军一触即溃，以为对方战斗力很差，便放下心来继续进军。

敌军中计，李世民召集诸将商议破敌之策。长孙无忌道："眼下我军士气正旺，乃必胜之兵。至于战略战术，我们这些人都不如您高明。您决定，我们执行就可以了。"李世民笑道："既然诸位如此谦让，那我就不客气了。"于是他率诸将登高远望，观山川形势，解说可以埋设伏兵及出入之所。同时，他派遣使者哄骗高延寿道："渊盖苏文弑君，所以我才发兵兴师问罪，至于交战，非我本心。我军到此之后，因粮草不足，这才占了你们几座城池，等你们重新称臣奉贡，我就把这些地方如数奉还。"高延寿信以为真，不再设防备。当天夜里，李世民命李勣率1.5万人马阵于西岭；又命长孙无忌率1.1万人马为奇兵，自山北出于狭谷抄敌军后路；他自己率领四千人马挟鼓角，偃旗帜，登北山上，下令诸军听到鼓角声便一起出击。与此同时，他还"命有司张受降幕于朝堂之侧"，可见对取胜充满信心。第二天，敌军见李勣部在西岭布阵，准备出兵袭击。李世民在高处望见长孙无忌部尘起，于是下令奏响鼓角，高举旗帜，发出总攻信号。各部唐军一起冲杀，敌军顿时大乱。唐军主力趁机压上，敌军大溃，折损2

秦王事业：玄武门事变到贞观之治

万余人。敌军依山自固，负隅顽抗，李世民"命诸军围之"。长孙无忌派人撤去桥梁，断其归路。不久，敌军3万多人全部投降。李世民下令给归降的高句丽贵族授予官职，送往内地，其余普通士卒则放归平壤。对于俘获的靺鞨人，则悉数坑杀。本来又没打你，你非过来凑热闹，不杀你杀谁？此战唐军缴获马5万匹，牛5万头，铁甲万领，其他器械不计其数。消息传开，高句丽举国大骇，后黄城、银城等地的守军、百姓全部逃走，"数百里无复人烟"。

击溃高延寿等率领的援军后，唐军开始围攻安市城。拿下白岩城时，李世民曾对李勣道："听说安市城不好打。此前安市城主反对渊盖苏文专权，后者发兵来攻，没占到一丁点便宜，无奈之下才让城主继续镇守安市。建安城兵弱而粮少，若出其不意，攻之可克。你不妨先率军夺取建安，建安下，则安市便在我军腹中，这正是兵法上讲的'城有所不攻'的道理。"李勣答道："建安在南，安市在北，我军粮草皆在辽东。逾安市而攻建安，万一敌军出兵截断我军粮道，则大军危矣。不如先攻安市，安市下，建安唾手可得。"李世民表示赞同。唐军大兵压境，安市人却一点也不惊慌。他们望见皇帝的旗盖，反而主动挑衅，"乘城鼓噪"。李世民当了皇帝以后还没受过这份气，忍不住火冒三丈。

第七章 一代帝王的落幕

李勣奏请破城之日，城中无论男女老少皆坑杀，安市人听说之后，"益坚守"，唐军久攻不下。

高延寿、高惠真等人降唐后分别被任命为鸿胪卿、司农卿，见唐军战事不利，他们进言道："我等既已委身大国，不敢不献其诚，希望天子早成大功，我等也能早日与家人团聚。安市人顾惜其家，人自为战，未易拔除。但前不久我等战败的消息传开，高句丽国内很多人已然吓破了胆。乌骨城主年老，不能坚守，如移兵攻之，朝至而夕必克。其余当道小城，一定望风奔溃。若能收其资粮，鼓行而前，定能直取平壤。"群臣亦言："张亮兵在卑沙城，召之信宿可至，趁敌人恐惧，夺乌骨城，渡鸭绿水，攻克平壤，在此一举。"其实不久前迎战高句丽援军时，江夏王李道宗便已提出过"直取平壤"的方案。他认为"高丽倾国以拒王师，平壤之守必弱，愿假臣精卒五千，覆其本根，则数十万之众可不战而降"。只不过当时李世民对于击溃这支援军信心满满，因此没有采纳他的意见。此时唐军受阻于安市，进退两难，见群臣纷纷赞成奇袭平壤，李世民也动了心。就在这时，长孙无忌反驳道："天子亲征，异于诸将，不可乘危徼幸。今建安、新城之虏，众犹十万，若向乌骨，皆蹑吾后，不如先破安市，取建安，然后长驱而进，此万全之策也。"他说的这番话也有一定的道理，权衡之下，李世民决定还是采取稳妥、保守的打法。

唐军围攻安市多日，一天城中突然传出鸡鸭猪羊等动物的叫声。李世民道："我军围城日久，城中烟火日微，今鸡彘甚喧，一定是在宴请将士，打算今夜袭击我们，我军要严阵以待。"当天夜里，果然有数百敌军前来劫营。李世民亲自指挥，消灭了来犯之敌。江夏王李道宗督众筑土山于安市城东南隅，城中也相应地增加了城墙的高度以防御。双方士卒轮番交战，每天要打六七个回合。唐军的冲车炮石击毁了安市的楼堞，"城中随立木栅以塞其缺"。李道宗的脚受了伤，李世民亲自为他针灸。筑山工程昼夜不息，耗时两个月，"用功五十万"，山顶距城数丈，向下就可以看到城中的情况，李道宗命果毅都尉付伏爱领兵屯山顶以备敌。土山结构不稳定，有一天突然倒塌，压到了安市城墙上，城墙随之崩坏。这本是天赐良机，奈何付伏爱擅离职守，敌军数百人"从城缺出战，遂夺据土山，堑而守之"。两个月的辛勤付出反而为敌军做了嫁衣，李世民大为恼怒，下令斩杀付伏爱，并命诸将夺回土山，然而谈何容易！三天过去，唐军没有取得任何进展。李道宗徒跣前来请罪，李世民道："汝罪本当死，但念在你有破盖牟、辽东之功，故特赦免死，准你戴罪立功。"其实大家心里都清楚，丢掉土山之后，唐军已经没有

第七章 一代帝王的落幕

取胜的机会了。

不久，因辽东早寒，草枯水冻，人马难以久留，且粮食即将耗尽，李世民下令班师。唐军先令辽、盖二州户口渡辽水，又耀兵于安市城下，城中士兵、百姓皆屏迹不出。安市，一座孤城，竟奇迹般地阻挡了唐军两个多月，属实有些不可思议。李世民的戎马生涯，也因此留下了一个遗憾。唐军退走之际，安市城主登城拜辞，李世民"嘉其固守，赐缣百匹，以励事君"，保持了大唐天子应有的风度。

辽东之役，唐军拔玄菟、横山、盖牟、磨米、辽东、白岩、卑沙、麦谷、银山、后黄十城，得辽、盖、岩三州户口约7万人，斩杀敌军4万有余。取得战果的同时，唐朝也付出了巨大的代价。战争期间，大量将士阵亡，战马也损耗了十之七八。回军之际，辽泽泥潦，车马不通，又遇暴风雪，不少士卒被冻死。李世民深切体会到了当年隋炀帝的痛苦。因东征未能成功，李世民十分后悔，他感慨道："魏徵若在，不使我有是行也！"其实以唐朝当时的国力，平定高句丽并非难事，坏就坏在御驾亲征上。御驾亲征的积极影响不多，消极影响却有不少：其一，皇帝出征，军中难免以皇帝的安危为最重要之事，取胜与否反而变得次要，这就使得战略选择趋向保守，以致多次错失取胜之良机。与此同时，军中总要分出一部分力量保护皇帝,这就削弱了军队的战斗力。其二,天子随军,将帅便失去了决策权,无法根据战局及时调整战术,李世民一度刚愎自用,这就限制了将帅们的发挥。李世民曾问李靖唐军受挫于辽东的原因,李靖答道:"此道宗所解。"啥意思呢?李道宗曾献计奇袭平壤,可皇帝不同意,否则唐军根本不需要旷日持久地攻打安市。或许李世民自己也悔不当初,追忆曾经那位年轻的、敢于冒险的天策上将吧。其三,御驾亲征给后勤也造成了很大的负担。一方面,皇帝的吃穿用度马虎不得;另一方面,皇帝率领的唐军主力行军速度明显偏慢,这就白白耗去了一部分粮草,加重了后勤部门的工作压力。征辽之初,李世民将军中资粮、器械、簿书等事务全都交给岑文本,岑文本忙得不可开交,最后居然活活累死了。如果李世民没有坚持御驾亲征,而是按大臣们的建议派二三骁将领军前往的话,很可能会是不同的结局。可惜,历史是不能假设的。

东征最大的赢家或许是渊盖苏文。原本他在国内有不少如安市城主那样的反对者,是唐军的到来为他转移了国内矛盾。唐军退走之后,他的威望达到了一个崭新的高度。不仅继续攻打新罗,而且对唐朝的态度也越来越傲慢。正由于此,李世民决定再次东征。鉴于以往的经验,朝议指出高句丽依山为城,难以迅速攻克，应派出小股部队不断袭击，干扰他们正常的生产生活，削弱其力量。这个战略还是比较高明的，可惜因为李世民突然离世，没有亲眼见到唐军攻克平壤的那一天。隋唐君主克复辽东的事业，最终由李世民不放心的儿子李治完成。这正是：儿孙自有儿孙福，莫与儿孙作马牛。

三、帝星陨落

东征以后，李世民的身体肉眼可见地变差了。贞观十九年（645）十二月，从定州返回长安途中，他患了痈疽，需要"御步辇而行"。车驾至太原，太子李治为其吮痈，"扶辇步从者数日"。我们一时之间可能很难将龙辇上虚弱的皇帝与曾经令敌人闻风丧胆的天策上将画等号。但不得不承认，这就是事实，虽然这一年他还不到50岁。衰老和疾病来得如此之快，这一切令李世民始料未及。不久之前，他还能在游猎时亲手格杀野兽，并和唐俭开玩笑说"天策长史见上将击贼"。可如今，他只能饱受病痛的折磨。贞观二十年（646）春，李世民病体未愈，"欲专保养"，下令军国大事"并委皇太子处决"。是年冬，因往返灵州"冒寒疲顿"，他打算在过年之前"专事保摄"，也就是养生。贞观二十一年（647）四月，他又得了风疾。八月，齐州人段志冲上疏劝皇帝传位太子。太子听说以后，"忧形于色，发言流涕"。长孙无忌等奏请诛杀段志冲，李世民不从。之所以没有严惩段志冲，是因为皇帝的健康状况的确已经很差了。

贞观后期，朝中重臣相继去世，齐王李祐、太子李承乾等谋反，接二连三的打击给李世民的精神造成了不小的创伤。贞观十七年（643），魏徵病逝，李世民亲临恸哭，废朝五日。出殡之时，李世民"登苑西楼，望丧而哭，诏百官送出郊外"。同年，侯君集因谋反被诛杀，李世民流泪与之诀别道："吾为卿不复上凌烟阁矣！"贞观十八年（644）一月，废太子李承乾死于黔州，李世民得知后悲伤不已，"为之废朝，葬以国公礼"。贞观十九年（645），岑文本死于东征途中。去世前，他负责唐军总后勤工作，"精神耗竭"，言行举止异于平日。李世民担忧地说："文本与我同行，恐不与我同返。"当日，岑文本"遇暴疾而薨"，估计可能是脑出血或者急性心肌梗死之类的恶疾。李世民下令禁止击鼓，称"文本殒没，所不忍闻"。贞观二十一年（647），长孙皇后的舅舅、申国公高士廉病重，李世民"幸其第，流泪与诀"。及其去世，李世民"南望而哭，涕如雨下"。灵柩出横桥，李世民又"登长安故城西北楼，望之恸哭"。贞观

第七章　一代帝王的落幕

二十二年（648），马周、萧瑀、房玄龄等相继离世。马周生病期间，李世民亲自为之调药，并"使太子临问"，然终无力回天。房玄龄病重之时，李世民命人将其接到玉华宫，"肩舆入殿，至御座侧乃下，相对流涕，因留宫下，闻其小愈则喜形于色，加剧则忧悴"。房玄龄弥留之际，仍上疏力谏停止东征。李世民感慨道："彼病笃如此，尚能忧我国家。"于是亲自探视，"握手与诀，悲不自胜"。

面对衰老、疾病和死亡，李世民生出一种深深的无力感。诏令难以禁止时间的流逝，权力终究抵不过岁月的洗礼。于是，英明的贞观天子，也像过去的许多帝王那样走上了"寻找与时间对抗的神秘力量"，即追求长生的道路。讽刺的是，贞观之初，他曾亲口指出"神仙事本是虚妄，空有其名。……神仙不烦妄求也"。至迟在贞观二十一年（647），李世民已经开始服食丹药。是年正月，高士廉病逝，李世民"将往哭之"。房玄龄以皇帝大病初愈为理由，坚决反对。李世民道："高公与我不仅是君臣，还是亲戚，他是文德皇后的舅舅，是我的长辈。他的丧礼，我怎能不去呢！"说罢便动身前往。长孙无忌正在舅舅的丧礼现场，听闻皇帝要来，急忙停止哭泣，赶来阻止。他拦住李世民的马，高声进谏道："陛下饵金石，于方不得临丧，奈何不为宗庙苍生自重!"所谓"金石",就是金石之药。此类药物既可用于治疗疾病,又可用于延年益寿。不过大多数丹药,可能有一定的疗效,也可能给健康带来不可预知的风险。李世民的过早离世,与胡乱服食丹药有很大的关系。这件事要从一个叫王玄策的人开始谈起。

王玄策早年曾经担任融州黄水县令,贞观十七年曾奉命护送婆罗门国使节回国,出色地完成了任务。贞观二十一年(647),王玄策再次奉命出使天竺,此行跌宕起伏,他在机缘巧合下成就了"一人灭一国"的壮举,名垂青史。当时天竺地区以中天竺实力最强,其王戒日王是玄奘西行时遇到的那位国王,也是东、西、南、北、中五天竺的最高领袖。王玄策率领唐朝使团刚刚抵达中天竺的时候,"诸国皆遣使入贡"。

不久,戒日王死,中天竺大乱,朝臣阿罗那顺自立,发兵袭击唐朝使团。王玄策与副使蒋师仁等率30余名手下拼力抵抗,但因众寡悬殊,悉数被擒,"阿罗那顺尽掠诸国贡物"。

后来,王玄策趁着夜色脱身逃走。他没有返回唐朝,而是径直去了吐蕃,"以书征邻国兵"。由于文成公主与松赞干布和亲,当时吐蕃和唐朝的关系还不错,于是吐蕃派出精兵1200人。与此同时,泥婆国也派出7000多人马前来援助。就这样,王玄策

第七章　一代帝王的落幕

领着借来的8000多人，浩浩荡荡杀回了中天竺的茶镈和罗城。仅用了3天时间，王玄策便指挥部队大破敌军，"斩首三千余级，赴水溺死者且万人"。阿罗那顺弃城而走，不甘心失败的他收拾残兵再战，结果又被击败，成了王玄策的阶下囚。残余敌军奉阿罗那顺的妃子及王子为主，负隅顽抗，郑师仁领兵克之，"获其妃及王子，虏男女万二千人"。

此战令大唐声威响彻整个天竺，"城邑聚落降者五百八十余所"。王玄策在极端恶劣的条件下逆风翻盘，证实了一个朴素的道理：有能力的人从不抱怨大环境。

贞观二十二年（648）五月，阿罗那顺等一众俘虏被送至长安。其中有一位名叫阿罗迩娑婆的方士，"自言有长生之术"。李世民"颇信之，深加礼敬"，令其炼制长生之药。为了满足"制药大师"的炼药需求，朝廷"发使四方求奇药异石，又发使诣婆罗门诸国采药"。实际上这位"专家"的话大多迂诞无实，经不起推敲，他可能只是个骗子而已。

服下阿罗迩娑婆炼制的药物之后，李世民并没有如愿获得长生，身体状况反而越来越差，病危之际，"名医不知所为"。有人提出是阿罗迩娑婆的药害了皇帝，建议将其诛杀。但因为担心爆出丑闻，"取笑戎狄"，朝廷只是下令将他驱逐。

秦王事业：玄武门事变到贞观之治

李世民去世后，此人继续到唐朝招摇撞骗，王玄策上书称"此婆罗门实能合长生药"，积极为他"站台"，朝廷不听。最终，这位"制药大师"客死长安。顺带一提，王玄策并未因此事获罪，以后仍然长期负责唐与天竺之间的外交工作。1990年，西藏吉隆县境内发现了一块题为"大唐天竺使出铭"的摩崖石刻，记载了王玄策出使天竺的若干细节，为我们了解这段往事提供了珍贵的资料。

贞观后期，李世民最放心不下的就是太子李治。为了让太子能够顺利成长为大唐王朝的接班人，他进行了诸多部署。对外，他频频用兵，试图趁自己在世时解决边疆问题。对内，他精心进行人事调整，并全力教导太子，竭尽所能为太子铺路。李治在成为太子前的很长一段时间都是"小透明"，在朝堂上没什么根基，于是李世民在任命东宫僚属时特意"盛选重臣"，让他们尽快与新太子熟悉。贞观十七年（643）四月，诏以长孙无忌为太子太师，房玄龄为太子太傅，萧瑀为太子太保，李勣为太子詹事。又以左卫大将军李大亮领右卫率，于志宁、马周为左庶子，吏部侍郎苏勖、中书舍人高季辅为右庶子，刑部侍郎张行成为少詹事，谏议大夫褚遂良为太子宾客。这份名单相当豪华，堪称全明星阵容。不久，李世民又命刘洎、岑文本、褚遂良、马周等轮流到东

第七章 一代帝王的落幕

宫,与太子游处谈论。这些人既饱读诗书,又富有政治才干,将他们派到太子身边,自然有利于提高太子的综合素质。

为了加速太子的成长,李世民"遇物必有诲谕"。见他准备吃饭,便说:"你了解饭是怎么回事吗?农作物从播种到收获,离不开百姓的辛勤劳动,只有不干扰他们的正常劳作,才能一直有这样的饭吃。"见他骑马,便说:"你了解马是怎么回事吗?马能够代替人承担劳苦的工作,驾驭时注意张弛有度,不耗尽它的气力,才可以一直有马骑。"见他乘舟,又说:"你了解舟是怎么回事吗?舟就像君主,水就像百姓,水能载舟,亦能覆舟。等你当了皇帝,千万要敬畏百姓。"见他在弯曲的树下休息,又说:"你看这棵树,它虽然弯曲,但从绳则直。就像帝王虽然无道,但只要虚心纳谏,一样可以成为明君圣主。这个道理是傅说讲的,你要引以为鉴。"贞观二十二年(648),或许自感时日无多,不能长时间教导太子,李世民特意撰写了《帝范》送给太子。此书包括《君体》《建亲》《求贤》《审官》《纳谏》《去谗》《戒盈》《崇俭》《赏罚》《务农》《阅武》《崇文》十二篇,是一部"皇帝守则","修身治国,备在其中"。他还告诫太子要以古代圣君为榜样,只有向最优秀的君王看齐,才有可能成为合格的皇帝。

贞观后期,名臣凋零,李世民左思右想,最终决定以长孙无忌、褚遂良、李勣等为辅政大臣。在此之前，李世民曾经考虑过刘洎。东征之时，刘洎受命在定州辅佐太子处理政务，"总吏、礼、户部三尚书事"，可见皇帝对他很是看重。大军开拔之前，李世民对刘洎说："我今远征，尔辅太子，安危所寄，宜深识我意。"刘洎道："愿陛下无忧，大臣有罪者，臣谨即行诛。"李世民颇感奇怪，告诫他道："卿性疏而太健，必以此败，深宜慎之！"

东征返回途中，李世民患了痈疽之症，一度十分危险。刘洎察看病情后，面露悲惧之色，直言"疾势如此，圣躬可忧"。有人对李世民说刘洎有异心，欲控制幼主，独霸朝堂，李世民遂下令赐刘洎自尽。刘洎的悲剧不是偶然的，除了他自身的性格缺陷外，还有一个重要的原因是他曾与岑文本、崔仁师等劝李世民立魏王为太子。他们与曾经帮魏王联络群臣的韦挺、杜楚客一样，身上都打着"魏王党"的烙印。魏王失势后，手下心腹"皆遣岭表"，杜楚客被废为庶人，崔仁师也被贬为鸿胪少卿。岑文本、刘洎等未被贬官，颇有些"留用观察"的意思。东征期间，岑文本暴卒，韦挺、崔仁师因运粮不力被免官，刘洎也因谗言遭诛杀，这很难不让人浮想联翩。

李世民曾言，东征期间留太子镇守定州的主要目的是"欲使

第七章 一代帝王的落幕

天下识汝风采",既而东征失利,太子的"首秀"也不算成功。刘洎喊打喊杀,或许被李世民误以为魏王党要趁机"搞事情",所以才痛下杀手,以绝后患。

清除了魏王党,便是消灭了朝野中最大的隐患。短暂地松了一口气之后,李世民意识到还有一个人需要处理,那就是李勣。

李勣本名徐世勣,原是山东豪杰,"家多僮仆,积粟数千钟"。隋末大乱时,李勣加入瓦岗军,先后追随翟让、李密。李密兵败降唐后,原来"东至于海,南至于江,西至汝州,北至魏郡"的广大地盘都由李勣接管。

武德二年(619),李勣对长史郭恪说:"我们控制的土地、人口原本都是魏公(李密)所有。如今魏公降唐,倘若我们自己上表献地,那就是利用魏公的失败为自己换取功劳、富贵,大丈夫不可如此。我们应该把各州县的土地、人口等信息详细抄录,交给魏公,由他亲自献给唐朝,这样一来功劳便是他的了。"唐高祖李渊得知以后,称赞李勣为纯臣。后李密叛唐被杀,李勣出面将其安葬,朝野上下无不称赞其有情有义。

降唐之后,李勣南征北战,屡立战功,封英国公,绘像凌烟阁。李勣曾突发恶疾,听闻医治此病需要将胡须烧成灰作药引,于是李世民便剪下自己的胡须,为他治病。李勣得知后"顿首出血泣谢"，李世民道："这么做不单纯是为了你个人，也是为了江山社稷，有什么好谢的！"

有一次李世民设宴款待李勣，酒过三巡之后对他说："我想在大臣中寻找可以托孤的人，思来想去没有人比你更合适的了，你既能不负李密，便也不会有负于我！"

李勣是开国元勋，功高盖世，身上又有山东豪杰的"匪气"。李世民担心太子李治不能驾驭他，于是叮嘱道："李勣才智有余，但你对他没有恩情，恐怕不能让他心甘情愿受你差遣。现在我下令把他贬逐出去，他要是马上就走，等你即位，就把他叫回来担任仆射，这样你就对他有了恩惠，可以放心地对他委以重任。他要是犹豫不走，便是有二心，你马上派人杀了他。"不久，李勣被贬为叠州都督，接到诏令以后，他连家都没回便离京赴任。这正是君使臣以礼，臣方事君以忠，而君以机心待臣，臣必以机心事君。

贞观二十三年（649）五月，李世民的病情急剧恶化。太子昼夜不离地守在父亲身边，"或累日不食，发有变白者"。李世民流泪道："你如此仁孝，我死了也没什么遗憾了。"病危之际，李世民将长孙无忌和褚遂良叫到含风殿，叮嘱他们说："以后的事情就拜托你们了，太子仁孝，你们定要善加辅佐！"之后又对太

第七章 一代帝王的落幕

子道:"有你舅舅和褚遂良他们辅佐,你不必担忧。"顿了顿,他又望着褚遂良说:"长孙无忌对我忠心耿耿,我能夺取天下,他有很大的功劳。我死以后,千万不要让小人进谗言挑拨离间害他。"交代完遗言,李世民的神情变得很轻松,他用尽力气伸出手臂,似乎想抓住什么,但终究还是缓缓将手放下。

人生虚幻,不过一梦!不久,贞观天子崩于含风殿,享年52岁。由于他生前的妥善安排,太子即位十分顺利。丧礼之后,新帝宣布大赦天下。一个崭新的时代,就这样开始了。

结　语
煮酒话贞观

　　唐太宗与"贞观之治"是中国历史上一道亮丽的风景，也是中国史学的经典话题之一。古往今来，众多学者深耕细耘，相关研究不胜枚举。贞观是说不完的，版面却是有限的，尽管还有很多"往事"没有展开详谈，但本书却不得不匆匆收尾。正文绝大部分内容都是在述说"功业"，不过对于贞观和贞观天子，我们要保持冷静与克制的认识。

　　首先，对贞观时期的各项成就不宜估计过高。在许多场域中，"贞观"往往与某些特定表述绑定出现，包括但不限于政治

结　语　煮酒话贞观

清明、经济发展、文化繁荣、社会稳定、万国来朝、百姓安居乐业等。这说明在大多数人的印象里，贞观是一个强大而美好的时代。然而，事实上的贞观与印象中的贞观其实是有差距的，而且差距还不小。贞观朝局虽说谈不上乌烟瘴气，却也不像想象中那样清明。最典型的例子，莫过于贞观后期太子与魏王的党争，当时很多朝臣深陷其中，甚至包括大名鼎鼎的魏徵。魏徵曾举荐同为太子李承乾阵营的杜正伦和侯君集担任宰相，并称"国家安不忘危，不可无大将，诸卫兵马宜委君集专知"。后来太子李承乾谋反一事曝光，太宗怀疑魏徵结党，下令取消其子魏叔玉与衡山公主的婚约，并推倒自己亲自撰写的魏徵神道碑。

贞观时期的经济虽有发展，但远未恢复到隋朝的水平。贞观六年（632）议封禅时，伊、洛以东至于海、岱的广大地区仍然"烟火尚希，灌莽极目"，鸡犬不闻。贞观十五年（641），河北地区"田畴虽荒，渐加垦辟"，农业生产仍处于恢复阶段。唐贞观十一年（637），马周在上疏中指出当时的户口数尚不及隋朝的十分之一。唐高宗永徽三年（652），唐朝全国的户口数恢复到380万，较之隋炀帝大业年间的890万仍有巨大的差距。直至唐玄宗天宝年间，唐朝的户口数提升至900余万，才真正实现了对隋朝的超越。

秦王事业：玄武门事变到贞观之治

贞观时期经略边疆的效果，也没有想象中那么好。东征铩羽而归，自不必提。北面消灭东突厥与薛延陀后，"回纥吐迷度已私自称可汗，官号皆如突厥故事"。与此同时，突厥车鼻可汗也"建牙于金山之北"，召集余部，数年间便获胜兵3万人。他表面上与唐友好，实则怀有异心。西面讨平龟兹不久，唐朝支持的阿史那贺鲁便举兵反叛，自号沙钵罗可汗，"总有西域诸郡"，西域诸国"多附隶焉"。以后吐蕃与唐的关系也逐渐恶化，不仅发兵吞并吐谷浑，还连年攻打唐朝边境，并与唐朝争夺西域的控制权。这说明贞观后期频繁的对外战争并没有成功塑造出稳定的边疆秩序，反而给新帝留下了一个烂摊子。

其次，对唐太宗要有客观的认识，他不是圣君。这么说与玄武门之变无关，玄武门之变是以夺位为目的的流血冲突，是帝王"家事"，此类行为自北朝以来屡见不鲜，本不值得大惊小怪。以李靖、李勣为代表的不少朝臣，对兄弟相争都选择了作壁上观，这或许反映了时人的一种普遍心态。宋人迂腐，求全责备，不足效法。太宗取天下虽历经曲折，但终究是以太子的身份即位的，所以没必要过分质疑。之所以说他不是圣君，主要是因为他在取得一定成绩之后骄傲自满，好大喜功，忘记了初心。贞观四年（630），平定东突厥以后，太宗逐渐开始变得飘飘然。贞观九年

结　语　煮酒话贞观

（635），面对百谷丰稔，盗贼不作，四夷宾服，内外宁静的大好形势，他高兴地对群臣说自己武胜于古、文胜于古、怀远胜古。这样的高度自我评价表明他已经有些迷失了人生方向。果然，他后来逐渐奢侈腐化，成了躺在"功劳簿"上享乐的人。

灭突厥之后，朝野上下不断讨论封禅问题。贞观五年（631），赵郡王李孝恭等因四夷咸服奏请封禅。贞观六年（632），文武群臣又请封禅，太宗初欲从之，后被魏徵谏止。贞观十一年（637），群臣又请封禅，太宗命秘书监颜师古等议其礼，房玄龄裁定之。贞观十四年（640），因平定高昌，百官复请封禅，诏许之。"命诸儒详定仪注，以太常卿韦挺等为封禅使"，后因天象异变而止。贞观二十年（646），群臣又请封禅，太宗从之。贞观二十一年（647），因河北水灾等原因，诏停封禅。太宗始终没有放弃封禅的念头，利用各种理由发起相关动议，这无疑是矜功自傲的表现。

再次，贞观善政并非一以贯之，贞观前、后期的差别不能忽视。贞观初期，太宗的确实行了很多惠民政策，然而随着时间的推移，他逐渐变得骄奢淫逸、刚愎自用，不少善政并没有坚持下去。

如太宗曾经不止一次批评隋炀帝大兴土木，滥用民力，可后

309

秦王事业：玄武门事变到贞观之治

来他自己也变成了"土木爱好者"，动不动就修宫殿，见于史书记载的便有飞山宫、翠微宫、玉华宫等。贞观十一年（637），马周指出当时徭役过重，百姓颇有怨言。魏徵也指出频繁的徭役已经严重影响了百姓的正常生活。他们诚恳地对皇帝说："若遇成就不朽之功业，不必事事师法尧舜等圣君，只要能够坚持贞观之初的种种政策就好了。"

再如纳谏，贞观之初，太宗唯恐百官不言，主动引导他们进谏。数年以后，若有人进谏，他也能高兴地听从。到了贞观中期，则变成虽能勉强纳谏，但心有不平，面有难色。又如太宗晚年不顾各方反对，坚持东征。他下令在剑南道征发百姓伐木造船，大大加重了当地百姓的负担，甚至有人因此生活不下去，被迫走上反叛的道路。太宗派人前往调查，回复称造船之役的确超出了百姓的承受能力范围。这场风波完全是人祸，此时滥用民力的唐太宗几乎成了隋炀帝的翻版，与贞观之初爱民如子的"贤君"简直有天壤之别。

尽管存在一些瑕疵，但不可否认，贞观依然是一个伟大的时代。这里说的"伟大"，并不是简单着眼该时期的某些成就，而是立足长时段历史，强调贞观在中古史上具有的转折性意义。

魏晋南北朝以来，政权分立，长期战乱，礼乐不兴，"武"

结　语　煮酒话贞观

大行其道。最终，文化相对发达的北齐败于"野蛮落后"的北周，而以中华正统自居的南朝也被崇尚武力的北朝统一。这无疑令华夏礼乐文明蒙上了一层阴影。

隋朝一统南北之后，按照北朝以来的"成功经验"继续以霸道治国，实行严刑峻法等高压政治，最终导致了灾难性的后果。待李唐重整河山，中国再一次站在了历史的十字路口。

贞观之初，魏徵与封德彝的王道、霸道之辩，实际上可以理解为复归华夏礼乐抑或延续北朝传统的道路之争。最终，太宗选择了以帝道、王道治国，偃武修文，这无疑是对北朝、隋以来重武轻文的"拨乱反正"。贞观时期的这次选择，不仅影响了唐朝的国运，也影响了中国历史的走向。

后 记

2022年10月24日晚，正在打游戏的我忽然接到了好友上海师范大学李殷老师的微信消息，问我是否有兴趣写一本关于唐代的通俗读物。当时我刚到珠海，人生地不熟，加上疫情的原因，平时很少出门，时间相对充裕，因此略加思索便答应下来。反正闲着也是闲着，不如赚点奶粉钱。确定意向后，我很快便和主编耿元骊教授取得了联系，得知参与的是"唐朝往事"系列丛书的写作，共有20个选题。经过简单的沟通，我分到了现在这本小书。

后　记

　　玄武门之变与贞观之治是唐前期重大的历史事件，相关研究颇为丰富，其中不乏名家高论，写出新意并不容易。好在我自知水平有限，从一开始就没有这种野心，因此写作时的状态倒也算是平和。得益于前辈学者的研究成果，本书在撰写时少走了许多弯路。但因体例限制，本书无法列出注释和参考文献，在此对前辈学者表示衷心的感谢和诚挚的敬意。在某些具体问题上，本书尝试提出了一些不成熟的看法，至于是狗尾续貂还是一得之见，就交给广大读者朋友们来评说了。

　　原本我一直以为撰写通俗读物不是什么难事，至少比学术研究要简单得多。可实际上手以后才发现自己过去的认识大错特错。用简洁的语言准确描述史事比想象中更加艰难，把久远的故事讲得生动有趣更是殊为不易，整个撰写过程对文字表达能力的要求有时甚至还要超过学术论文的写作。我深深地认识到，对于史事的了解只是讲好历史故事的最基本要求，而把千百年前的故事讲得通俗易懂，让读者和听众仿佛回到历史现场，则需要借助另外的技巧与能力。遗憾的是，我在这方面的积累还很不够。因此尽管我有意识地调整本书的叙事，但仍有部分内容空洞无趣，在此只能对诸位读者朋友们道一声"抱歉"！

　　本书的撰写要感谢耿元骊教授和辽宁人民出版社蔡伟老师的

信任与督促。虽然早就听说过耿老师善于催稿的江湖传闻，但真正体验之后才知道什么是"催科"式催稿。我自问在写作方面也算是个勤奋的人，但每每看到耿老师的催稿信息总是会生出一种招架不住的无力感。如果能够早些认识耿老师，早些得到锻炼，或许我每年能多写出两篇学术论文。感谢耿老师和"唐朝往事"为我打开了新世界的大门，让我重新认识了自己！

最后还要感谢我的家人！为了保证我能按时交稿，她们不惜牺牲生活质量，尽力为我营造良好的写作环境，让我能够全身心地投入写作中。

需要说明的是，在撰写书稿的过程中，因我感染了新冠病毒致使写作一度中止，故此书在内容衔接上可能有滞涩之处。书稿完成时，疫情阴霾早已散去。借此小书付梓之际，祝愿祖国如贞观治世一般风调雨顺、国泰民安。

刘喆

2023 年秋于珠海寓所